GUSTAV KLIMT

구스타프 클림트

세기말 빈, 에로티시즘으로 물들인 황금빛 화가

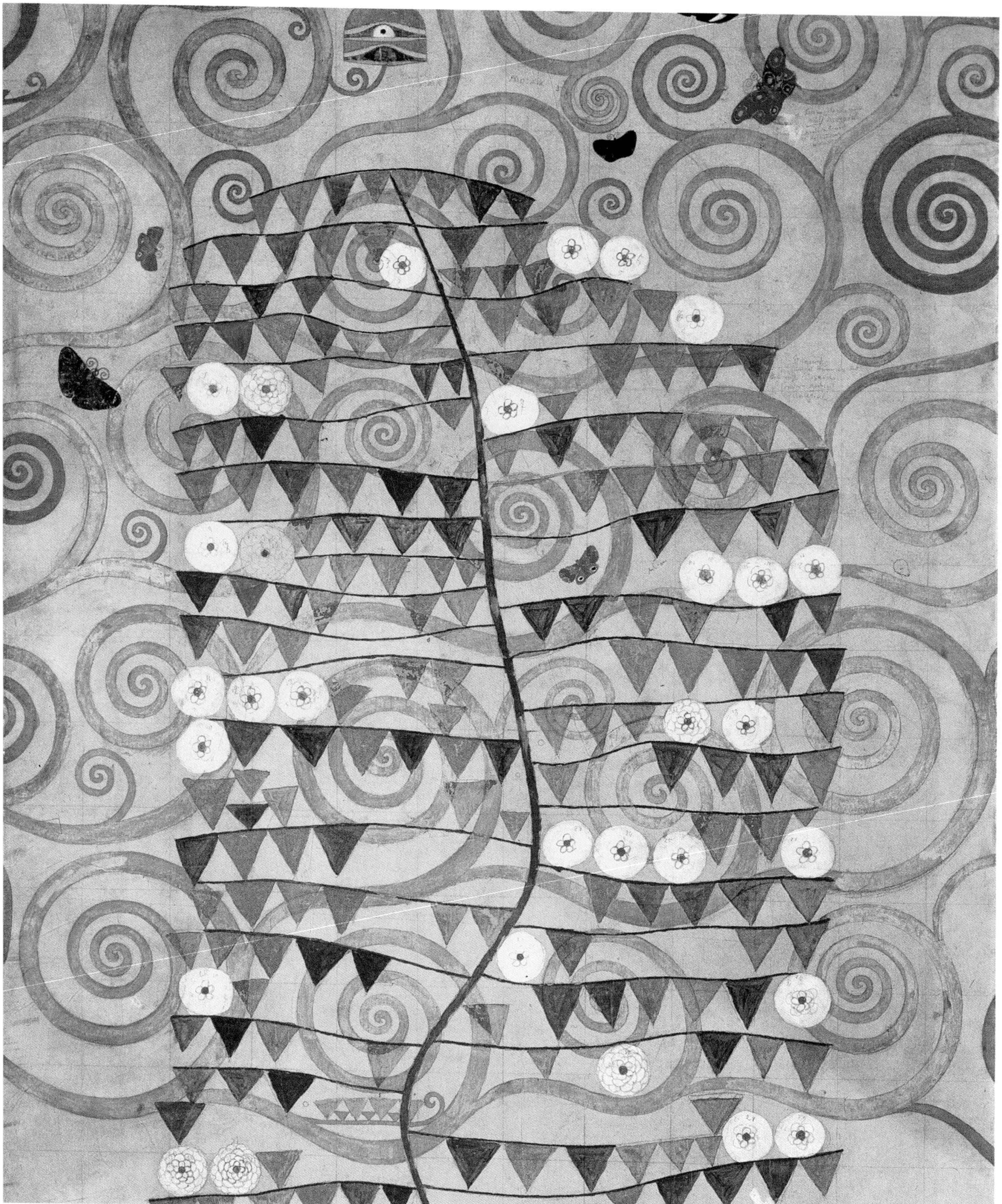

GUSTAV KLIMT

구스타프 클림트

세기말 빈, 에로티시즘으로 물들인 황금빛 화가

패트릭 베이드 지음 **엄미정** 옮김

BOOKERS

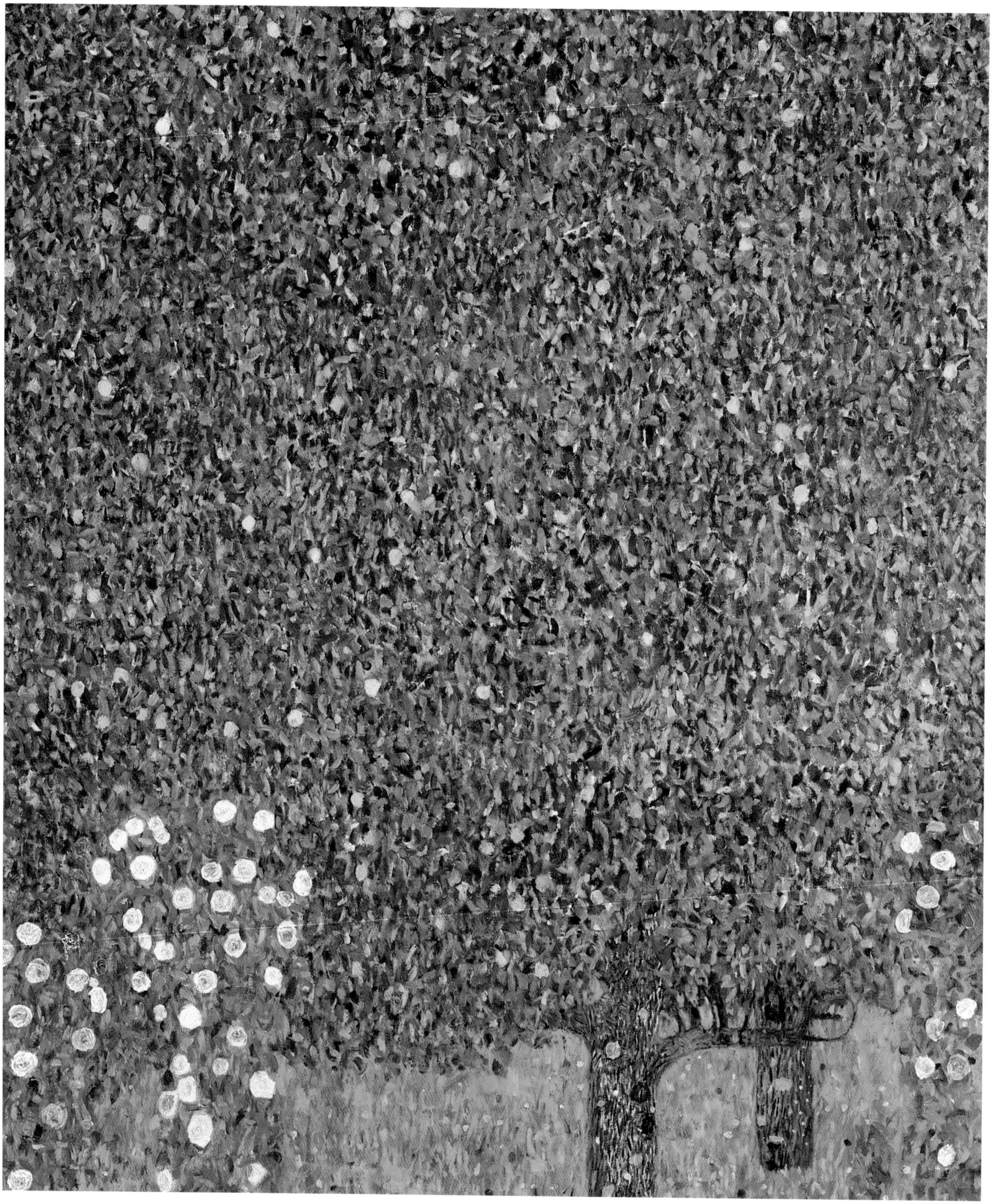

2쪽 〈생명의 나무(*Tree of Life*)〉, '스토클레 프리즈'의 세부, 1905~1909년경, 템페라와 수채, 응용미술관(MAK), 빈

4쪽 〈나무 아래 핀 장미(*Roses under the Trees*)〉, 1905년경, 캔버스에 유채, 110×110cm, 오르세 미술관, 파리

5쪽 (하단) 구스타프 클림트와 에밀리 플뢰게, 클림트의 스튜디오 정원, 1905년경

목차
CONTENTS

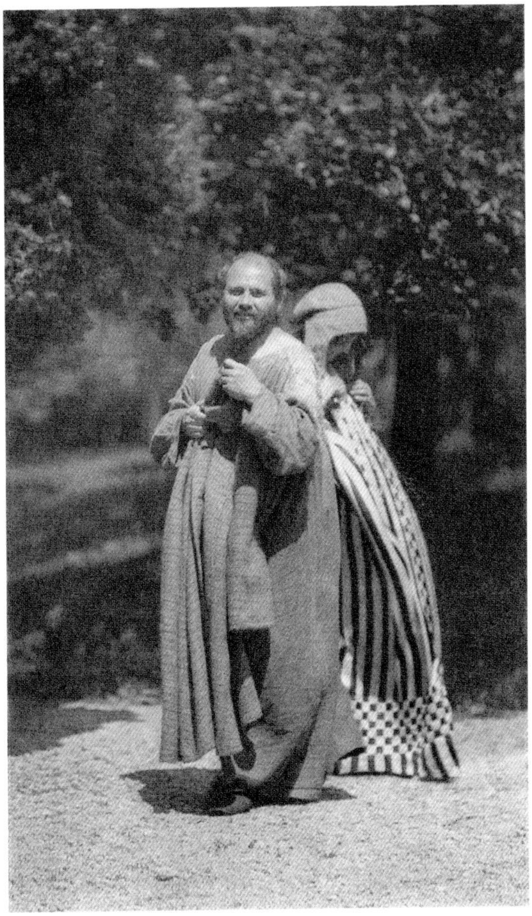

연표

1848

오스트리아 제국에서 혁명 발발.

프란츠 요제프 1세 황제 선포

1857

빈 링슈트라세 건설 시작

1861

윌리엄 모리스 런던에서 모리스마셜포크너 사 창립

1862

구스타프 클림트 빈 바움가르텐에서 탄생

1873

빈 경제 위기

1876

클림트 응용미술학교 입학

1883

남동생 에른스트 클림트, 프란츠 마치와 함께 '화가들의 회사' 창립

1886

화가들의 회사가 빈 부르크 극장의 계단과 실내 장식화 수주

1888

부르크 극장 장식화로 황금공로십자훈장 수상

1898

빈 분리파 제1회 전시회 개최 『베르 사크룸』 창간

베를린 분리파 창설

잘츠캄머구트에서 여름휴가를 보내며 풍경화를 그리기 시작

빈 분리파 새로 지은 분리파 전시관에서 제2회 전시회 개최

1899

7월에 마리아 우치카가 클림트의 아들 구스타프 출산

9월에 마리아 침머만이 클림트의 아들 구스타프 출산

지크문트 프로이트의 『꿈의 해석』 출간

1900

'학부 회화' 〈철학〉을 둘러싼 추문 발생

파리 만국박람회에서 〈철학〉이 금메달 수상

1901

'학부 회화' 〈약학〉을 둘러싼 추문과 반대 발생

클림트 〈유디트 I〉 완성

1902

클림트 제14회 분리파 전시회를 위해 〈베토벤 프리즈〉 제작

전시 개막식에 말러가 빈 필하모니 오케스트라 단원들과 함께 와서 베토벤의 9번 교향곡 중 〈환희의 송가〉 연주

마리아 침머만에게서 아들 오토 출생했으나 같은 해에 세상을 떠남

1903

빈 공방 창립

분리파 전시관에서 클림트 회고전 개최

이탈리아를 여행하며 라벤나와 로마 방문

아르투르 슈니츨러의 희곡 『라이겐』이 빈에서 독일어로 초판 출간됨

1904

〈스토클레 프리즈〉 수주

에밀리 플뢰게와 자매들 의상실 개업

1905

클림트 빈 분리파와 결별

안데어빈 극장에서 오페라 《유쾌한 미망인》 초연

드레스덴에서 리하르트 슈트라우스의 《살로메》초연

드레퓌스 사건 공판 후폭풍이 최고조에 오름

1889

파리 만국박람회장에
에펠탑 건설

아돌프 히틀러 오스트리아
브라우나우암인 출생

1890

빈 미술사박물관 장식화 수주

'화가들의 회사'
요제프슈태터슈트라세로
스튜디오 이전

클림트 베스트반슈트라세로 이사

1891

에른스트 클림트,
헬레네 플뢰게와 결혼

구스타프 클림트,
에밀리 플뢰게와 처음 만남

1892

아버지와 아우 에른스트
세상을 떠남

화가들의 회사 해체
뮌헨 분리파 창설

조제팽 펠라당이 주도해
상징주의자들의 살롱
장미십자회 출범

1894

빈 대학교의 '학부 회화' 수주

프랑스에서 드레퓌스
공판 시작

1895

빈 둠바 저택의
음악실 장식 수주

1896

테오도르 헤르츨의
『유대 국가』 출간

1897

클림트, 빈 분리파를
여러 예술가들과 함께 창립하고
초대 회장으로 취임

클림트, 에밀리 플뢰게 자매들과
티롤에서 여름을 보냄

구스타프 말러, 빈 궁정오페라극장
예술감독으로 지명됨

1906

화가연맹 회장 취임
브뤼셀, 런던, 독일,
이탈리아를 여행함

1907

에곤 실레와 만남

〈아델레 블로흐-바우어 I〉
완성

말러 궁정오페라단에서
사임하고 뉴욕으로 떠남

1908

쿤스트샤우 전시 개막,
〈키스〉 첫 공개

1909

파리로 여행

1910

제9회 베네치아
비엔날레 참가

1911

〈스토클레 프리즈〉를
완성하고 브뤼셀에 설치함
펠트뮐가세로 스튜디오를
옮김

1912

오스트리아화가연맹
회장으로 취임

1914

제1차 세계대전
발발

1915

어머니 별세

1916

베를린 분리파 전시회에
작품 전시

1918

1월 11일 뇌졸중으로
쓰러진 후 2월 6일에
세상을 떠남

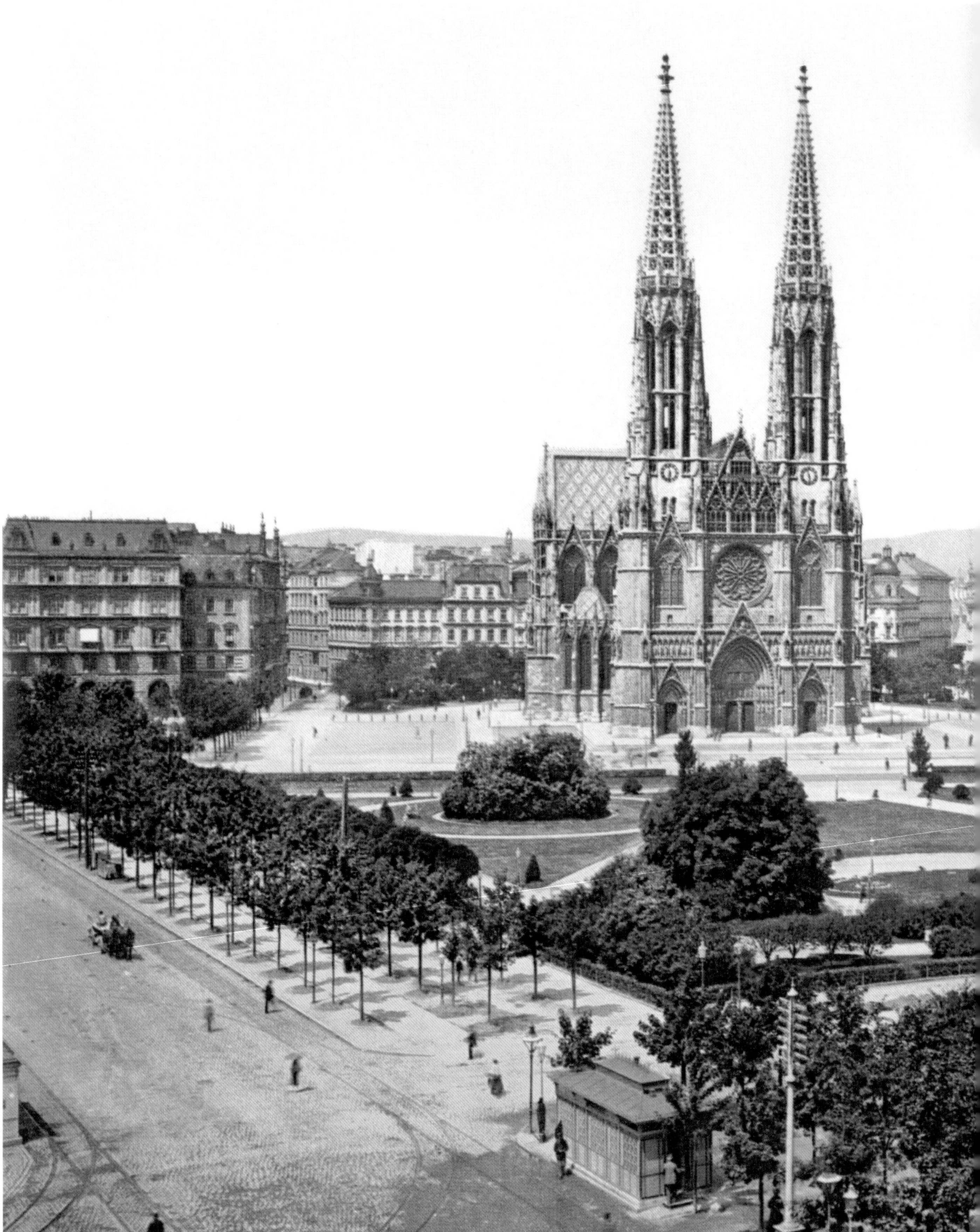

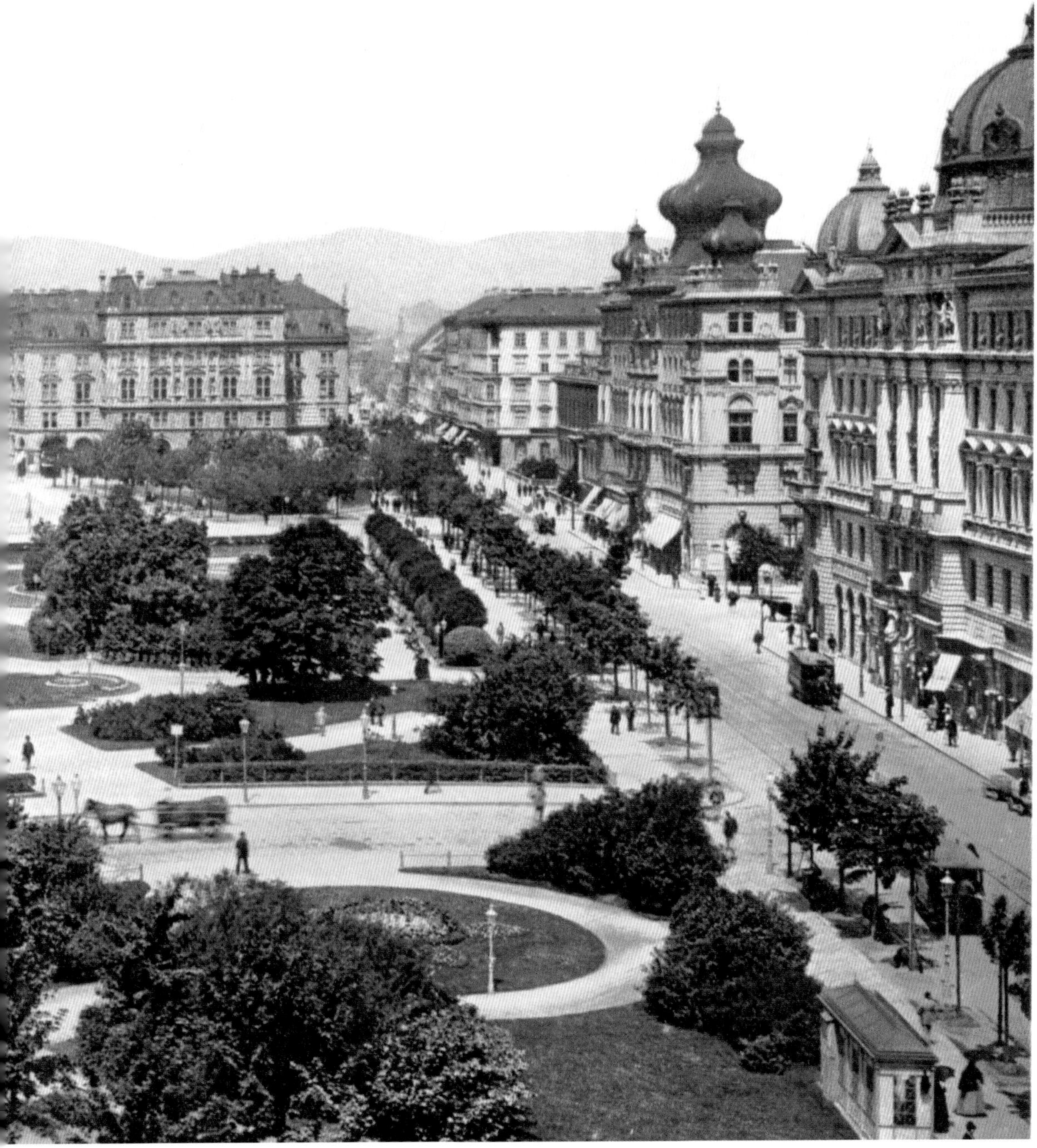

보티프 교회
(Votivkirche), 빈,
1890~1900년경

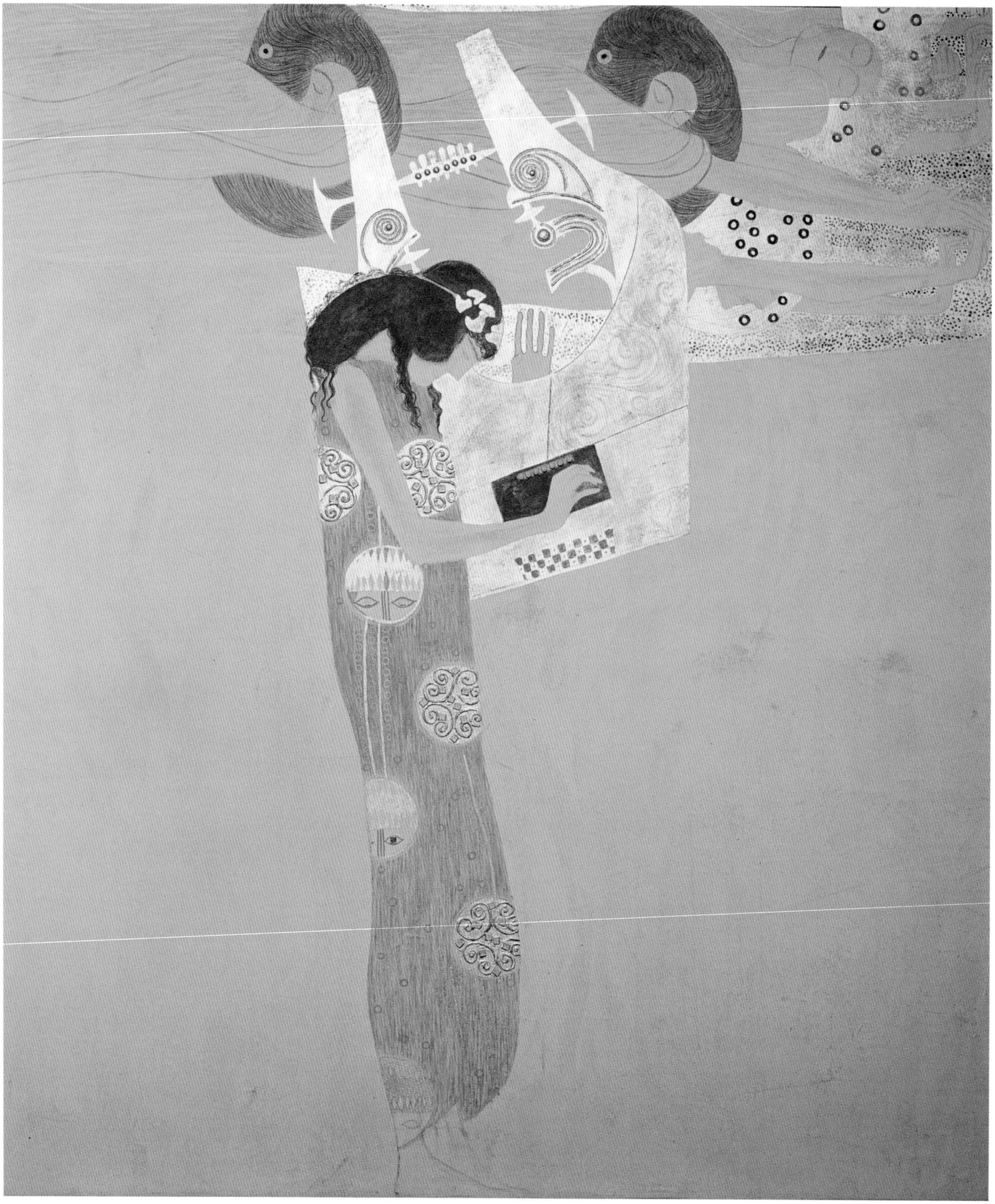

클림트 시대의 빈

KLIMT'S VIENNA

'환희의 송가(*Hymn to Joy*)',
〈베토벤 프리즈(*Beethoven Frieze*)〉의 세부,
1902년, 카제인 물감, 금박, 준보석,
진주층, 플라스터, 스투코 밑칠에
연필과 파스텔, 215×3414cm
(긴 벽이 각 1392cm, 짧은 벽이 630cm),
오스트리아 벨베데레 미술관, 빈

구스타프 클림트 예술의 매력은 고혹적으로 아름다운 작품뿐만 아니라 1900년대 빈과의 연관성에서도 비롯된다. 클림트 시대의 빈은 지크문트 프로이트, 구스타프 말러, 아르투르 슈니츨러, 카를 크라우스, 아르놀트 쇤베르크, 테오도르 헤르츨, 그리고 청년 아돌프 히틀러의 빈이기도 하다. 파리가 서구의 문화 수도라고 자부할지 모르지만 돌이켜보면 빈이 20세기의 최상과 최악으로 꼽히는 거의 대부분의 문화를 배태한 발상지였다는 것을 우리는 뒤늦게야 깨달았다.

아주 엄밀한 의미에서 클림트는 빈 사람들에게 인기 있던 노래 '나의 어머니는 빈 여자였죠(*Mei Muatterl war a Wieanerin*)'가 자기를 두고 만든 것이라고 주장했을 것이다. 훗날 클림트의 지인들은 그가 대개 약간 무례하게 느껴질 정도로 짧은 빈 억양으로 말했다고 기억했다. 그의 어머니 안나 핀스터(Anna Finster)는 1836년에 빈 교외에서 태어났다. 한편 그의 아버지 에른스트 클림트(Ernst Klimt)의 가계는 보헤미아 출신이었다. 19세기 말 빈 인구는 클림트의 집안처럼 다른 지역 출신들이 결혼해 구성했던 혼성가계가 대부분이었다. 1900년에 빈은 (런던, 파리, 베를린에 이어) 네 번째로 인구가 많은 수도였다. 하지만 인종, 언어, 문화로는 가장 복잡한 구성을 보였다. 오스트리아의 유대계 작가인 슈테판 츠바이크(Stefan Zweig, 1881~1942)는 세기말 빈의 코즈모폴리터니즘(cosmopolitanism)에 반색하며 이렇게 썼다. "유럽 문화의 모든 흐름이 이곳에서 융합된다. 궁정에서나 귀족, 일반인 할 것 없이 독일인 부류가 슬라브인, 헝가리안, 스페인, 이탈리아, 프랑스, 플랑드르 사람들과 관련된다. 이 모든 대립되는 것들을 한데 융합해 특히 오스트리아와 빈의 새롭고 독특한 무언가로 만들어내는 것, 그것이 바로 음악의 도시 빈의 특별한 재능이었다. 개방적이고 무엇이든 잘 받아들이는 이 도시는 가장 이질적인 세력을 매혹하여 긴장

을 완화시키고 편안하게 하며 달래주었다. 이처럼 지적 관용을 허용하는 분위기에서 사는 건 즐거웠다. 또한 빈의 모든 시민들은 무의식적으로 국가를 초월한 코스모폴리탄, 즉 세계 시민이 되었다.[1]

이러한 다양성이 빈에서 발휘된 창조력의 근원이었으며, 미래에 닥칠 재난과 비극의 씨앗이었다. 『브리태니커 백과사전』(1912년 판)에 따르면, 1900년 당시 빈의 인구는 1,662,269명이었는데, 독일계 1,386,115명, 체코와 슬로바키아계 102,974명, 폴란드계 4346명, 루테니아(Ruthenia)계* 805명, 슬로베니아계 1329명, 세르비아-크로아티아계 271명, 이탈리아계 1368명 등 오스트리아에 복속된 모든 지역 사람들을 망라했다. 여기에 헝가리인 133,144명, 독일인 21,733명, 이탈리아인 2506명, 러시아인 1703명, 프랑스인 1176명, 스위스인 1643명을 더해야 한다. 이러한 이질적인 인구집단에서 1,461,891명이 로마 가톨릭 교인이었고, 그 다음이 146,926명인 유대인, 아우크스부르크와 스위스 신앙고백을 따르는 개신교인이 54,364명, 잉글랜드성공회 교인이 490명, 구가톨릭교** 교인이 975명, 그리스정교회 교인이 3674명, 그리스가톨릭 교인(Greek Catholics)이 2521명, 이슬람교인이 889명을 차지했다. 빈 인구의 45.5퍼센트만이 빈 태생으로 추산되었다.

『브리태니커 백과사전』은 더 나아가 "보통 빈 사람들은 유쾌하며 놀고 즐기고 상냥하다고" 알려준다. 슈테판 츠바이크 역시 빈 사람들이 세련되고 명랑한 쾌락주의자라는 견해에 동의했다. "빈 사람들은 좋은 음식과 훌륭한 와인, 신선하고 톡 쏘는 맥주, 풍성한 후식과 토르테(케이크)를 음미하는 미식가였으며, 보다 섬세한 쾌락을 추구했다. 음악과 춤을 만들고 연극을 공연하며 대화를 잘 나누고 상냥하게 행동하며 훌륭한 취향을 보여주는 것이 이곳(빈)에서는 훨씬 장려되는 예술이었다. 문화를 사랑하지 않는다면, 삶에 탐닉하는 것을 신성한 것으로 평가하고 즐기지 않는다면, 당신은 진정한 빈 사람이 아니다."[2]

빈에서 유명한 카페에 가면 케이크를 앞에 두고 대화를 나누는 모습을 볼 수 있었다. 슈테판 츠바이크가 말한 대로, "빈의 커피하우스는 세상 어디에도 견줄 수 없는 특별한 장소다. 카페는 민주적인 클럽 같아서 누구라도 저렴한 커피 한 잔 값이면 한 자리를 차지할 수 있다. 모든 손님들은 이 적은 돈으로 카페에 자리를 잡고는 이야기하고 글을 쓰고 카드놀이를 했으며, 편지를 받았고, 무엇보다도 수많은 신문과 잡지를 읽을 수 있었다. 고상한 사람들이 드나드는 빈의 커피하우스라고 하면 빈에서 발행되는 신문들을 모두 갖추어 두었으며, 비단 독일어권 전 지역의 신문뿐만 아니라, 프랑스, 영국, 이탈리아, 미국의 신문을 갖추고 있었다. 또한 『노이에 룬트샤우(*Neue Rundschau*)』, 『스튜디오(*Studio*)』, 『벌링턴 매거진(*Burlington Magazine*)』은 물론 『메르퀴

* 오스트리아-헝가리 제국 영내의 서우크라이나, 특히 동갈리치, 부코비나 지방에 살던 우크라이나인 또는 러시아인을 지칭함_옮긴이

** Old Catholic church. 1870년에 있었던 제1차 바티칸공의회에 반발해 1871년에 로마가톨릭에서 분리된 교회. 독일 남부, 스위스, 오스트리아를 중심으로 신자가 분포한다_옮긴이

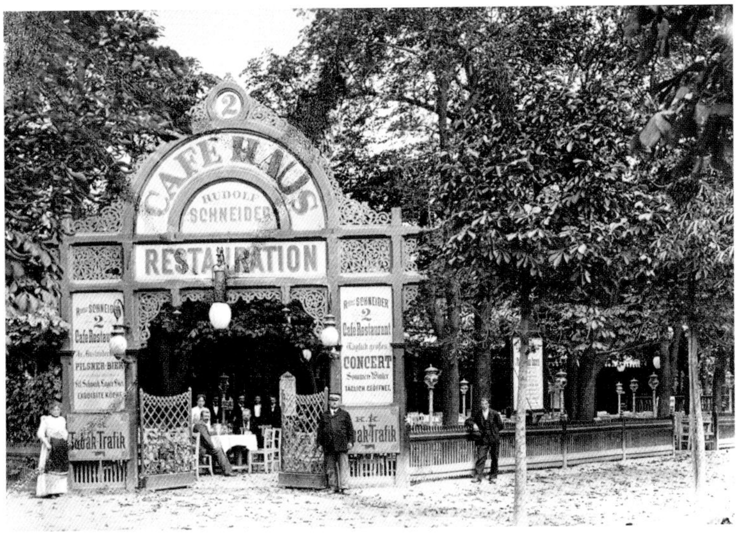

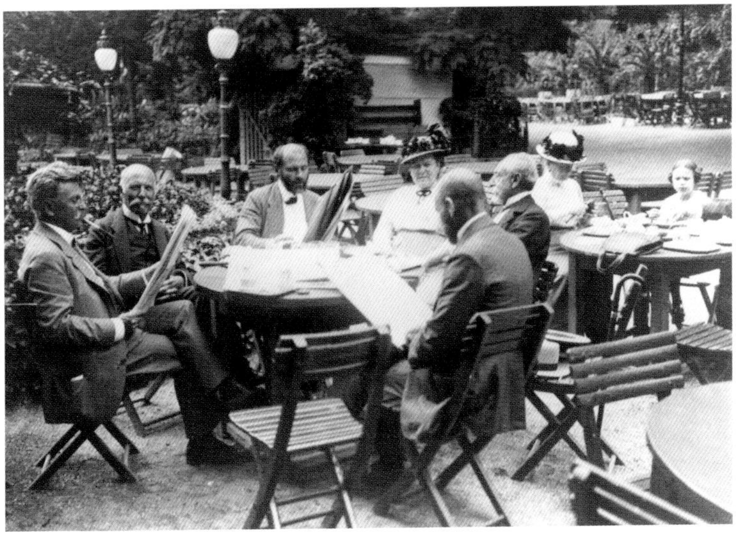

(상단) 프라터 공원 커피하우스, 빈, 1900년 무렵

(하단) 어느 식당 정원에서 아침식사 중인 클림트, 세기말 빈

르 드 프랑스(*Mercure de France*)』 같은 국제적인 주요 문예지도 읽을 수 있었다. 빈 사람들은 커피하우스에서 당시 세상사에 관해 광범위한 정보를 얻을 수 있었고 동시에 친구들과 토론할 수 있었다. 아마도 이러한 사실이 오스트리아인들의 지적 유연성과 국제적 성향에 가장 크게 기여했을 것이다."[3]

제1차 세계대전이라는 파국 이전에 빈에 거주했던 사람들이 흔히 그 이후에 썼던 회상록에서 이들은 장밋빛 향수에 잠겨 빈 생활을 떠올리고 있다. 거장 피아니스트이자 빈 음악아카데미 교수였던 레오폴트 고도프스키(Leopold Godowsky, 1870~1938)의 딸이며, 무성영화 시대의 영화배우로 저명한 다그마르 고도프스키는 빈에서 보낸 유년기를 아주 멋지게 그려냈다. "아! 빈! 정원, 가로등 기둥에 걸려 있던 꽃 장식, 시립공원, 링슈트라세가 떠올라요. 고딕 시대의 아름다움이 깃든 빈, 슈테판 대성당, 쇤부른 궁전, 조각상들……. 비극적이고 아름다운 엘리자베트 황후의 조각상이 시민공원 한 귀퉁이에 있는 작은 연못 앞에 서 있지요. 거대한 자기 난로와 함께 보내는 아늑한 겨울이 기억나는군요. 빈의 봄은 얼마나 아름다운지. 음악이 어디에서나 들려오고요. 빈에서는 누구라도 음악가예요. 12월 31일에는 1천 여 곳에 이르는 카페에서 오케스트라가 음악을 연주하곤 했죠. 연주자들을 찬찬히 살펴보면 우편배달부, 거리 청소부, 굴뚝 청소부, 점등부(가스등에 불을 붙이는 일을 하는 사람)처럼 여러분에게 편의를 제공하는 사람이라는 걸 알 수 있었죠. 이들은 모차르트와 베토벤의 곡에 조예가 깊어요. 빈은 안전했어요. 모든 집들이 밤 10시에 문을 닫아걸기 때문에 그 이후에 집에 들어가려면 내 집이라도 문 열쇠를 가지고 있는 수위에게 동전을 쥐어주어야 했어요. 그 시절의 빈에는 음악과 꽃이, 꽃과 음악으로 가득했지요."[4] 고도프스키의 집이 평균적인 빈 시민의 가정이라고 보기는 힘들다. 하지만 이 도시 문화 엘리트의 전형은 확실하게 보여준다. 다그마르는 아르투르 슈니츨러, 니가르 하임, 에디프 베이, 빌헬름 슈테켈(Wilhelm Stekel) 박사, 구스타프 말러, 프란츠 베르펠, 펠릭스 잘텐, 야코프 바서만(Jacob Wassermann), 게르하르트 하우프트만, 헤르만 주더만, 토마스 만 같은 저명인사들에 관해 연이어 기술했다.

소설가 슈테판 츠바이크(Stefan Zweig, 1881~1942)가 기억하는 유년 시절 빈은 고도프스키의 기억보다 훨씬 더 세련되게 표현되었으나 낙관적인 면에서는 마찬가지였다. "제1차 세계대전이 터지기 전, 내 유년시절과 청년시절을 한 마디로 요약하기에 적합한 문구를 찾는다면, 가장 간결하게 '안정의 황금시대(Golden Age of Security)'라고 할 수 있다. 그 당시 이미 거의 1천 년을 이어온 오스트리아 왕정의 모든 것은 아주 견고하게 만들어진 것처럼 보였다. 이 나라 그 자체가 내구성의 최후의 보증인이었다. 오스트리아 왕정이 시민에게 부여한 권리는 자유롭게 선출되어 국민을 대표하는 의회의 동의를 얻었고, 모든 의무가 정확하게 정의되었다. 이 나라의 화폐인 오스트리아 크라운은 반짝이는 금화 형태로 유통되면서 오스트리아의 불변성을 보증했다. 모든 사람들이 자기 재산이 얼마나 되는지, 수입이 얼마인지 알고 있었고 허락되는 건 무엇이며 그렇지 않은 건 무엇인지 알고 있었다. 모든 것이 저마다의 기준, 정확한 용적, 중량을 지니고 있었다. 당신이 엄청난 부자라면 당신의 재산이 해마다 벌어다주는 이익이 얼마나 되는지 정확하게 계산할 수 있었을 것이다. 공무원과 고위급 인사들은 승진과 정년이 몇년 후에 이루어질지 신빙성 있게 계산할 수 있었을 것이다. 각 가정에서는 예산을 세워 식비와 주거비, 여름휴가비와 공과금에 얼마를 쓰는지 가늠했다. 물론 질병과 같은 예측 불가한 만일의 사태를 위해 어느 정도 별도로 몫을 떼어놓아야 했다. 이렇게 사회의 광범위한 영역이 건재했고, 피라미드의 정점에 있는 늙은 황제를 위시하여 각자의 위치는 변동이 없었다. 만약 황제가 세상을 떠나면, 세상을 떠난 황제 대신 또 다른 황제가 세워질 것이고, 잘 계산된 세상의 질서가 바뀌지 않을 것임을 오스트리아 사람들은 모두 알고 있었을 것이다. 이런 이성의 시대에는 급진적이거나 폭력적인 것은 무엇이든 있을 수 없을 것으로 보였다."[5]

19세기 말 빈에서 부유하며 교양 있고 동화된 유대인 가정에서 자란 똑똑한 아이에게는 빈이 이랬을 것처럼 보인다. 하지만 세기말 빈은 그리 유쾌하지도 모든 사람들에게 아무 걱정 없이 변하지 않을 것처럼 느껴지지도 않았다. 빈 시민의 유쾌함과 쾌락주의 기저에는 일종의 멜랑콜리가 있었으며, 이런 정서는 당시 인기를 얻었던 유행가의 한숨 섞인 향수에서 들려왔다. 눈물을 흘리면서 동시에 웃는 것. 그것이 빈 사람들의 특이한 태도였다. 츠바이크에 따르면, 특히 장례식은 축제기간이었다. "빈 토박이는 자신의 죽음조차 다른 사람들이 즐기는 훌륭한 공연으로 바꾸어 놓았다." 또한 빈 사람들의 깊은 내면에는 비관주의와 불안이 자리 잡고 있었다. 이런 경직된 위계질서를 경고하고 그것의 종식을 요구하는 목소리들이 쏟아져 나왔다. 그리고 다인종으로 구성된 거대한 합스부르크 제국 전역에서 민족주의가 급성장하면서 제국의 전 체제는 붕괴 위험에 처했다.

냉소적인 작가이자 저널리스트인 카를 크라우스(Karl Kraus, 1874~1936)가 카산드라[*]역을 맡아 세기전환기 빈이 인류 종말에 이르는 길의 실험장이었다는 예견했다. "모든 사람들이 지배인, 이륜마차의 마부, 당국을 기다리며 멈춰 섰다. 모든 이들이 종말을 기다린다. 폐하, 계시록이 즐겁기를 기대해 봅시다."[6]

비평가이자 극작가인 헤르만 바르(Hermann Bahr, 1863~1934)는 1891년에 쓴 글을 통해 합스부르크 제국의 완고한 지속성과 전통주의가 문제라고 분명하게 밝혔다.

"미래는 우리 주위 도처에서 피어나는 중이다. 하지만 우리는 여전히 과거에 뿌리박고 있다. 이런 이유로 평화가 있을 수 없고 오직 증오와 분열, 적대감과 폭력이 난무한다…… 그것이 우리가 원하는 진실이다. 우리는 외부에서 오는 저 명령과 우리 내부에서 오는 갈망에 주의를 기울여야 한다. 우리는 우리의 환경처럼 되어야만 한다. 오래전부터 시들어왔고 썩어가는 나뭇잎으로 우리 영혼을 질식시키는 과거, 지난 수백 년의 틀에서 벗어나야 한다. 우리는 현재처럼 되어야 한다…… 우리는 창문을 열고 5월 초의 찬란한 햇빛을 받아들여야 한다. 우리의 감각을 활짝 열고 욕심을 내서 듣고 깨달아야 한다. 이 햇빛을 개선행진을 하듯 기뻐하고 열광하며 방안으로 맞아들이고 쓰레기 같은 과거를 청산해야 한다."[7] 이러한 바르의 요구에 응하면서 쓰레기 같은 과거를 청산한 새로운 분리파 전시관 공간에서 근대적인 것을 받아들였다.

슈테판 츠바이크는 이렇게 말했다. "우리가 젊었던 시절의 진정 위대한 경험은 예술에서 새로운 무엇, 우리의 부모들과 우리를 둘러싼 세계를 만족시켰던 예술보다 더 감동적이며, 어렵고, 매력적인 무언가가 실현되는 중이었다는 것이다. 하지만 우리가 이런 삶의 한 측면에 매혹되었더라도, 이같은 미학적 변화가 우리 아버지 세대의 안전한 세계를 뒤흔들었고 궁극적으로 파괴하는 훨씬 광범위한 변화의 전조(前兆)였다는 것을 알아채지는 못했다."[8]

* 그리스 신화에 등장하는 트로이의 공주. 정확한 예언을 하지만 아무도 그녀의 예언을 믿지 않았다고 한다_옮긴이

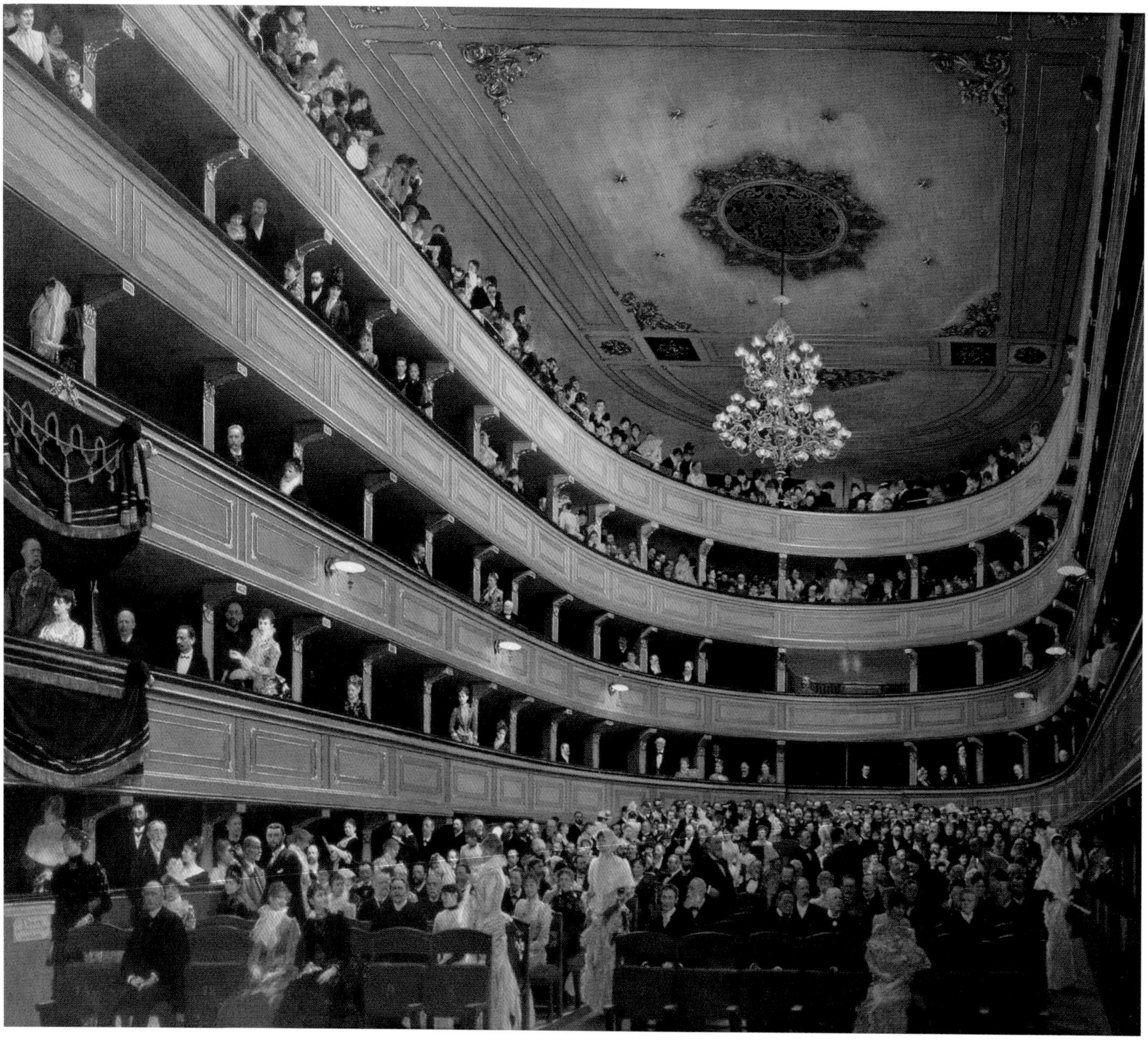

〈옛 부르크 극장의 객석(*Auditorium of the Old Burgtheater*)〉,
1888년, 캔버스에 유채,
82×92cm, 빈 박물관, 빈

혁명과 링슈트라세

REVOLUTION & RINGSTRASSE

나폴레옹 전쟁이 끝나가던 1814~1815년 사이에 빈에서는 이 전쟁의 승전국인 오스트리아, 프러시아, 영국 대표들이 참석하는 회의가 개최되었다. 패전국을 대표한 샤를-모리스 드 탈레랑에게 교묘하게 조정되었던 이 회의는 유럽의 지도를 다시 그리면서, 병 속에서 나온 혁명의 요정을 다시 병 안으로 들어가게 하려는 시도였다. 이른바 빈 회의를 기회로 이 도시는 명랑하고 살기 좋은 제국의 수도라는 명성을 확인했다. 『브리태니커 백과사전』(1912년 판)은 다음과 같이 전한다. "빈 회의는 처음부터 화려하며 사치스럽고 다양한 사교 방식을 이용했으며 이것은 지켜보던 이들에게 깊은 인상을 남겼다. 정치인들 역시 외교 수단으로 만찬 석상이나 무도회장을 이용하는 것을 거부하지 않았다."

빈 시내의 모습은 1750년에 베네치아 출신 화가 베르나르도 벨로토(Bernardo Bellotto)가 꼼꼼하게 그려 기록한 이래로 크게 바뀌지 않았다. 비좁은 구시가는 여전히 중세 때 지은 성벽 안쪽에 자리 잡고 있었다. 성벽이라는 바깥 테두리가 그 너머로 막 퍼져나가기 시작한 대도시 내부 주거지역을 보호해 주었다. 1848년 혁명 전까지 빈의 인구는 폭발하지 않고 50만 명 이하로 유지되고 있었다. 빈 회의 이후에 도래한 이른바 비더마이어(Biedermeier) 시대에 베토벤과 슈베르트는 시민을 우롱하는 정치적 억압과 평범한 소시민(프티 부르주아)의 시대와 대비되는 서양음악에서 가장 위대하다고 손꼽히는 몇몇 작품들을 창조했다. 이 두 작곡가는 개인 저택의 응접실에서 편안하게 연주되는 용도로 소품을 작곡했는데, 그중에는 클림트가 아주 사랑했던 곡들도 있었다. 비더마이어 시대 사람들은 장식미술, 특히 색이 연한 목재를 재료로 삼아, 대담하게 단순화한 신고전주의 형식의 가구에서 안락한 가정의 특징이 되는 표현을 찾아냈다.

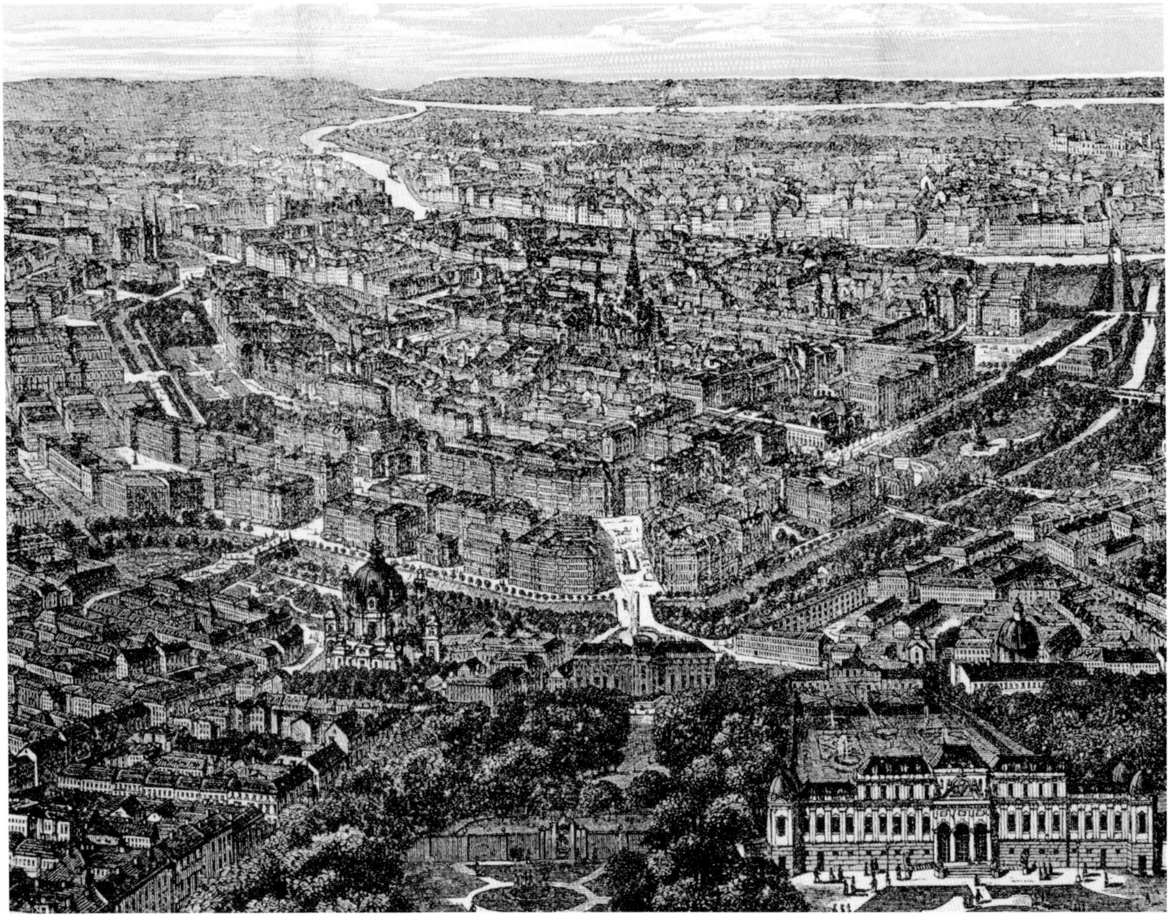

(상단) 빈 전경, 1873년

(맞은편) 링슈트라세 개발을 표시한 최초의 빈 도시계획, 1859년

비더마이어 시대는 표면만 보면 잔잔한 듯했지만 그 아래에서 불만이 끓어오르고 있었다. 이러한 불만이 마침내 1848년에 혁명으로 분출되었다. 하지만 일단 혁명이 진압된 이후 권위적인 새로운 황제 프란츠 요제프 1세가 취임했고 점차 분열되는 합스부르크 제국의 수도 빈은 고유한 엄격하며 반동적인 방식을 고수하고 있었다.

프란츠 요제프 1세는 클림트가 태어났던 1862년에 이미 재위 14년째를 맞았으며, 클림트가 세상을 떠나기 1년 6개월 전까지 제국을 통치했다. 그는 1889년에 아들인 황태자 루돌프가 스스로 목숨을 끊었을 때, 1898년에 황비 엘리자베트가 암살당했을 때에 애도를 받았다. 1900년대 초만 해도 제국 국민들에게 이 황제는 세상을 떠나지 않을 것처럼 보였을 것이다. 프란츠 요제프 1세 황

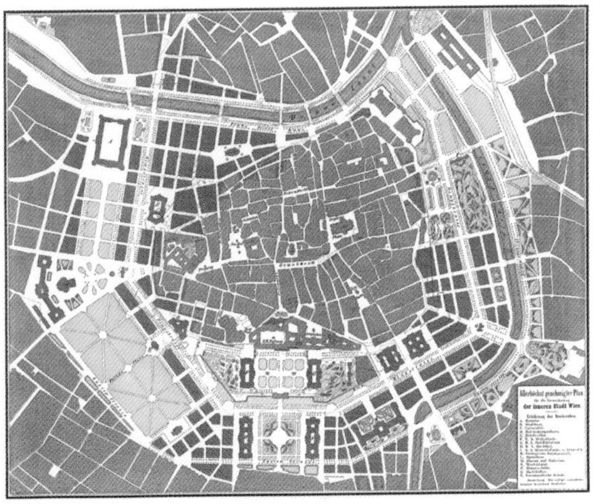

제는 68년 동안 황제의 지위를 유지했다는 신기록을 세우는 동안 프란츠 요제프 황제는 근엄하고 반동적이었던 그는 그 세월이 흐르는 동안 유순한 자유주의자로 바뀌어 경직된 제국을 온화하고 현명하게 근대로 이끌고자 했다.

황제의 이러한 변화는 1866년에 오스트리아와 프러시아가 격돌했던 쾨니히그레츠 전투에서 굴욕스럽게도 오스트리아가 패배하면서 찾아왔다. 이듬해 황제는 개혁을 단행해 오스트리아 · 헝가리 제국에 이중 군주제(Dual Monarchy)*를 제정했고 의회민주제를 상당 부분 도입했다. 부분적으로는 1867년의 개혁에서 주로 혜택을 받은 헝가리가 방해했기 때문에 프란츠 요제프 황제는 합스부르크 제국에 살고 있던 여타 민족을 달래는 데 실패했다. 특히 체코인과 남부 슬라브인들은 헝가리인과 비슷한 권리를 요구하면서 결국 제1차 세계대전의 발발을 야기한 긴장 상태로 이끌었다.

합스부르크 제국의 근대화는 링슈트라세 건설에서 가장 화려하게 표현되었다. 13세기에 십자군으로 참전했다가 귀향하던 영국의 무능한 사자심왕 리처드를 사로잡았다가 풀어주며 받은 몸값으로 축조된 유서 깊은 빈 성벽을 허물고 들어섰던 게 링슈트라세였다. 빈 성벽은 1529년과 1683년에 있었던 오스만튀르크의 포위를 두 차례나 견뎌냈다. 하지만 1809년에는 빈으로 진격해온 나폴레옹군을 막아내지 못해 근대전에서는 군사적으로 쓸모없다고 여겨졌다. 1857년에 프란츠 요제프 황제는 '그것이 내 의지(Es ist meine Wille)'로 시작하는 칙령을 내려 빈 성벽을 철거하게 했다. 링슈트라세는 이듬해 공사를 시작해 1880년대까지 공사가 이어졌다. 빈의 링슈트라세는 19세기에 도시 근대화에 관한 가장 영향력 있는 모델 두 가지 중 하나로, 나머지 하나가 오스만의 파리 도시계획이다. 오스만 모델은 구시가지 전역을 널따란 직선대로로 거침없이 재단하는 방식이어서, 빈에서는 절대 고려될 수 없을 만한 것이었다. 구도심을 둘러싼 장대한 대로인 거리에는 멋진 공공건물, 주거지, 에프루시 가문** 처럼 신흥부호들의 저택이 들어섰다.

* 동일한 군주가 두 개의 독립된 왕국을 통치하며 동일한 외교 정책을 따르고 관세동맹을 맺으며 동일한 군대를 유지하지만 그 외에는 자치를 허용하는 통치 체제. 보통 1867년부터 1918년까지 존속했던 오스트리아-헝가리 제국을 가리킨다_옮긴이

** Ephrussi family, 금융 · 정유업으로 엄청난 부를 축적한 러시아계 유대인 가문

1830년부터 1890년 사이에 유럽에서 지은 대부분의 공공건물은 역사적으로 전개된 다양한 양식으로 건축되었다. 링슈트라세에 들어선 건물들은 각 건물의 목적에 적합하다고 생각되는 양식으로 설계되었다. 시청과 포티브 성당은 고딕 양식으로, 국회의사당은 그리스 양식, 부르크 극장(Burgtheater, 시민극장), 오페라하우스, 미술사박물관은 모두 신(新)르네상스 양식으로 지었다. 그 결과 링슈트라세는 역사상 가장 화려한 건축의 무도회가 되었다.

빈의 문화생활에서 오페라가 중요하다는 점을 고려하면, 황립오페라극장(Imperial Opera House)이 여러 공공건물 중에서 가장 먼저 완공되었다는 건 놀랍지 않다. 이 건물을 설계한 건축가 에두아르트 판데르뉠(Eduard van der Nüll, 1812~1868)과 아우구스트 지카르트 폰 지카르츠부르크(August Sicard von Sicardsburg, 1813~1868)는 분명 링슈트라세 건설이 완성된 후의 높이를 알지 못했다. 그 결과 극장 건물은 면적에 비해 높이가 낮아 작달만하게 보인다. 프란츠 요제프 황제는 황립오페라극장 건물이 위에 누군가가 올라가서 앉은 것처럼 보인다고 지적했다. 빗발치는 비판에 굴욕감을 느끼고 분을 못 이긴 나머지 판데르뉠은 스스로 목을 맸고, 지병을 앓고 있던 폰 지카르츠부르크도 불과 2~3주 후에 세상을 떠났다. 자신의 지적이 일으킨 파장에 충격을 받은 황제는 그 이후 미학적 문제에 자기 의견을 거의 개진하지 않았고, "아주 좋아. 흡족하군"이라며 듣기 좋은 말만 했다. 비록 프란츠 요제프 황제는 미술과 디자인에서 나타나는 새로운 경향에 대체로 동조하지 않았지만, 1898년에 분리파 전시관(제체시온)에 방문하는 것도 허락했다.

클림트는 신진 화가 시기에 링슈트라세에 들어선 부르크 극장과 미술사박물관의 내부를 장식하는 일을 맡았다. 그리고 1888년에는 부르크 극장 장식화로 황제에게 공로훈장을 받았다. 같은 해에 클림트는 호프부르크(Hofburg) 황궁 신축 건물을 짓기 위해 자리를 내준 옛 부르크 극장의 철거되기 전 내부의 모습과 관객을 담은 그림을 의뢰 받았다. 200명에 가까운 이들의 초상화를 담고 있는 이 그림은 세기말을 맞은 빈의 문화엘리트를 그린 집단초상화라 할 수 있다.

슈테판 츠바이크는 빈 사람들에게 이 당시가 정서적으로 얼마나 중요했는지 다음과 같이 기술했다. "옛 부르크 극장, 모차르트가 《피가로의 결혼》을 초연했던 그 극장이 철거를 앞두고 있을 때, 빈 상류층 사람들은 엄숙한 분위기 속에서 그곳으로 모여들었다. 막이 내려오자마자 모든 사람들은 그들이 가장 좋아하는 오페라 가수가 밟았던 무대 바닥의 판자 쪼가리가 성유물(聖遺物)이라도 되는 것처럼 집으로 가져가려고 무대 위로 달려갔다. 이 평범한 나뭇조각은 심지어 수십 년이 지난 뒤에도 많은 부르주아 가정에 놓인 귀중한 장식함에 보관되었다. 마치 성십자가(예수 그리스도가 못 박혔던 십자가)의 한 조각이 교회에 보관되어 있던 것처럼."[1]

세기말의 빈

(상단) 링슈트라세와 그 앞의 빈 국립오페라극장

(하단) 링슈트라세를 따라 의회, 빈 시청, 신축된 빈 대학교, 부르크 극장이 세워졌다.

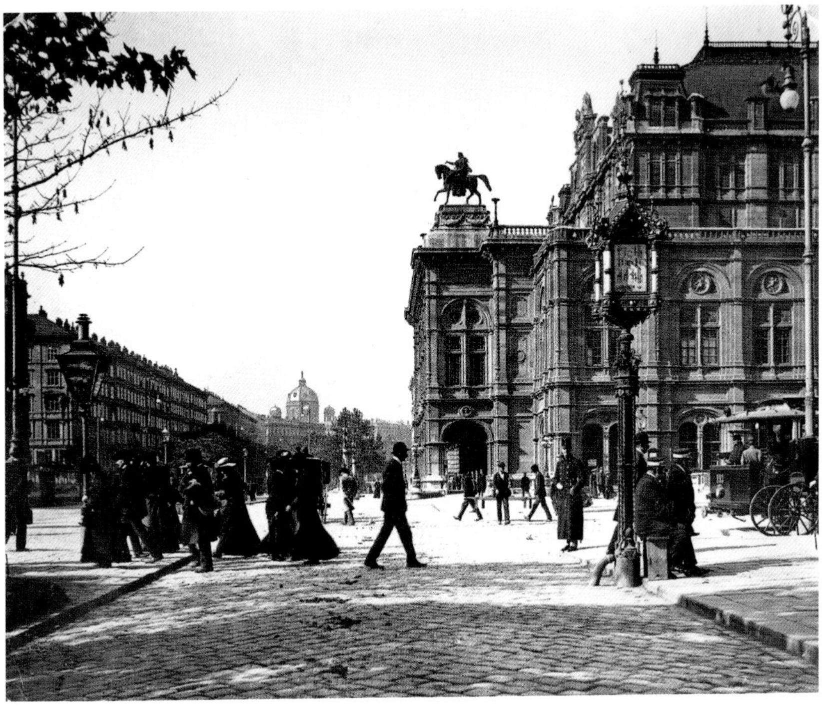

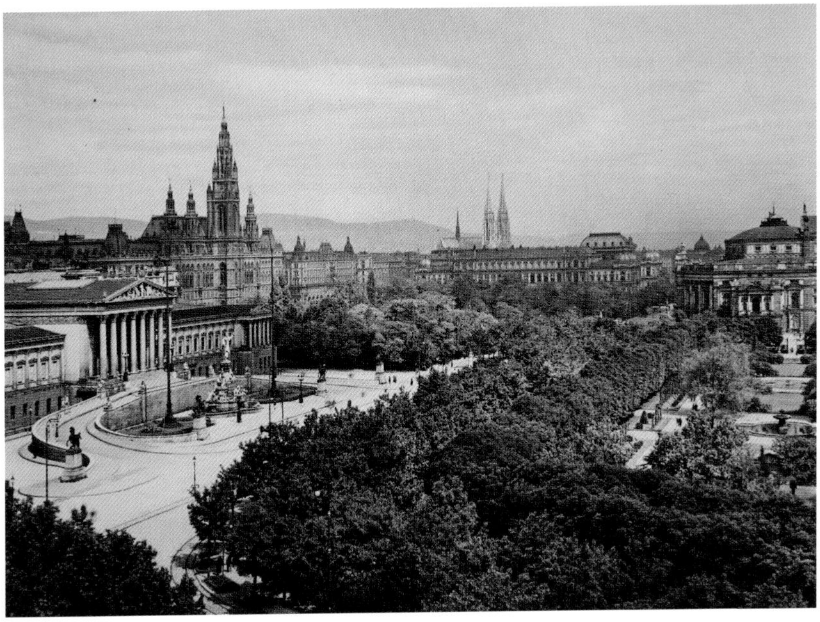

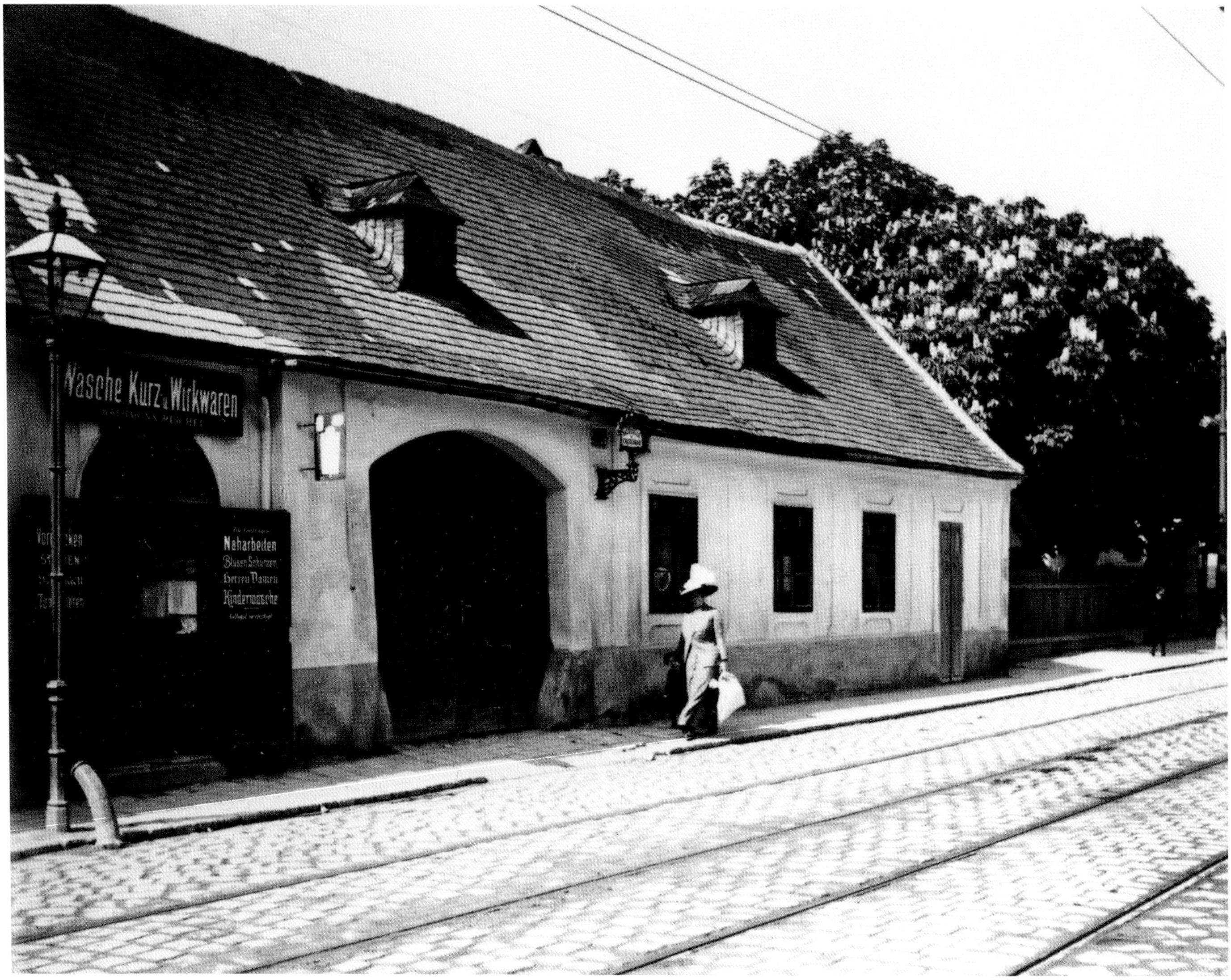

구스타프 클림트 생가: 린처슈트라세(Linzerstrasse) 247번지, 빈
(1967년에 철거됨)

클림트의 탄생

BEGINNINGS

링슈트라세 조성 사업이 한창 진행되고 있던 1862년 7월 14일, 구스타프 클림트는 빈 서쪽에 위치한 마을로 머지않아 빈 시로 편입되는 바움가르텐에서 태어났다. 그의 아버지 에른스트는 미천한 금속공예 장인이었다. 17세기 네덜란드의 의상을 차려 입은 에른스트 클림트를 (네덜란드의 초상화의 대가인) 프란스 할스의 화풍으로 그린 초상화(24쪽)를 보면 표정이 다소 호전적인데, 분명 그는 걸핏하면 화를 내는 다혈질이었다. 이와 달리 에른스트의 아내 안나는 천성이 명랑했지만 심약했다. 안나는 1874년에 끝에서 두 번째 딸인 안니가 다섯 살 때 세상을 떠나자 심한 신경쇠약으로 고생했다. 안나는 노래 부르기와 오페라 관람을 즐겼는데, 구스타프 클림트가 음악을 사랑했던 것은 아마 어머니를 닮아서일 것이다.

클림트는 7남매 중 둘째였다. 그의 손윗누이 클라라(1860~1937)는 심한 우울증을 앓았는데, 이는 정서 불안이 클림트 가족의 내력임을 알려준다. 에른스트 2세(1864~1892)는 아마 형제자매 중에서 구스타프와 가장 가까웠을 것이다. 신진 화가 시기에 구스타프와 에른스트, 그리고 그들의 친구 프란츠 마치(Franz Matsch)는 함께 일했다. 그래서 당시 작품에서는 그들 중 누구의 솜씨인지 구별하기가 쉽지 않았다. 에른스트는 헬레네 플뢰게와 결혼했는데, 헬레네는 구스타프와 평생 함께한 동반자 에밀리 플뢰게와 자매간이었다. 에른스트 2세가 1892년에 28세로 세상을 떠난 후 얼마 지나지 않은 같은 해에 아버지 에른스트가 세상을 떠났다. 남동생과 아버지가 연이어 세상을 떠나며 구스타프의 작품 활동은 뿌리부터 흔들렸고 작품 방향도 변했다.

헤르미네(1865~1938)는 언니 클라라처럼 독신으로 살았고 가족의 내력인 예술 취향을 자수로 나타냈다. 훗날 구스타프는 자수에 대단히 관심을 보였다. 게오르크 클림트(1867~1931)는

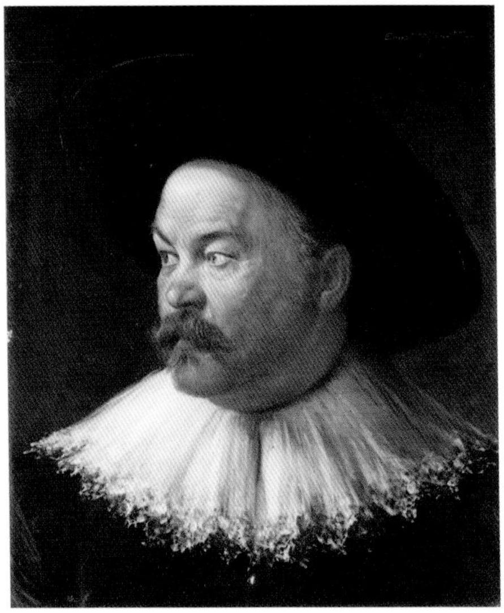

에른스트 클림트, 〈아버지 에른스트 클림트(*Ernst Klimt Senior*)〉, 캔버스에 유채, 1892년

형들의 뒤를 따라 응용미술학교에서 수학했으며 금속세공에서 실력을 인정받아 구스타프가 디자인한 액자 몇 가지를 제작하기도 했다.

셋째 딸 안나는 태생부터 병약하다가 다섯 살 때 세상을 떠났다. 막내딸 요하나(1873~1951)는 회계사와 결혼했다. 그러나 클림트 집안 내력은 그녀의 아들 율리우스 짐펠(Julius Zimpel, 1896~1925)에게 이어졌다. 짐펠은 빈 공방의 예술 감독이 되었으나 요절하고 말았다.

셋째 딸 안나의 죽음은 클림트의 유년기에 최악의 사건으로 기록되는데, 공교롭게도 클림트 가족은 이 시기에 경제적으로도 매우 어려웠다. 링슈트라세에 으리으리한 건물들이 들어서고 도시가 근대화되면서 빈에서는 엄청난 투기 현상이 벌어졌으며 근거 없는 낙관주의가 퍼져나갔다. 런던, 파리와 어깨를 나란히 하려는 생각으로 1873년에 빈에서 세계박람회를 개최하겠다고 결정한 것은 지나고 보니 자만심처럼 보인다. 스코틀랜드 출신 공학자 존 스코트 러셀(John Scott Russell, 1808~1882)이 금속과 유리로 제작한 거대한 로툰다(rotunda)에서 열린 빈 만국박람회는 관람객 700만 명을 동원해 성공을 거두었다고 여겨졌다. 하지만 빈 만국박람회가 1873년 5월 9일, 개막한지 8일 만에 빈의 주식시장이 붕괴된 것은 우연이 아니었다. 빈 주식시장 붕괴는 전 세계적인 불황을 촉발했고 불경기는 이후 몇 년 동안 지속되었다. 특히 불황은 빈 도시 전체에 몹시 심하게 영향을 끼치며 여러 은행과 이외 산업이 연쇄적으로 파산했다. 클림트의 아버지가 운영하던 사업체도 심각한 타격을 입었다. 그는 가족을 부양하려고 안간힘을 썼지만 어쩔 수 없이 더 가난하고 허름한 동네로 이사해야만 했다.

먹여 살려야 할 아이들이 일곱인 데다가 파산을 한 클림트 가족에게는 끔찍했던 시기였다. 수없이 바뀐 가족의 주소지를 보면 1860년부터 1890년까지 이들은 가난했고 또 마침내 가난에서 벗어났다는 사실을 알 수 있다. 구스타프 클림트의 생가는 1960년대에 철거되었지만 남아 있는 사진에 나타나는 집의 외관은 지극히 검소하고 시골풍이어서 마치 농부의 집 같다. 대여섯 번 주소지가 바뀐 후인 1880년대 초에 구스타프와 동생인 에른스트 2세가 돈을 벌기 시작하면서 비로소 이들은 제3구 마리아힐퍼슈트라세(Mariahiferstrasse)에 있는 건물의 지붕 아래에서 아파트의 지상 층으로 내려올 수 있었다. 19세기에는 지상층으로 내려간다는 것이 대개 출세를 뜻했다. 1890년대가 되자 이들은 부르주아들이 거주하는 베스트반슈트라세(Westbahnstrasse)의 근대 공동주택으로 이사했다. 구스타프는 이 건물 3층에서 독신인 누이 클라라, 헤르미네와 함께 1918년에 세

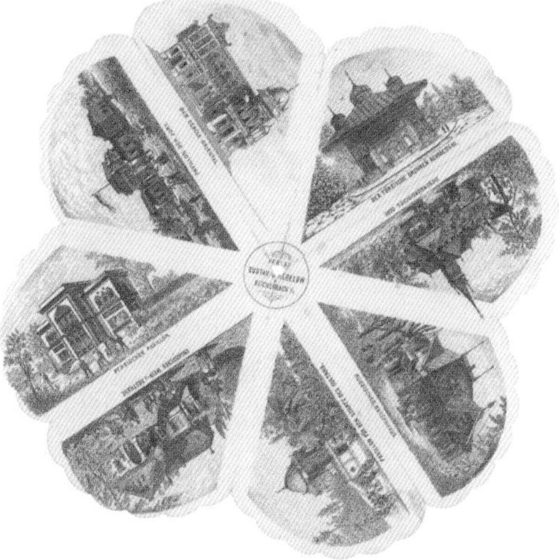

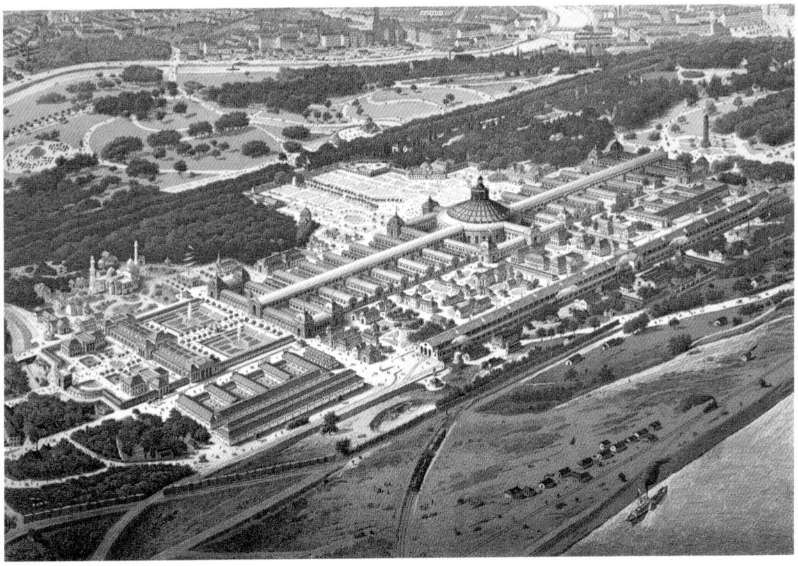

(좌측) 빈 만국박람회를 위해 제작한 소위 '시가지 명소(Städteblume)'. 펼침면으로 빈의 관광 명소와 박람회의 가설건물을 수록했다., 1873년

(우측) 공중에서 내려다 본 빈 만국박람회 전경, 1873년경

상을 떠날 때까지 함께 살았다.

구스타프 클림트는 그 시대 노동계급의 남자아이가 거치는 교육과정을 밟았을 뿐이다. 열네 살 때 그는 응용미술학교에 입학했는데, 이 학교는 그의 아버지가 금세공 일을 훈련받았던 곳이기도 하다. 훗날 그는 독학으로 문학에 광범위한 식견을 쌓았다. 초상화를 그릴 때 그는 단테와 페트라르카의 작품 낭송을 즐겼으며, 단테의『신곡』과 괴테의『파우스트』문고판을 늘 주머니에 넣고 다녔다.

클림트는 가족의 초상을 섬세한 드로잉으로 남겼다. 작품에 전문 모델을 쓸 정도로 여유가 생기기 전에는 가족들이 자주 모델을 서주었다. 미술사박물관 계단에 그린 장식화에서 16세기의 의상을 입고 있는 에른스트 2세의 아내이자 구스타프의 제수 헬레네 플뢰게와 그녀의 아버지인 헤르만 플뢰게를 알아볼 수 있다. 옛 부르크 극장 내부에 그린 그림에서는 그의 가족 대여섯 명의 얼굴을 찾아볼 수 있다.

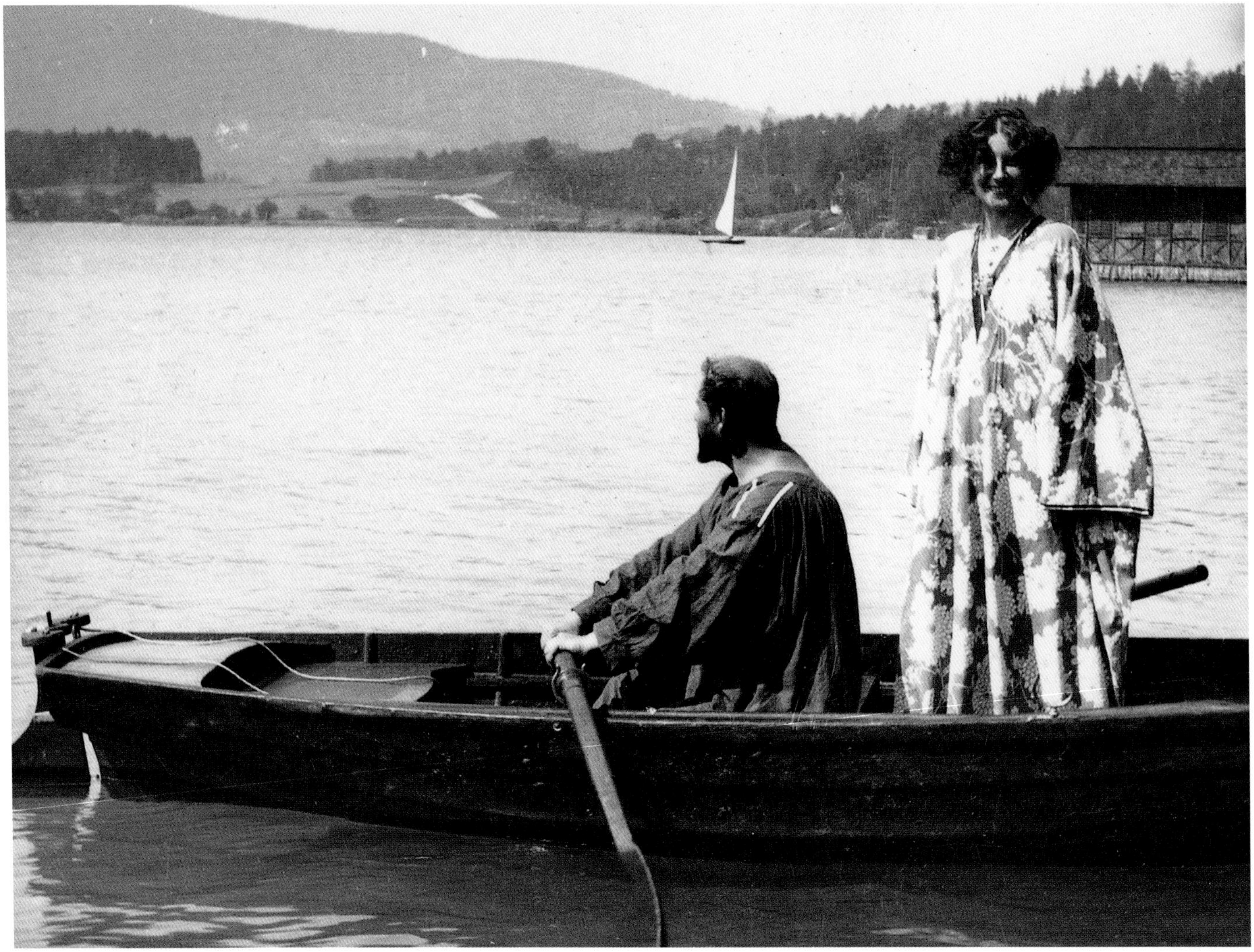

보트에서 노를 젓는 구스타프 클림트와 에밀리 플뢰게. 아터 호수.
1909~1910년경

성격과 사생활

CHARACTER & PERSONAL LIFE

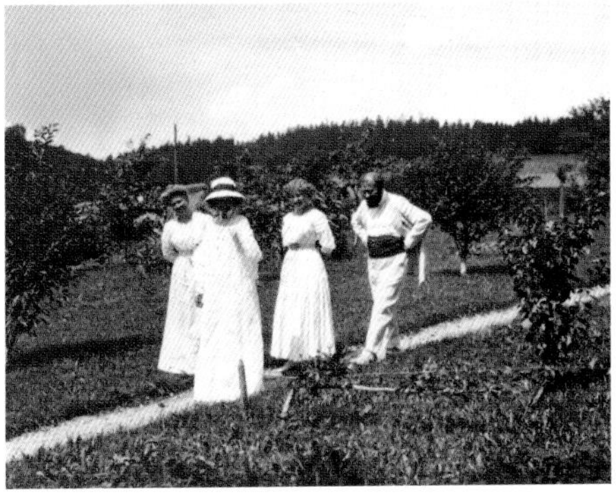

아터 호숫가를 걷고 있는 구스타프 클림트와 친구들, 1907년

클림트는 과묵한 사람이었다. 겉으로 보면 그는 근육질에 털이 많고 세속적인 기준으로 봐도 잘 생겨서, 그토록 우아하고 세심하며 심지어 퇴폐적인 이미지를 그렸다고 예상하기 어렵다. 사생활을 보면 클림트는 신사도, 그렇다고 운동선수도 아니었다. 부유한 사람들을 그렸고 그들의 집에서 환영받았음에도 그는 사교계의 명사가 아니었다. 그렇지만 그는 독일 사람들의 표현대로 '남 앞에 내세울 만한(gesellschaftföhig)' 정도는 되었다. 지성이 넘치는 친구들과 대화를 이어갈 수 있었고 알마 말러(Alma Mahler, 1879~1964년)와 시시덕거릴 수도 있었다. 여러 사진 속에서 그는 말쑥하게 단장하고는 값비싸고 맵시 나는 정장에 장식 허리띠를 두른 모습으로 나타난다. 그는 레슬링, 조정, 펜싱을 비롯한 운동을 즐겼고 무엇보다도 자연을 사랑했다. 클림트는 빈을 둘러싼 녹지를 자주 산책했고, 십 수 년 동안 휴가철(클림트처럼 그림에 모든 것을 쏟아 부은 화가에게 과연 휴가라는 게 있을까 싶지만)이 되면 비밀리에 플뢰게 집안 자매들과 함께 유럽에서 가장 아름다운 경관을 자랑하는 곳 중 하나인 아터(Attersee) 호수에서 지냈다.

클림트는 살아 있는 동안 강력히 공인(公人)이 아닌 개인이고자 했다. 그리고 보기에 자신에게 대단한 허영심이 없었던 사람이므로, 그의 개인적인 삶에서 적어도 몇몇 측면만은 놀라울만큼 자세하게 알려져 있다. 이는 클림트가 사진을 좋아했으며 클림트가 직접 촬영하거나 그의 친구들이 지인들과 함께 있는 클림트의 일상을 찍은 비공식 사진이 많이 남아 있기 때문에 가능했던 일이다. 이런 사진들은 자기도취 또는 노출증에 빠져 있는 우리 시대에 소셜 미디어에 게재될 만한 종류의 이미지이다. 사진에서 클림트는 정원을 거닐고 휴가를 즐기며 아터 호수에서 보트를 타고, 피크닉을 즐기거나 화려한 옷을 입고 파티에 참석하는 모습이다. 1906년에 런던을 여

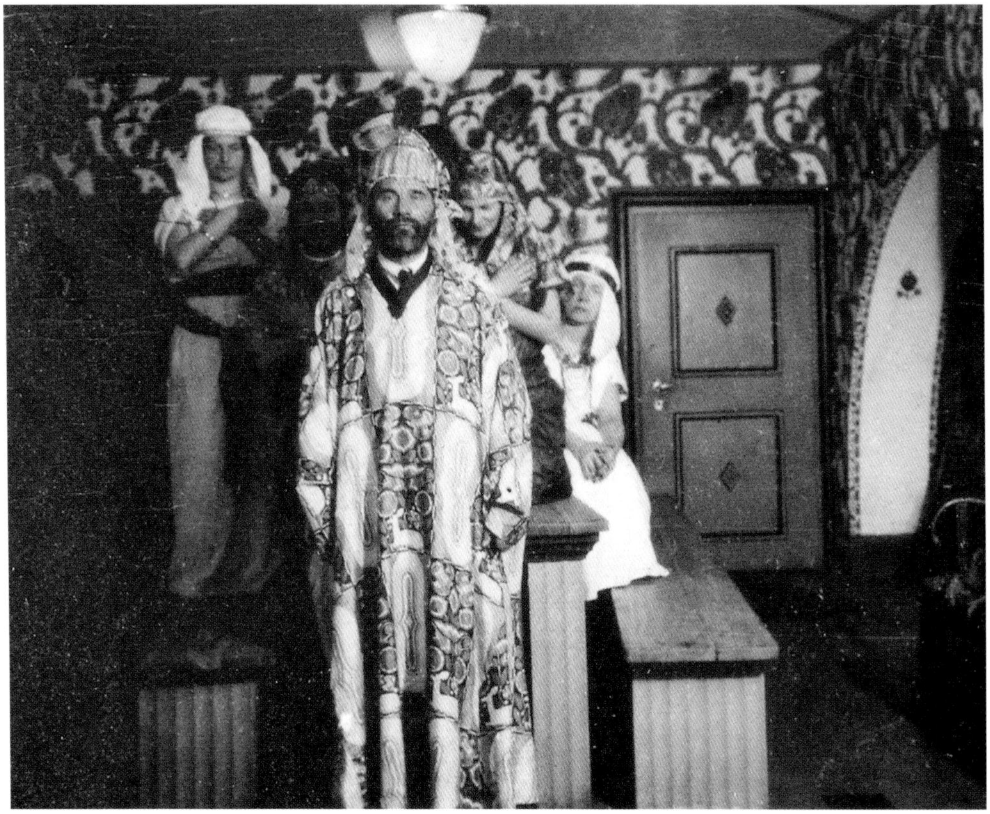

빈켈스도르프(현 체코의 올로모우츠)의 빌라 프리마베시(Vila Primavesi)에서 예술가 모임에 참석한 구스타프 클림트가 빈 공방에서 제작한 직물 〈숲의 정경〉으로 만든 가운을 입고 있다. 1916년

행했던 일, 어머니의 일흔 번째 생일에 함께한 모습도 담겨 있다.

클림트는 여자들이 많이 따르는 남자였다. 알마 말러에 따르면 "그(클림트)는 여자, 아이들, 누이들 셀 수 없이 많은 사람들에게 둘러싸여 있었고, 이들은 그를 사이에 두고 연적으로 변했다."[1] 분명 그는 아름다운 알마를 비롯해 여자들에게 매우 매력적이었다. 알마의 일기장을 들춰보면 클림트와 알마의 이루어지지 못한 사랑이 어떻게 진행되었는지 그 과정을 좇을 수 있다. 자기애가 강한 알마의 입장에서 왜곡된 부분이 있긴 해도 그 과정에서 클림트가 어떠했는지를 엿볼 수 있다. 알마의 일기장에 클림트는 1898년 2월 9일에 처음으로 언급된다. 당시 그녀는 위대한 소프라노 릴리 레만이 궁정오페라단과 함께 공연한 베토벤의 오페라 《피델리오》를 관람하고 온 뒤 흥분한 상태였다. "내가 출중하다는 소리를 들은 것이 가장 기뻤다. 이를테면 클림트는 이렇게 말했다. '당신은 아주 드물고 특이한 여성이군요. 그런데 어째서 평범한 이들처럼 이런 저런 다른 일을 하는 거죠?'" 3월 10일에는 클림트와 알마를 모두 알고 있는 친구에게 초대를 받았고, 클림트를 향한 알마의 관심이 한 단계 높아졌

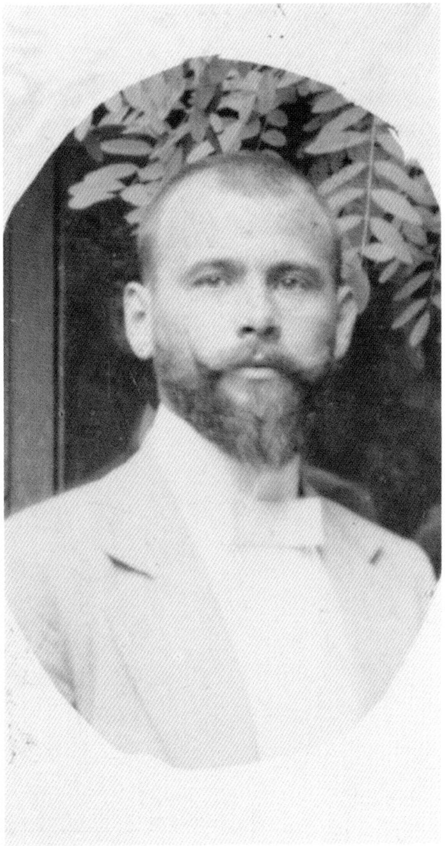

클림트의 초상 사진.
카를 슈스터(Karl Schuster) 촬영, 1892년
출처 소냐 크닙스의 스케치북.

다. "클림트는 아주 친절한 사람이다……. 엄마가 이렇게 말했다. '지러(Zierer) 집안사람들에게서 틀림없이 말이 나오겠구나. 클림트가 저녁 내내 네(알마) 옆에 앉아서 네게 그렇게 많이 말을 건넸으니 말이다.' 그는 정말 기분이 좋아서 자기 그림 등에 관해 이야기했다. 그러고 나서 우리는 『파우스트』에 관해 대화를 나누었는데, 그는 나만큼이나 이 작품을 좋아했다. 그는 정말로 마음에 드는 사람이다. 아주 꾸밈없고 겸손하고, 진정한 예술가지!"

3월 27일에는 이렇게 적어놓았다. "사실 나는 그에게 약간 화가 났다. 내가 너무 많은 관심을 받아 버릇이 나빠졌고 자만하며 깊이가 없다고 말했기 때문이다." 3월 31일에 알마는 분명 클림트를 용서했다. "매우 빠르게 걷는 건 내 습관이었다. 갑자기 내 뒤에서 서두르는 발걸음 소리가 들렸다. 짐작컨대 클림트였지만, 나는 계속 걸었고 우산으로 나를 가렸다. 그는 성큼성큼 걸어오다가 내 뒤에서 멈췄다. '당신이 우산 뒤에 숨어서 아주 빨리 걷는다고 해도 내게서 벗어날 수는 없을 겁니다.' 그가 말했다. '내가 당신 옆에서 걸으면 방해가 될까요?' 마음속으로 확신하지 못했지만 나는 그렇지 않다고 말했다. 그는 나와 함께 걸었고 좋은 길동무가 되었다. 그가 나를 집까지 바래다주고 싶다고 했지만, 내가 거절했다. …… 왜 그와 함께 집까지 걷지 않았을까? 그랬다면 아주 즐거웠을 텐데!"

당시 명망 있는 집안의 딸이었던 알마는 클림트의 애정생활에 관해 아주 잘 알고 있었을 것이다. 그리고 알마의 일기에는 클림트의 '제수'(사실 헬레네 플뢰게보다 에밀리로 추정된다)에 관해 악의에 찬 언급을 한 곳도 몇 군데 보인다. 1898년 봄에는 알마가 빈을 방문한 벨기에의 화가 페르낭 크노프와 어느 정도 예의바른 연애를 즐기고 있었다. 그 해 4월 13일에 그녀는 일기장에 크노프의 장난기 어린 칭찬을 기록하고는 "클림트와는 제대로 대화도 못했다"고 적었다. 그렇게 클림트와 알마의 고양이와 쥐처럼 쫓고 쫓기는 연애 관계는 계속되다가 베네치아의 산마르코 광장을 산책하던 어느 날 저녁에 클림트가 알마에게 키스를 하면서 지켜야 할 선을 넘었다. 알마가 비로소 성인이 되었다고 느낄 만큼 열정적인 첫 키스였다.

일기장에서 알마의 감정이 점차 격정으로 치달았다는 점을 고려할 때, 클림트의 키스는 그야말로 불가피해 보인다. "나는 클림트가 여러 사람과 찍은 사진을 보았을 뿐인데, 그 사진을 여기, 일기장에 넣고 싶었다. …… 그리고 오늘 이 사진을 다시 봤을 때, 나의 갈등이 쓸데없다는 걸 알았다. 나는 물에 빠져 끊임없이 가라앉았고 형언할 수 없을 만큼 고통 받고 있다.” 잠시 후에 알마는 클림트가 친구들과 함께 촬영했던 다른 사진에 관해서 이렇게 적었다. “무엇보다도 나는 클림트의 무척 멋진 이 이미지만 오려내서 오직 그만 보이게 하고 싶다. 하지만 꼭 그렇게 할 필요는 없다. 그 옆에 있는 이들은 어차피 눈에 들어오지도 않으니까.” 둘 사이에 싹텄던 사랑이 알려지자, 알마의 어머니와 그녀의 남편이며 클림트의 동료이자 절친한 벗이었던 카를 몰(Carl Moll, 1861~1945)은 그 싹을 잘라버렸다. 그러자 클림트는 몰에게 알마와의 일을 사과하고 변명하는 굴욕적인 편지를 썼다. 이 편지는 클림트가 보냈던 편지 중 남아 있는 것으로는 가장 긴데, 정상적이지만 약간은 억압된 듯한 이 남자의 성격을 드러내주므로 좀 길지만 인용할 만하다.

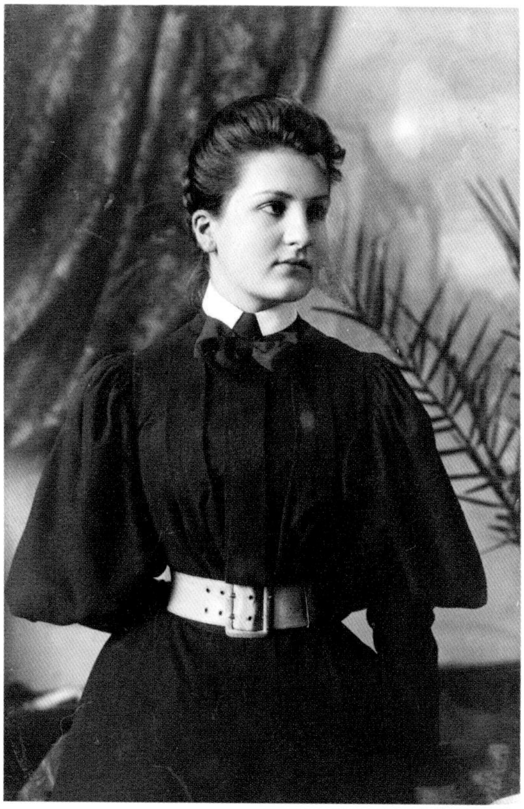

알마 쉰들러, 구스타프 말러와 결혼해 알마 말러가 됨, 1900년

“알마는 자주 내 옆에 앉았다네. 그리고 아무 거리낌 없이 이야기를 나누었지. …… 사실 내가 그녀에게 구애한 적은 없다네. 설사 내가 구애했다고 해도 성공할 거라고 기대한 적도 없어. 집으로 가서 그녀에게 구혼하는 신사들이 많았으니 말일세. 내가 그녀를 오해했고 오인했기 때문에 애를 썼지. …… 불과 최근이었네(이미 결정되었던 피렌체 여행 때 말일세). 내가 여러 가지 사실을 알아챘지. 이 젊은 아가씨는 틀림없이 많은 부분 사실이고 그만큼이나 사실이 아닌 내 애정사에 관해 약간 들은 바가 있을 걸세. 나 자신도 내 애정사를 모두 알지 못하지. 알고 싶지도 않고. 하지만 확실한 한 가지는 내가 가련한 바보라는 사실이네. 요약하면 그녀의 무언가 암시하는 듯한 질문과 말이 내게는 이 아가씨, 알마가 이런 문제에 전혀 무관심하지는 않은 것 같았네. 처음에 생각한 대로 말이네. 이런 점 때문에 나는 다소 겁을 먹었지. 나는 진정한 사랑을 경외하고 존경할 뿐이어서, 나 자신과 자네에 대한 진정한 우정 사이에서 약간 갈등이 있었지. 하지만 그녀 입장에서는 그저 소소한 게임과 같은 거라고, 분위기를 맞춰준다는 생각으로 나를 달랬지. 알마는 아름답고 지적이며 재치가 있어. 안목 있는 남자가 여성에게 요구하는 모든 것을 지니고 있지…… 하지만 아무리 게임이어도 내게는 처참한 것이었네. 내가 좀 더 경험이 많으니까 현명하게 행동했어야 했는데. 여기서 내 약점이 시작된다네……. 그러고 나서 베네치아에서 그날 저녁의 일이 있었던 것이네. 나는 고통이 많은 사람이고, 그런 고통이 위험하지 않

은 게 아닌 악의로 나타나곤 하는데. 그런 일이 있고 난 후에는 깊이 후회한다네. 베네치아의 일도 마찬가지였네. 그날 나는 현명하기보다 약간 취해서 행동이 빨랐던 거지. 변명하려 하지 않겠네. 내가 말하고자 하는 바는 여느 때보다 약간 부주의해져서 그랬던 거라는 이야기일세. 이것이 아마도 자네가 전해 들었던 것이겠지. 자네는 분명 나를 너무 악의적이라고 나름대로 결론을 내릴 것이고…… 친애하는 몰, 나와 알마 양을 용서하게. 그녀가 그 사건을 잊는 것이 어려울 거라고는 생각하지 않네."[1]

사실 알마는 산마르코 광장에서 클림트와 나누었던 황홀한 첫 키스를 평생 동안 기억했다.

클림트는 알마에게 구애하지 않았다고 주장했는데, 이는 솔직하지 못했다. 당시 클림트의 나이에 더구나 경험도 많은 남성이 딸 같은 어린 여자가 유혹했다고 하는 건 비열하며 신사의 행동이 아니었다고 말할 수밖에 없을 듯하다. 그럼에도 알마의 일기에서 그리고 있는 영악하며 다 알고 있는 듯한 그녀의 모습을 믿는다면, 아마도 클림트의 말이 진실일지도 모르겠다.

화가가 된 지 얼마 되지 않았던 초창기 이후에 클림트는 그림의 주제로 여성에 전적으로 집중했다. 1870~1914년 동안에 이는 그리 이상한 일이 아니었다. 드가, 르누아르, 펠리시앙 롭스(Félicien Rops, 1823~1898), 폴 세자르 엘뢰(Paul César Helleu, 1859~1927), 귀스타브-아돌프 모사(Gustav-Adolf Mossa, 1883~1971), 조바니 볼디니(Giovanni Boldini, 1842~1931)는 아마도 클림트만큼은 아니었을지라도 모두 여성에게 집착했던 화가들이었다.

클림트의 성욕은 아주 유명했다. 그에게 초상화를 주문했던 우아한 상류사회 여성들과 그의 연애에 관한 소문은 차고 넘쳤다. 그런 소문이 사실로 근거가 있든지 없든지 상관없이, 클림트는 그림을 그리던 내내 매일 그의 스튜디오에서 포즈를 취하던 모델들과 성관계를 가질 수 있었다. 19세기의 통념은 돈을 받고 옷을 벗을 수 있는 여인과는 성관계도 가능하다는 것이었다. 19세기 초에 프랑스의 화가 외젠 들라크루아는 일기장 귀퉁이에 X자로 모델과 나눈 성관계 수를 기록했으며 그림보다 성관계에 에너지를 쓴다고 한탄했다. 엘렌 앙드레(Ellen Andrée, 1856~1925)는 여러 화가들, 그중에서도 드가와 르누아르의 대표적인 모델이었는데, 『파리의 미인들(*The Pretty Women of Paris*)』*에서는 그녀를 이렇게 설명했다. "예쁘장한 금발 여자로, 체구가 아주 작지만 비율이 훌륭하다는 게 매력이다. 그녀(엘렌 앙드레)의 주 고객은 파리의 예술가들이며, 자주 모델을 선다. 그녀는 여러 자세로 사진을 찍었지만 언제나 모든 옷을 벗고 있으며, 이런 사진은 파리 어디서나 적은 돈으로 구할 수 있다." 클림트는 스튜디오에서 수도승의 겉옷과 비슷한 헐렁한 작업복을 입었는데, 이 옷은 그림을 그릴 때뿐만 아니라 모델과 즉흥적으로 성관

* 파리를 방문하는 영국남성들에게 파리에서 유명한 창녀들의 이름과 주소, 장단점을 알려주는 책자로, 1883년에 169부만 간행되었다_옮긴이

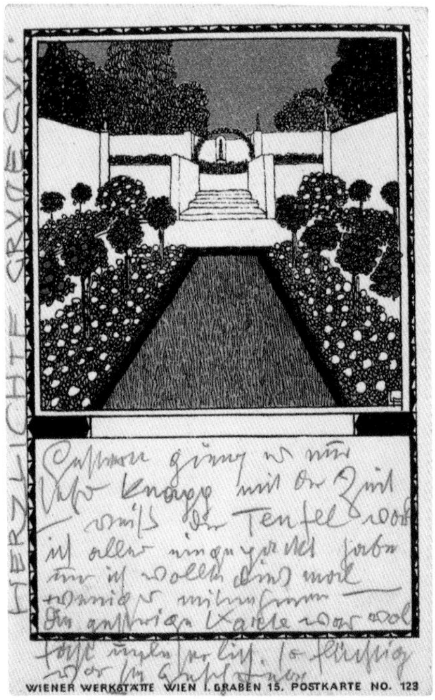

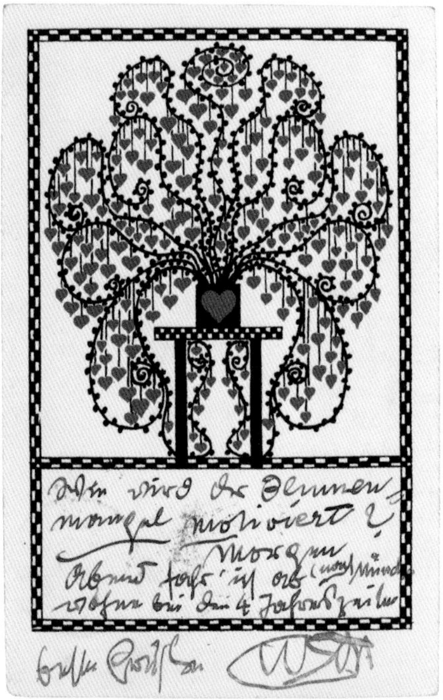

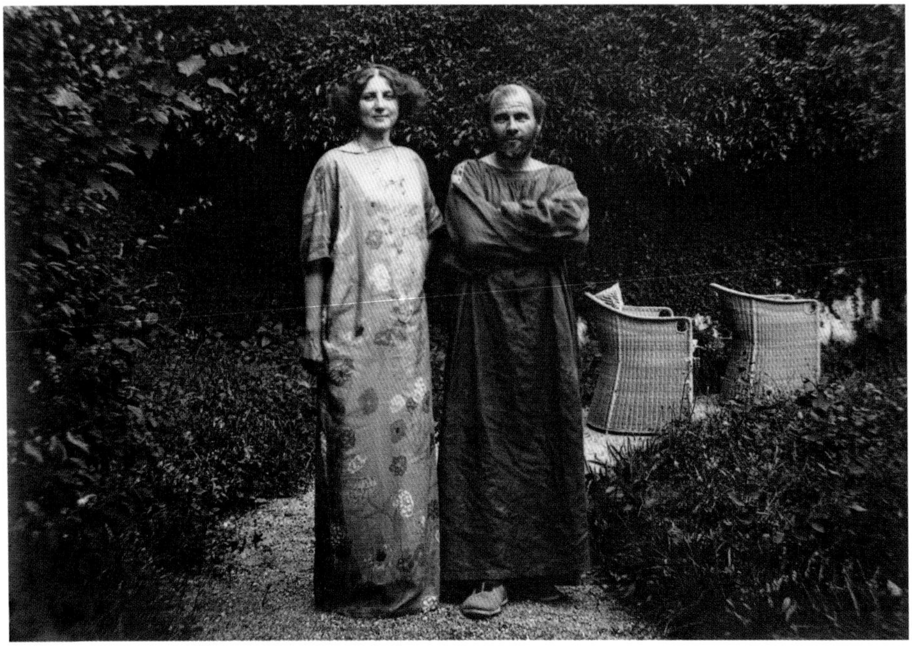

(상단좌측) 구스타프 클림트가
에밀리 플뢰게에게 보낸 엽서.
빈 공방 기획 · 제작. no.123

(상단우측) 1908년 7월 7일자로
구스타프 클림트가 에밀리 플뢰게에게
보낸 엽서. 빈 공방 기획 · 제작. no.69

(하단) 구스타프 클림트와
에밀리 플뢰게. 아터 호숫가의
빌라 올레안더 정원에서. 1910년

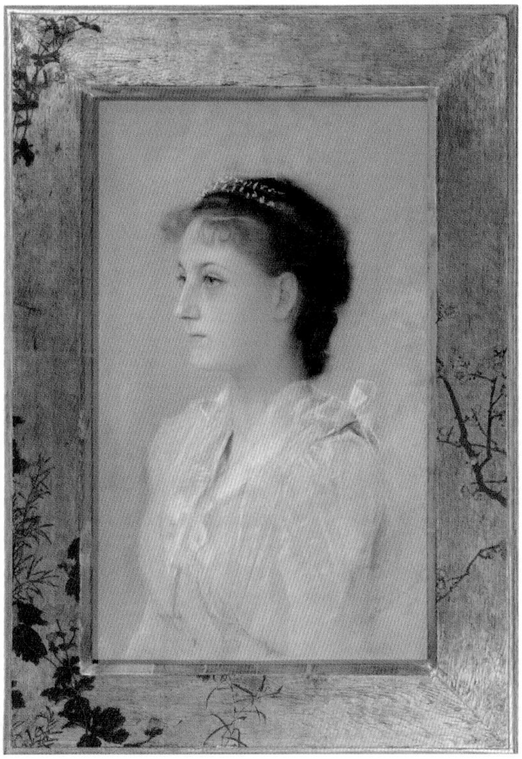

〈에밀리 플뢰게의 초상(*Portrait of Emilie Flöge*)〉, 판지에 파스텔과 클림트가 유화로 그린 틀, 67×41.5cm, 1891년, 개인 소장

계를 맺을 때도 실용적이었다.

클림트의 혼외자녀는 16명에 이를지도 모른다. 그가 세상을 떠나자, 클림트가 남긴 유산을 두고 14건의 친자확인 청구가 제기되었고 그중 4건이 인정되었다. 이들 네 자녀 중에 어려서 사망한 그의 아들 오토, 나치의 박해를 피하려고 자신의 생물학적 아버지가 클림트라고 주장했던 엘리자베트 바흐호펜-에흐트 남작부인은 포함되지 않는다. 클림트가 인정한 세 명의 자녀는 모델 마리아 우치카(Maria Ucicka)가 낳은 구스타프와, 또 다른 모델 미치 침머만(Mizzi Zimmermann)가 낳았던 두 아들 구스타프 침머만과 오토 침머만이다. 클림트는 미치 침머만을 경제적으로 부양했으며 수년간 그녀와 애정 어린 편지를 주고받았다.

클림트는 결혼한 적이 없었다. 아마도 조지 버나드 쇼가 말했던 것처럼 "인간의 모든 다툼 중에서 예술가인 남자와 어머니인 여자 사이의 다툼이 가장 위험하고 갈수록 심해진다."는 것, 창조력과 가정생활은 양립할 수 없다는 것을 클림트도 믿었는지도 모른다. 그는 혼외관계를 여러 사람과 맺었고 아버지가 되는 것을 개의치 않았으므로, 폴 고갱, 오귀스트 로댕 같은 부류가 된다. 그럼에도 클림트는 세 아들과 어느 정도 거리를 두긴 했으나 보살폈다는 증거가 있기는 하다.

클림트에게는 성인이 된 후 죽을 때까지 내내 함께한 여인이 있었는데, 그 여인은 바로 사돈관계인 에밀리 플뢰게였다. 1891년에 에른스트 클림트 2세와 헬레네 플뢰게는 결혼하고 얼마 지나지 않아 딸 헬레네를 낳았으나 1892년 에른스트가 갑자기 세상을 떠났고 클림트는 조카딸의 후견인 자격으로 플뢰게 집안에 자주 드나들게 되었다. 에밀리는 18세에 클림트와 처음 만났는데, 육체적인 관계를 맺었는지에 관해서는 의견이 엇갈린다. 잠깐 연애했다가 결별한 뒤 깊은 우정을 맺었다고 생각하는 이들이 있는가 하면, 육체적인 결합으로 사랑을 완성한 관계는 아니었다고 간주하는 이도 있다. 클림트가 아터 호수에서 휴가를 보낼 때 함께했던 친구 루돌프 슈는 이렇게 말했다. "그(클림트)는 플뢰게 집안 자매들 중 막내, 굉장한 미인을 자기 신부로 맞았다."[2] 수년간 이 두 사람이 함께 찍힌 수많은 사진에서 우리는, 그들이 다정하고 친밀한 우정을 유지하고 있었다는 점을 알 수 있다. 1999년에 클림트가 에밀리에게 보낸 편지와 엽

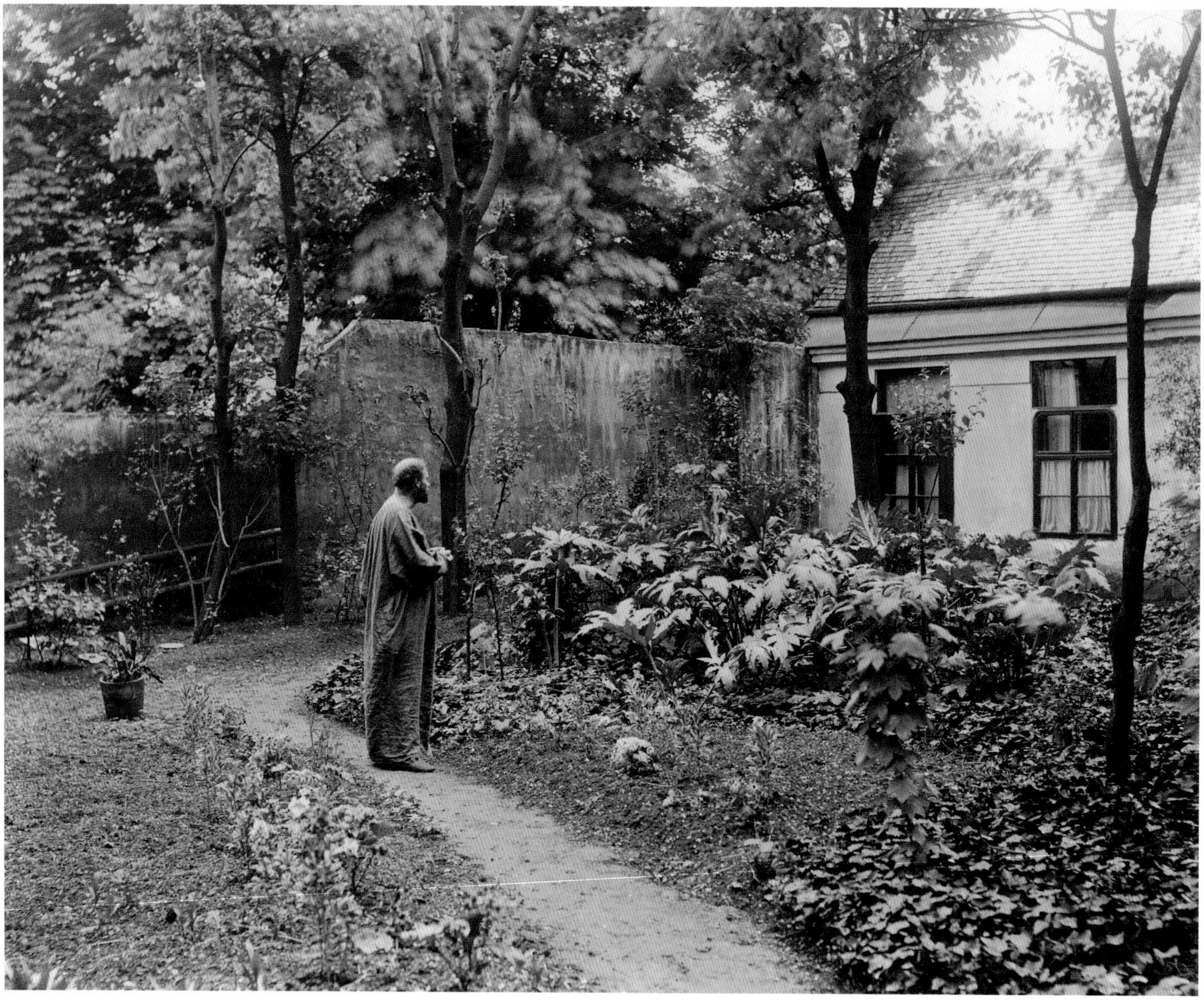

스튜디오 앞 정원에 있는 구스타프 클림트,
빈 제8구 요제프슈태터슈트라세 21번지,
1910년 무렵.

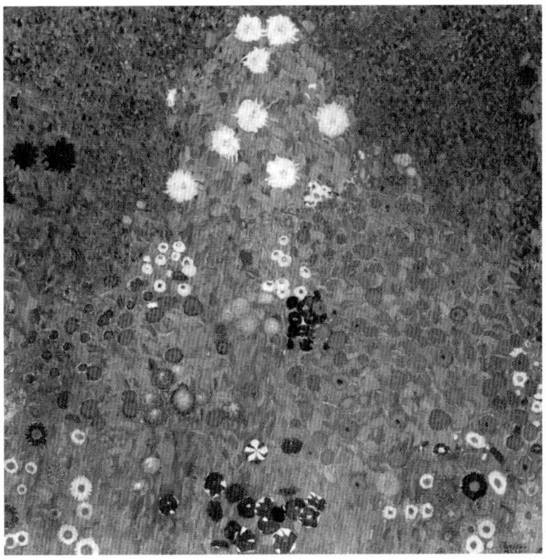

〈꽃 핀 정원(*Flower Garden*)〉, 1905~1907년, 캔버스에 유채, 110×110cm, 개인 소장

서 약 200점이 소더비에서 경매에 붙여졌는데, 그 편지와 엽서의 내용도 같은 인상을 준다. 클림트는 에밀리에게 하루에 여덟 번이나 긴 편지를 보내 일상생활과 건강의 내밀한 부분까지 알렸으나, 타오르는 욕정을 나타내지는 않았다. 마치 드가처럼 클림트가 사교계에서 교제하는 여성과 성교의 대상인 여성을 구분했을 가능성도 있다. 하지만 클림트의 경우 그에게 초상화를 의뢰했던 상류사회 여성들과도 성관계를 가졌다는 소문이 있었으므로 더 복잡하다.

클림트는 당대에 가장 높은 가격을 받는 초상화가 중 하나였다. 그는 친구이자 동료인 요제프 호프만(Josef Hoffmann, 1870~1956)에게 프레더릭 레이턴, 로렌스 알마-타데마, 프란츠 폰 렌바흐, 프란츠 폰 슈투크와 19세기 말에 성공가도를 달리던 많은 다른 화가들처럼, 으리으리한 스튜디오 겸 저택을 지어달라고 의뢰할 수 있을 만큼 잘 팔리는 초상화가였다. 화가들의 저택 겸 스튜디오는 부유한 고객들을 끌어들이는 데 자주 이용되었다. 프랑스의 저명한 문학비평가 에드몽 드 공쿠르는 런던의 고급 주거지 세인트존스우드에 위치한 화가 제임스 티소의 작업실 겸 저택을 방문하곤 기억에 남을 만큼 대단한 악평을 남겼다. 티소는 그곳에서 하인들에게 제복을 입혀 부유한 손님들에게 샴페인을 대접했으며, 식물의 이파리를 닦고 광을 내게 했다. 빈에서는 한스 마카르트(Hans Makart, 1840~1884)가 아주 넓고 사치스럽게 설비한 스튜디오를 소유하고 있었는데, 이곳의 정경은 사진과 루돌프 폰 알트가 세밀하게 그린 수채화로 남아 있다. 마카르트의 스튜디오는 빈 문화생활의 중요한 구심점이었다. 학생 시절 클림트는 마카르트의 유명한 스튜디오가 궁금해서 마카르트의 하인에게 돈을 쥐어주고 그곳에 들어가서 스승이 낮잠을 즐기던 새를 틈타 둘러보았다.[3] 그러나 그는 군주처럼 화려한 마카르트의 생활방식을 따라하고 싶지는 않았다. 그 대신 클림트는 베스트반슈트라세에 있는 아파트에서 어머니, 누이들과 계속 함께 살았다.

1891년부터 요제프슈태터슈트라세의 스튜디오에서 작업했는데, 처음에는 동생 에른스트와 동업자인 마치와 함께 썼다. 에른스트의 사망 이후 마치와도 동업관계를 청산한 다음에는 1911년에 건물이 철거될 때까지 그가 스튜디오 공간 전체를 혼자서 썼다. 그곳은 벨 에포크* 기준으로 전혀 사치스럽지 않았다. 하지만 막스 리버만, 에밀 놀데는 물론 클로드 모네 같은 당대 유명 화가들의 정원과 비교될 만큼 벽으로 둘러싸인 아름다운 정원을 자랑했다. 클림트가 그리기 좋아하는 꽃을 키웠던 그의 정원은 단정하지는 않지만 풍요로움이 넘쳤다. 더 정돈되고 계산된 풍요로움이 나타나는 지베르니 정원이 모

* Belle Époque, '아름다운 시절', '좋은 시대'란 뜻으로 19세기 말부터 제1차 세계대전 전까지 유럽 전지역이 경제, 문화의 발전으로 평화롭고 풍요로웠던 시기를 말한다.

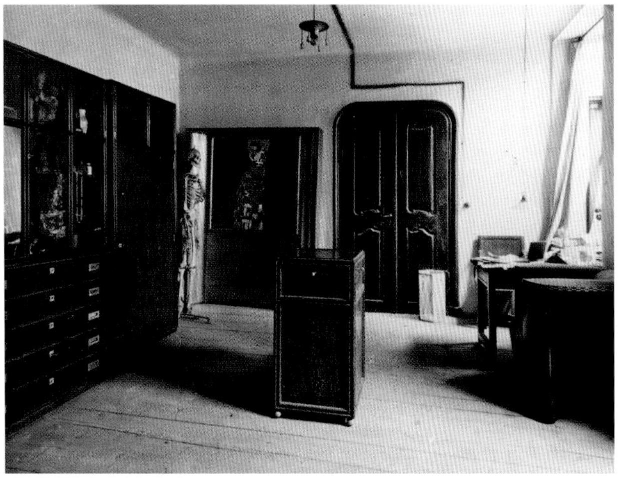

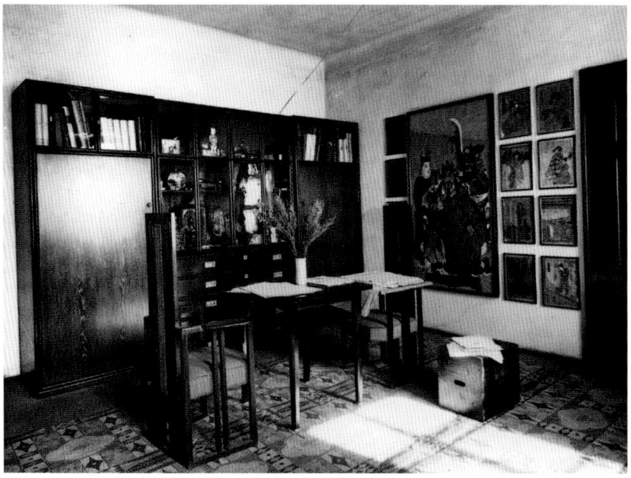

(좌측) 구스타프 클림트 스튜디오의 대기실, 요제프슈태터슈트라세 21번지, 1910년 무렵.

(우측) 구스타프 클림트 스튜디오의 대기실, 펠트뮐가세 11번지. 클림트는 1915년부터 그가 세상을 떠날 때까지 이 스튜디오에서 작업했다. 1915년 무렵에 촬영됨.

네의 성격을 나타내는 것만큼이나, 클림트의 정원 역시 그의 성격을 표현한다. 다른 사람들은 물론 클림트 스스로 묘사했던 대로 그의 정원은 자연의 매력적이며(누군가는 에로틱한 감정을 불러일으킨다고 말할지도 모르겠으나) 풍부한 창조력이 넘쳤고, 그것이 우선 그를 사로잡았다.

요제프슈태터슈트라세의 스튜디오와 정원에는 여러 마리 고양이가 살았다. 클림트의 친구이며 그의 전기 작가이기도 한 에밀 피르칸(Emil Pirchan, 1884~1957)은 그곳을 이렇게 회상했다. "여섯에서 여덟 마리도 더 되는 고양이들이 그 안에서 뛰어다녔다. 그는 고양이들을 너무나 귀여워해서 떼어놓지를 못했다. 그래서 이따금씩 고양이를 몇 마리 몰래 죽여야 했어요. 워낙 고양이 수가 빠르게 불어나서 갖가지 방법으로 클림트의 드로잉을 망치고 있었기 때문이다."[4] 단순하며 천장이 낮은 이 스튜디오의 외관은 그가 어쩔 수 없이 그곳을 떠나기 직전인 1911년에 촬영한 사진 한 장에 남아 있다. 그 사진에서는 한쪽 귀퉁이에 해골이 서 있고, 그의 유화 〈희망(*Hope*)〉이 뒤쪽 벽에 기대 세워져 있는 모습을 볼 수 있다. 스튜디오에 갖춰진 세련된 가구는 클림트의 동료인 디자이너 요제프 호프만이 만들어 준 것으로, 이런 단순하다고 거의 투박한 주위 환경과 어울리지 않는 것처럼 보인다.

빈 제8구 요제프슈태터슈트라세 21번지. 자신의 스튜디오 정원에서 고양이를 안고 있는 클림트, 1910년 무렵.

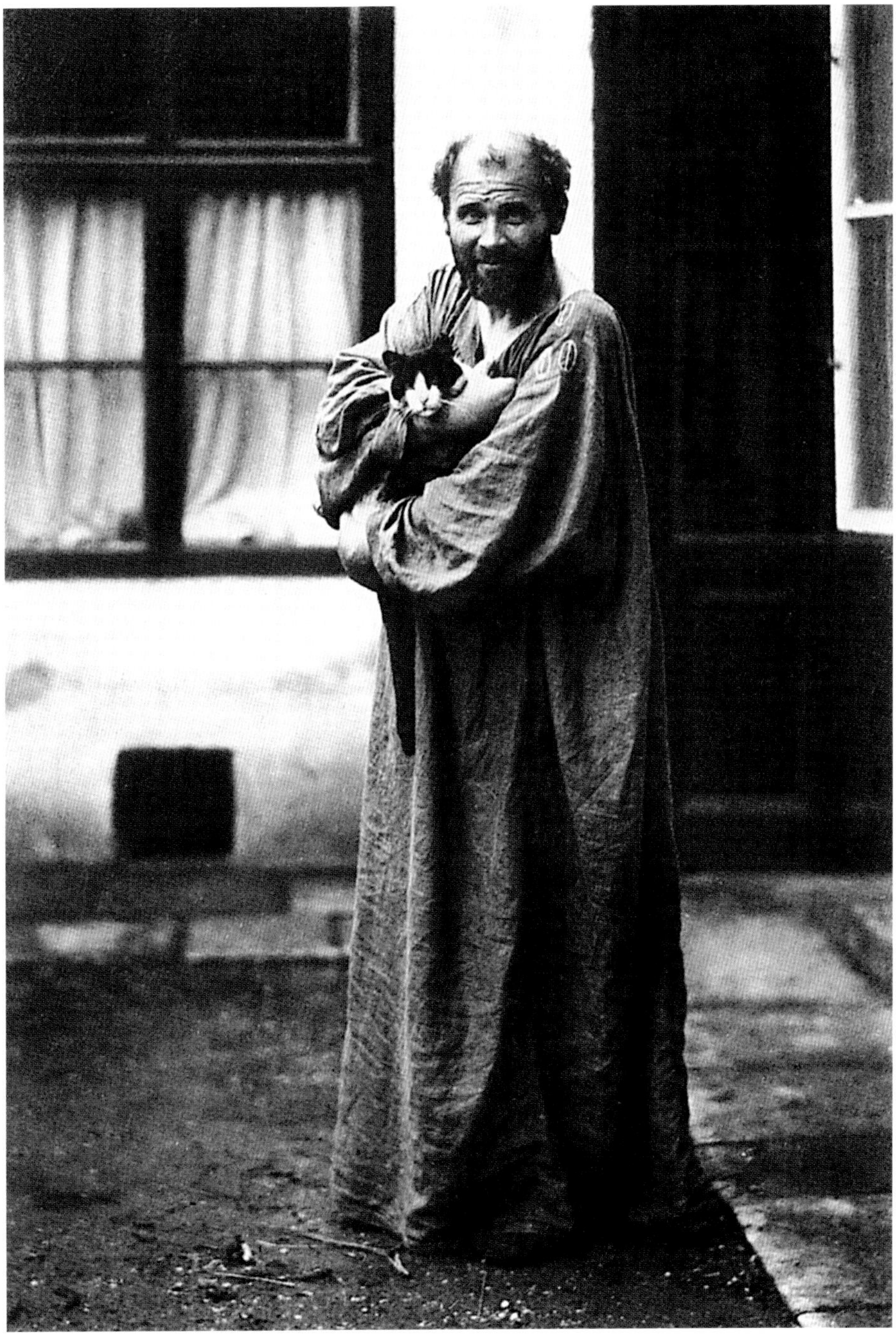

펠트뮐가세(Feldmühlgasse)에 자리 잡은 클림트의 마지막 스튜디오는 1912년에 입주한 곳이다. 1918년에 그가 세상을 떠난 후 바로 촬영된 이 스튜디오는, 요제프슈태터슈트라세의 스튜디오보다 훨씬 우아했지만, 마카르트의 사치스럽고 번잡한 스튜디오와는 여전히 큰 차이가 있었다. 호프만의 가구는 더 정교하게 배치되었고, 흰 벽에는 단순한 액자에 끼운 커다란 중국 회화와 일본의 목판화가 대칭을 이루도록 걸어 두었다. 젊은 에곤 실레가 이 스튜디오를 방문한 뒤 그곳에서 느꼈던 놀라운 인상을 이렇게 적었다. "처음에 복도에 들어서면 왼쪽에 달린 문이 응접실로 이어진다. 응접실 가운데에는 정사각형 탁자가 놓여 있고, 빙 둘러서 일본 목판화와 중국 회화가 빽빽하게 걸려 있다. 한편 바닥에는 아프리카 조각이, 한쪽 귀퉁이에는 빨강과 검은색으로 칠한 일본의 갑옷이 놓여 있다. 이 방은 다른 두 방과 연결되는데, 그중 한 방에서는 장미덩불을 볼 수 있다. …… 거기서 클림트는 내게 진행 중인 그림을 보여주었다. 그는 여인들의 초상화 연작과 히칭에 사는 인물화를 그리고 있었다. …… 게다가 빈(사람들)이 아직 모르는 아터 호수와 가르다 호수를 담은 최고의 풍경화들이 매우 많았다. …… 더욱이 전시에서는 분명 어쩌다가 볼 수 있을 드로잉이 펠트뮐가세 스튜디오에는 수백 장이 널려 있었다."[5] 클림트가 세상을 떠난 후 실레는 이렇게 말했다. "아무것도 치우면 안 된다. 클림트의 집이 하나의 전체로서, 예술작품 그 자체이므로 없애버리면 안 된다. 미완성작들, 붓, 그림 작업대, 팔레트도 손대지 않고, 클림트 미술관으로 만들어야 한다."[6]

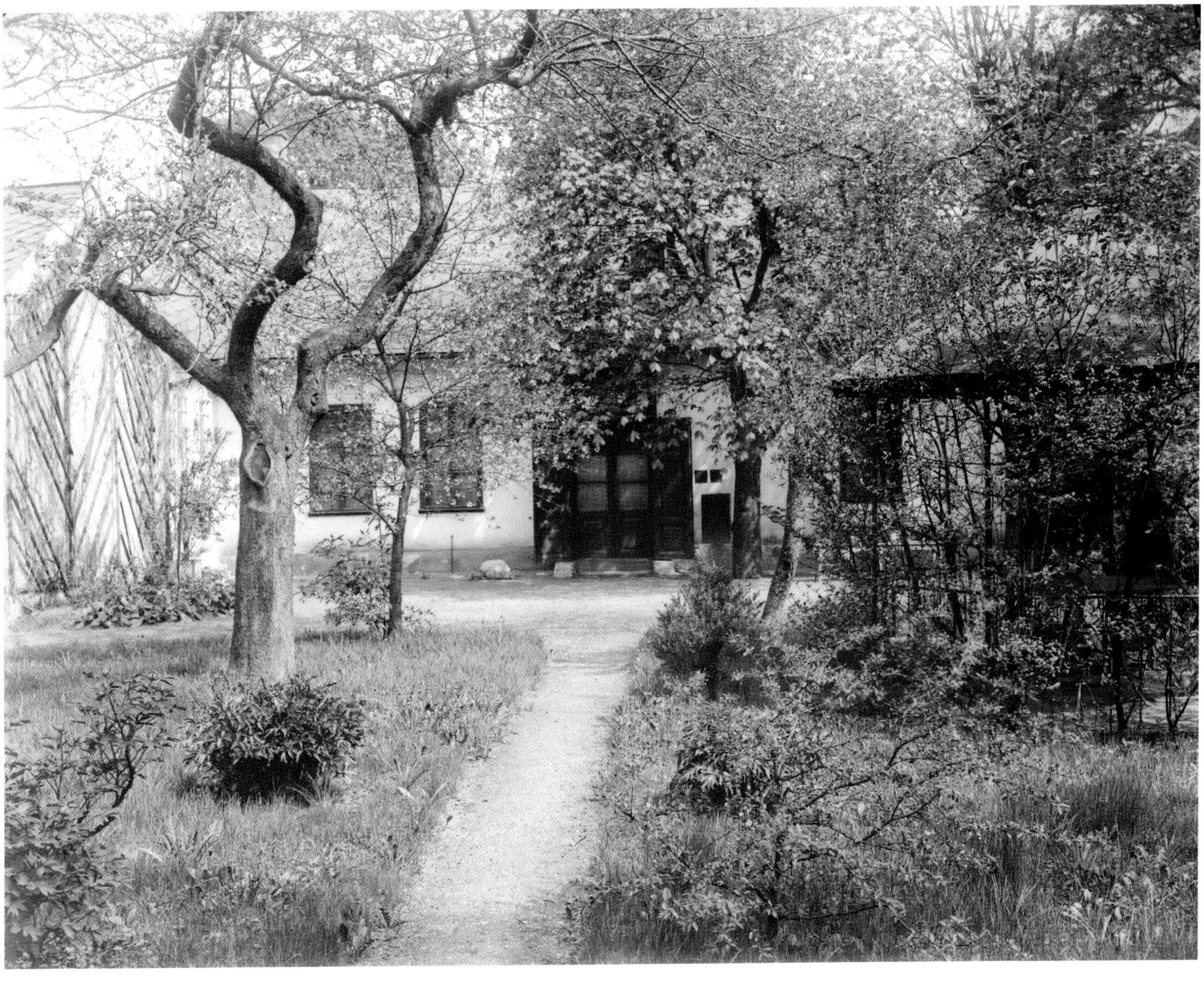

스튜디오 정원, 펠트뮐가세 11번지, 1915년 무렵에 촬영

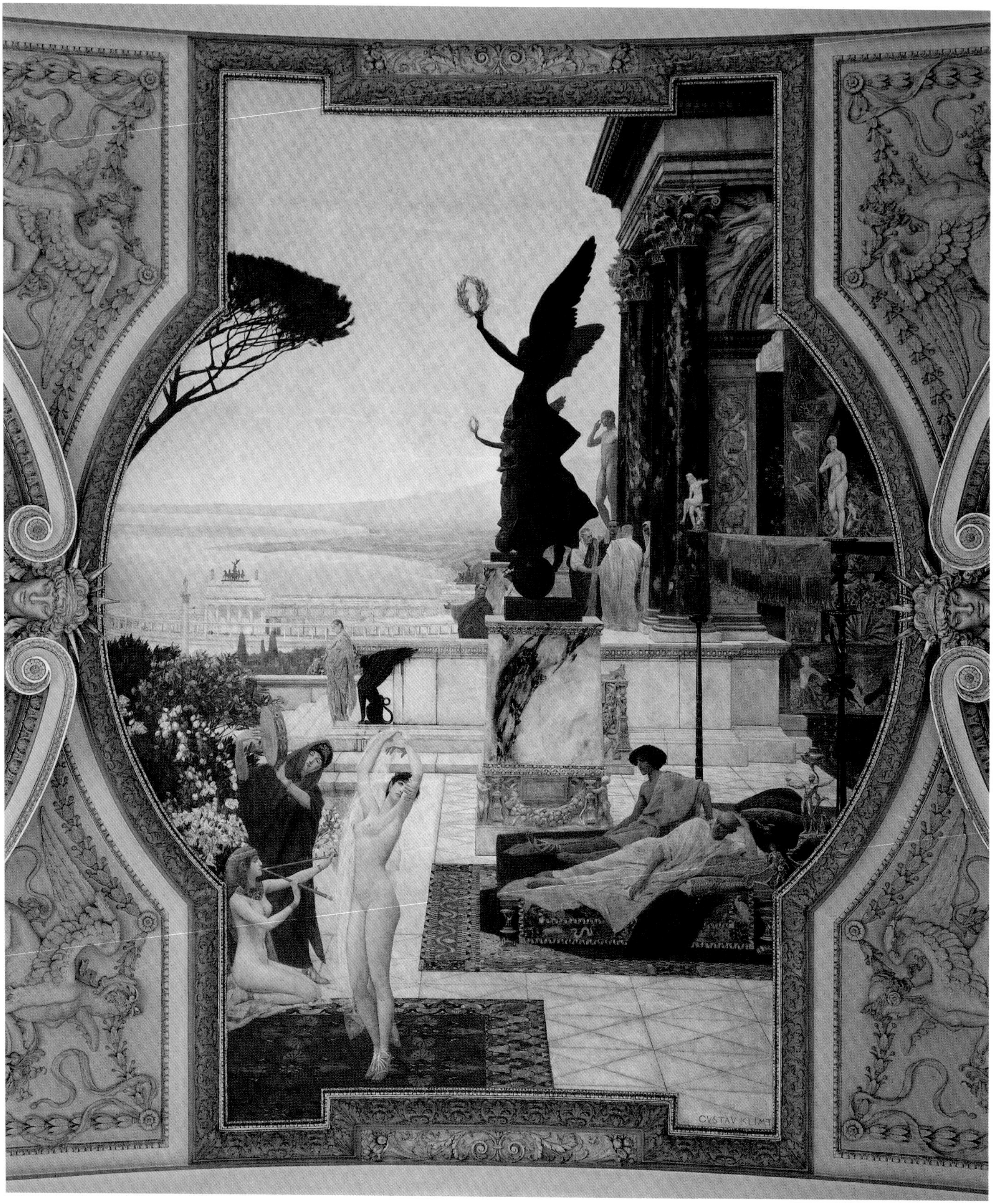
GVSTAV KLIMT

클림트 양식의 기원

THE ORIGINS OF KLIMT'S STYLE

〈타오르미나의 극장(*The Theatre at Taormin*)〉, 1886~1888년, 대리석 플라스터에 유채, 부르크 극장 천장화, 빈

클림트의 작품처럼 널찍한 전시 공간 저쪽에서도 쉽게 알아볼 수 있는 화가의 작품은 손에 꼽는다. 또한 클림트처럼 다른 화가들의 작품에서 폭넓고 노골적으로 도용한 화가도 손에 꼽을 것이다. 클림트의 원숙한 스타일에서는 특별히 한스 마카르트, 라파엘전파*, 제임스 맥닐 휘슬러의 예술지상주의, 페르낭 크노프의 상징주의, 클로드 모네의 인상주의, 빈센트 반 고흐의 표현주의, 페르디난트 호들러와 프란츠 폰 슈투크의 양식화된 그림, 벨라스케스의 합스부르크 왕가 초상화, 라벤나의 모자이크, 그리스 도기화, 일본 목판화 같은 다양한 요소가 망라되며 어우러진 축제의 장식과도 같다. 수집가가 모아놓은 잡동사니 같은 이런 절충주의를 음악에서 찾아본다면 클림트와 비슷한 연배인 자코모 푸치니(Giacomo Puccini, 1858~1924)의 작품을 예로 들 수 있을 것이다. 클림트와 푸치니는 모두 그들이 차용한 것들을 녹여내 전적으로 매우 개인적인 양식을 만들어냈다. 전혀 다른 요소를 차용하고 융합하여 완전히 개인적인 양식으로 만들어내는 이 두 예술가의 능력은 약점이라기보다는 강점을 나타낸다.

클림트는 대문자 'A'를 쓰는 화가**보다는 금세공인이었던 아버지의 뒤를 이어 장인이 되기 위해, 명망 높은 빈 미술아카데미가 아닌 빈 응용미술학교에 입학했다. 빈 응용미술학교(Kunstgewerbeschule)는 오스트리아 미술과 산업 박물관과 함께 1868년에 창설되었는데, 이 둘은 영국의 사우스 켄징턴 박물관(지금의 빅토리아앤앨버트 박물관)과 기술학교(지금의 왕립미술학교)에서 영감을 얻어 세운 학교다. 이 두 기관의 목적은 순수 예술가보다도 숙련된 미술 인력을 양성하는 것이었다. 아마도 그에게는 보수적이고 권위적이기로 악명 높은 빈 미술아카데미를 다니지 않았던 것이 유리하게 작용했을 것이다. 빈 미술아카데미는 회화에 적합하지 않다는 이유

* 라파엘로 이전 화풍으로 돌아가자는 영국 근대미술의 한 사조이다

** 매우 뛰어난 예술가를 의미

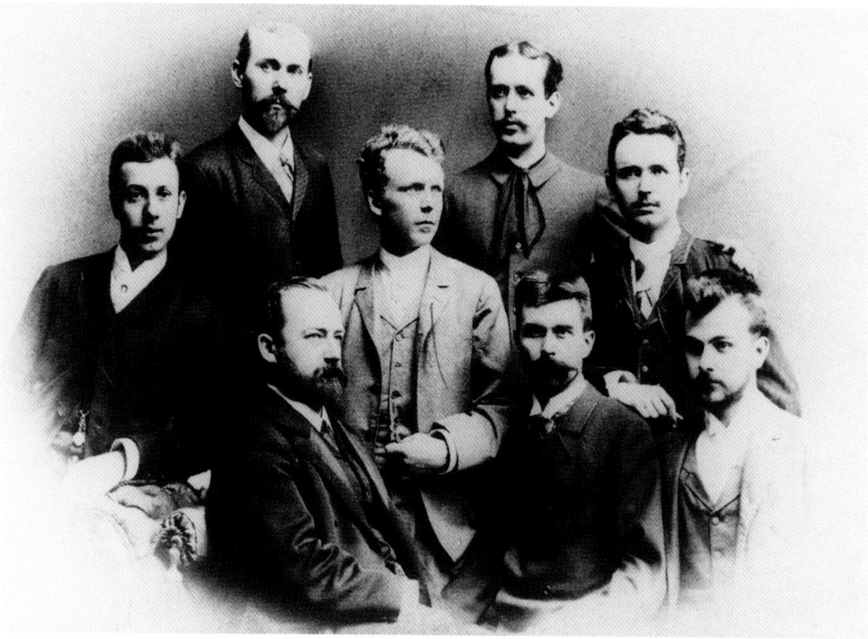

빈 응용미술학교 페르디난트 라우프베르거 교수 문하의 동기생들. 앞줄은 좌측부터 페르디난트 라우프베르거 교수, 구스타프와 에른스트 클림트 순이며, 셋째 줄에 어두운 색 정장을 입고 있는 이가 프란츠 마치다. 1880년 무렵.

를 들어 아돌프 히틀러를 두 번이나 낙방시켜서 아주 유명해진 학교이기도 하다. 이 당시 빈에서 벌어진 사건 중에서도 히틀러를 받아들이지 않기로 했던 빈 미술아카데미의 결정은 20세기의 역사에 가장 큰 영향을 끼쳤을 것이다.

또한 클림트보다 두어 해 전에는 로댕이 명망 높은 파리 에콜 데 보자르에서 낙방한 후 프티트 에콜(Petite École)에서 응용미술가 교육을 받으며 클림트와 비슷한 길을 걸었다. 이런 이유로 클림트와 로댕은 아마도 다른 작품의 영향에 더 개방적이면서 자유롭게 실험할 수 있었던 것 같다. 하지만 응용미술가 또는 장식미술가에게도 사생*은 미술 교육의 기초로 간주되었다. 클림트가 학창시절과 그 직후에 그린 사생은 매우 많이 남아 있는데, 19세기 말에 제대로 배운 화가들 정도의 실력을 보여준다. 로댕과 마찬가지로 클림트의 인체 소묘 능력은 화가생활 내내 그에게 힘이 되었다.

구스타프는 동생 에른스트와 함께 빈 응용미술학교에 다녔다. 클림트 형제는 동창 프란츠 마치와 친해졌다. 이 세 젊은 화가들은 페르디난트 라우프베르거(Ferdinand Laufberger) 교수를 스승으로 삼았다. 라우프베르거 교수는 훗날 이들이 필요로 할 모든 기법의 기초 교육을 철저하게 시켰다. 또한 1883년에는 이들이 졸업도 하기 전에 극장 디자인을 전문으로 하는 건축회사 펠너&헬머(Fellner & Helmer)에 이들을 추천해서 학업을 중단하게 되기도 했다. 1870년에서 1914년까지 동안 유럽 전역

* life drawing. 사람이나 동물 등을 보고 실제 동작이나 자세 등을 생동감 있게 그리는 것

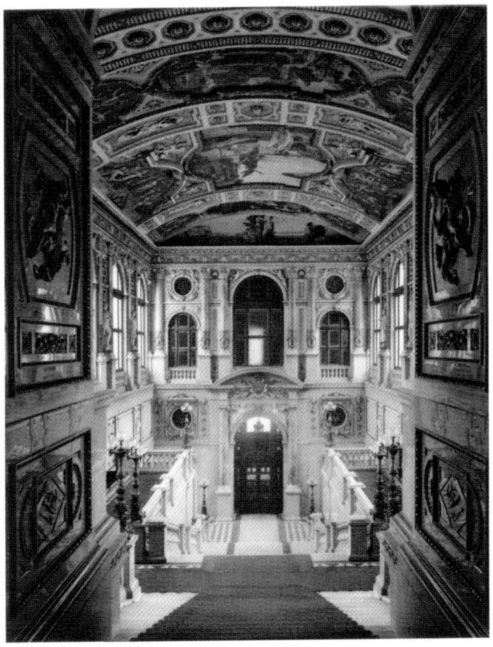

구스타프 클림트의 회화로 장식된
부르크 극장 북쪽 계단, 1894년

에서는 극장 건축이 이례적으로 폭증했다. 영국에서는 건축가 단 세 명, 곧 프랭크 마참, 버티 크루웨, W.G.R.스프라그의 설계를 바탕으로 200곳 이상의 극장을 세웠다. 펠너&헬머 사는 독일과 합스부르크 제국을 비롯해 저 동쪽의 우크라이나의 오데사를 아우르며 영국의 세 명의 극장 건축가에 맞먹는 활동을 벌였다. 이 회사는 약 200곳의 건물을 설계했는데 대부분은 극장이었다.

클림트 형제와 마치 팀은 요제프슈태터슈트라세의 스튜디오에서 함께 일하면서 펠너&헬머 사에서 디자인한 여러 극장, 즉 카를스바트의 쿠르하우스(Kurhaus)와 시립극장(1880), 라이헨베르크의 시립극장(1882~1883), 피우메의 시립극장(1883~1885), 부카레스트의 국립극장(1885), 카를스바트의 시립극장(1884~1886)을 위한 장식 그림을 연이어 그렸다.

이 팀은 각 지역과 해외에서 실력을 입증했다. 1886년에는 영예롭게도 새로운 부르크 극장 계단에 벽화를 의뢰받으면서 이들의 역량은 정점에 이르렀다. 새 부르크 극장은 고트프리트 젬퍼(Gottfried Semper, 1803~1879)와 카를 프라이헤르 폰 하젠나우어(Karl Freiherr von Hasenauer, 1833~1894)의 설계로 링슈트라세에 건축되는 중이었다. 부르크 극장 벽화의 주제는 서양의 극장사(史)였다. 구스타프 클림트는 '테스피스(Thespis)의 수레'*, '런던에 있는 셰익스피어의 글로브 극장', 시칠리아에 있는 '타오르미나의 극장', '디오니소스의 제단'과 '아폴로의 제단' 작업을 맡았다. 클림트는 특별히 대리석과 백악을 재료로 쓴 특별한 벽면에 유화로 그렸다. 이 바탕면에서는 프레스코보다 색이 훨씬 밝고 세부를 뚜렷하게 나타내는 것이 가능했다.

클림트의 전기를 쓴 오스트리아의 미술수집가이자 작가인 크리스티안 네베하이(Christian Nebehay, 1909~2003)는 클림트의 〈타오르미나 극장〉 전경에 있는 여성 누드와 프레데릭 레이턴의 작품 〈프시케의 목욕(*The Bath of Psyche*)〉(38쪽)이 놀라울 정도로 포즈가 비슷하다는 점을 지적했다. 클림트가 분명 레이턴의 작품을 알고 있었다고 해도, 〈프시케의 목욕〉은 부르크 극장 벽화 공모가 있은 지 2년 후인 1890년에야 공개되었다. 따라서 두 작품은 공통된 자료(나폴리 카포디몬테 박물관에 있는 칼리피게 비너스(Callipygian Venus)가 가장 그랬을 법한 고대 조각으로 꼽힌다)에서 비롯되었을 것이다. 사실, 골동품 세계(the antique world)에 대한 클림트의 어수선하고 다소 영화적 묘사는 프레더릭 레이튼(Frederic Leighton, 1930~1896), 안젤름 포이어바흐(Angelm Feuerbach, 1829~1880), 앨버트 무어(Albert Moore, 1841~1893) 또는

* 테스피스는 고대 그리스의 비극 시인으로 배우이자 연출, 무대장치까지 맡았다고 전한다. BC 534~535년 무렵 그가 수레에 올라 그 위에서 한 인물의 대사를 마치 그 인물처럼 읊은 것을 연기의 기원, 또는 배우의 시초로 본다_옮긴이

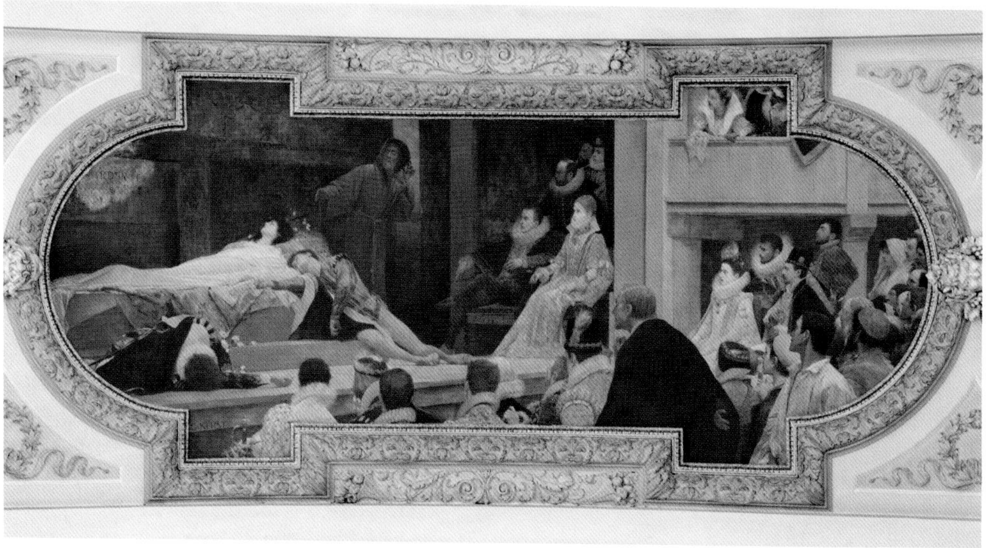

〈런던에 있는 셰익스피어의 글로브 극장(*Shakespeare's Globe Theatre in London*)〉, 1888년, 대리석 플라스터에 유채, 부르크 극장 계단, 빈

피에르 퓌비 드 샤반(Pierre Puvi de Chavannes, 1824~1898)와 같은 고매한 19세기 고전주의자들이 그린 것보다는 알마-타데마(Alma-Tadema, 1836~1912)*, 장-레옹 제롬(Jean-Léon Gérôme, 1824~1904)**이 고대(the ancient world)를 고고학적으로는 정확하게 그리고 거의 사진처럼 그린 것과 연관된다.

클림트는 〈런던에 있는 셰익스피어의 글로브 극장〉에서 엘리자베스 1세 시대에 공연된 연극 〈로미오와 줄리엣〉의 마지막 장면을 마치 사진처럼 그렸다. 따라서 클림트가 사진 연구에 의지했다는 점이 더욱 분명해진다. 그는 자기 형제자매들에게 옛 의상을 입히고 사진을 여러 장 촬영했다. 죽어가는 로미오의 포즈를 취한 에른스트 클림트의 사진도 그중 하나인데 이런 사진은 여러 장이 남아 있다. 이 벽화에 이용된 화려한 아카데믹풍 그림 기법은 제롬과 알렉상드르 카바넬(Alexandre Cabanel) 같은 파리의 관전 살롱에서 인기 있는 화가들의 작품과 비슷하다. 더욱이 카바넬이 1870년에 그렸던 〈리미니의 프란체스카와 파올로 말라테스타의 죽음〉은 우연이라고 보기 어려울 정도로 클림트의 이 작품에 아주 강한 영향을 끼쳤다.

부르크 극장에 그린 클림트의 그림은 매우 잘 그렸지만 그만의 개성이 드러나지 않아서 특색이 없다고도 볼 수 있다. 사실 문서에 남은 증거가 없었다면 클림트의 작업과 두 동료의 작업을 구별하기가 무척 어려웠을 것이다. 보다 개별적인 클림트의 양식은 링슈트라세에 세워진 또 다른 거대한 건물, 곧 미술사박물관의 출입구 계단 장식화에서 뚜렷하게 드러났다. 미술사박물관 역시 고트프리트 젬퍼와 카를 프라이헤르 폰 하젠나우어가 1871년에서 1891년까지 지은 건물이었다. 이 장식화는 애초에 누구나 예상했던 대로 링슈트라세의 건물들을 장식했던 최고의 화가 한스 마카르트가 그릴 예정이었다. 하지만 1884년에 마카르트가 44세에 요절했을 당시 그는 루

* 네덜란드 출생의 화가로 고대 그리스, 로마, 이집트 등을 주제로 한 작품을 주로 그렸다.

** 프랑스 화가이자 조각가로 그리스 신화, 역사적 주제에 대한 묘사가 뛰어난 것으로 알려졌다.

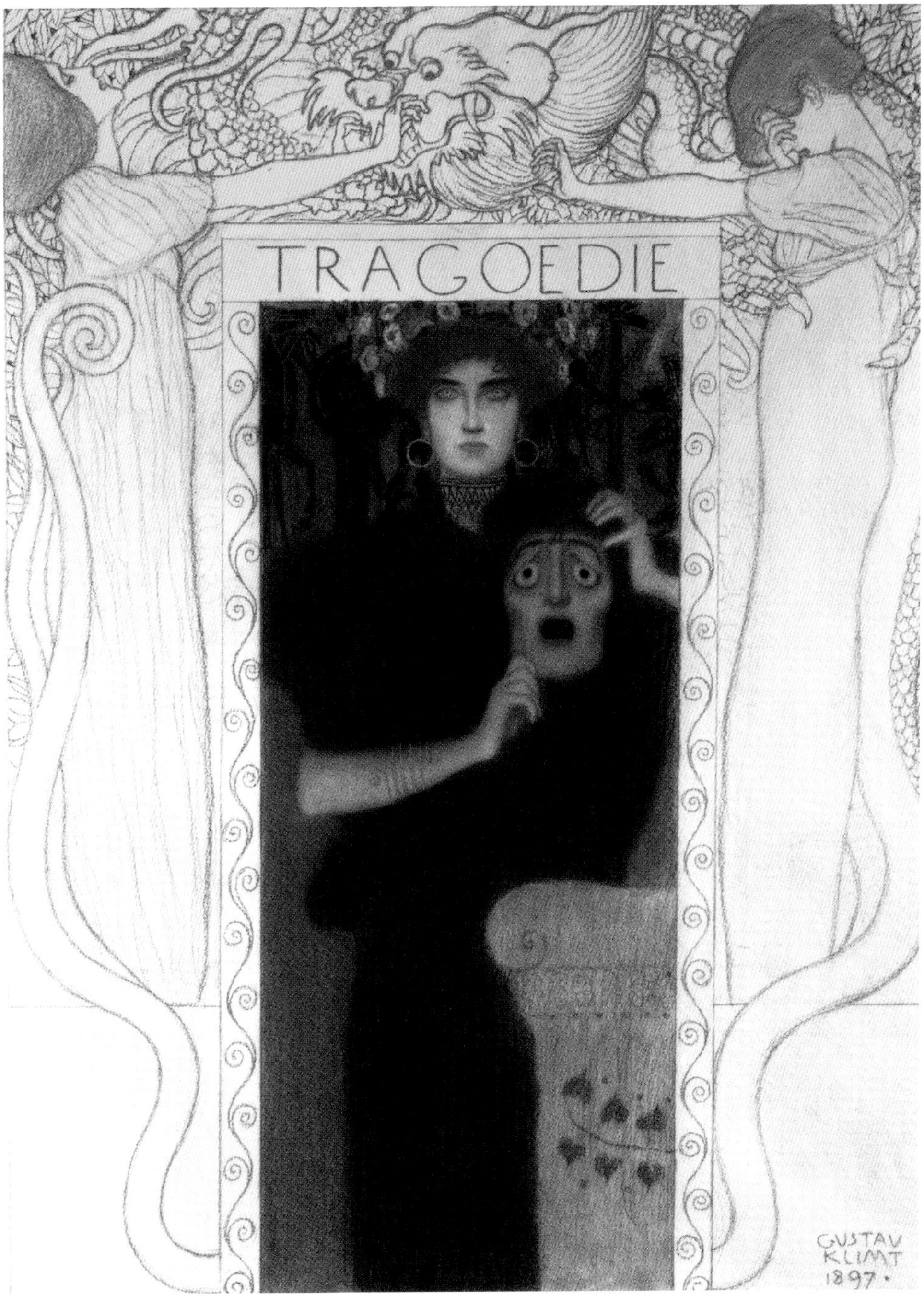

'비극(*Tragedy*)'을 위한 드로잉,
1897년, 검은 분필, 흑연, 워시,
흰색과 금색 하이라이트,
41.9×30.8cm, 빈 박물관, 빈

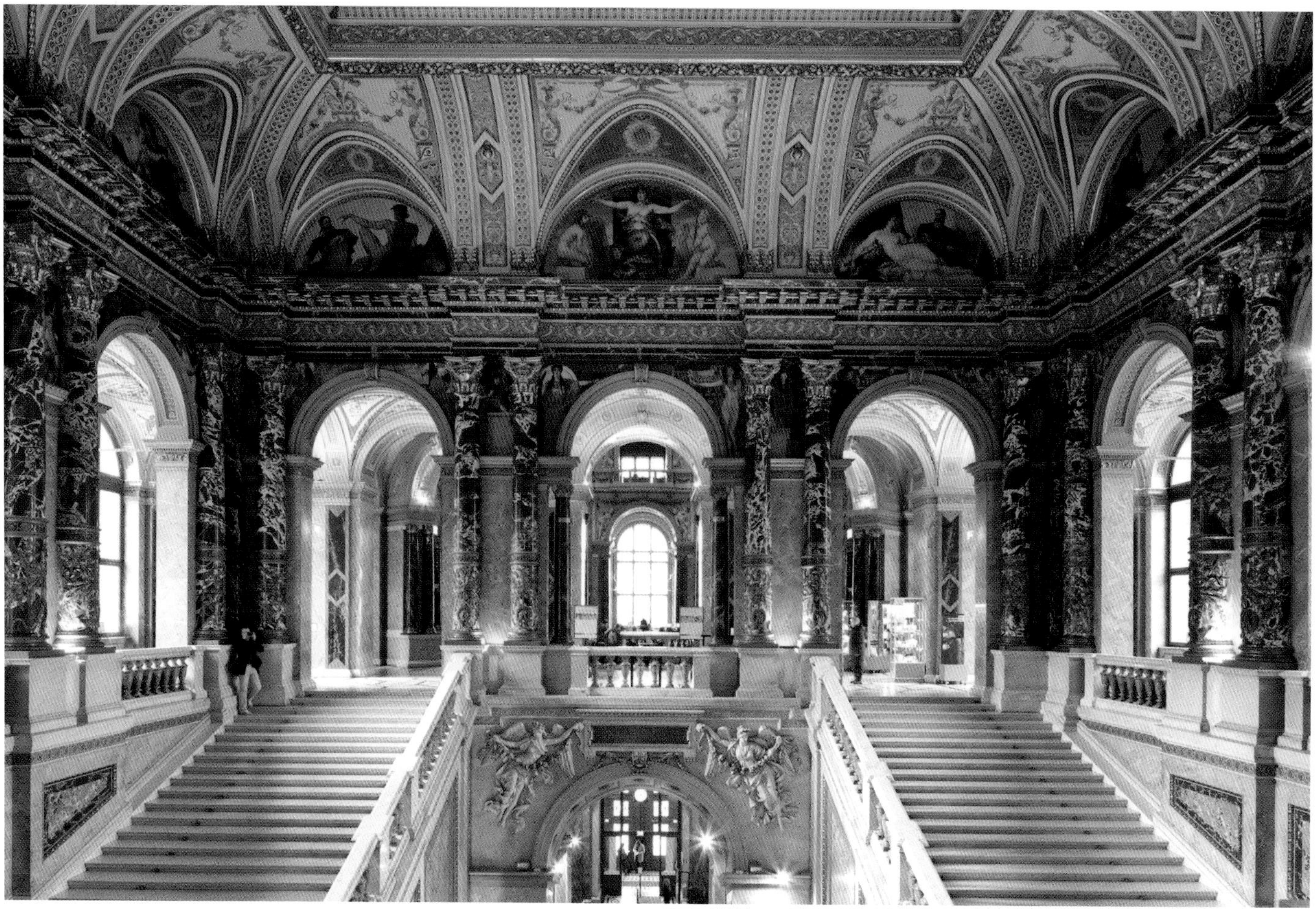

미술사박물관 계단,
1891년 준공.
건축가: 카를 폰 하제나우어와 고트프리트 젬퍼

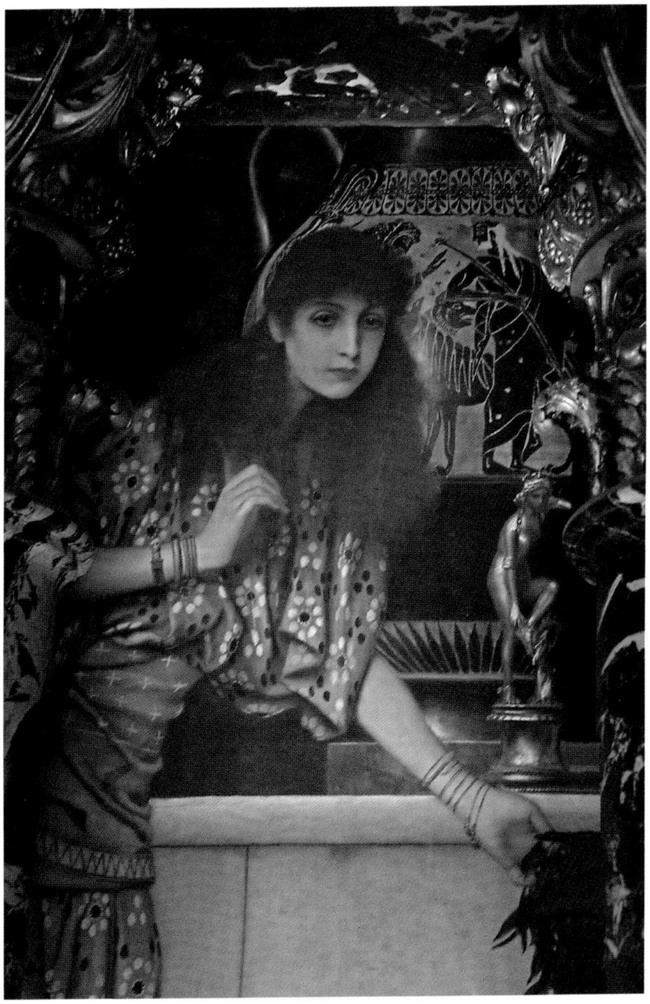

〈고대 그리스 II (*Ancient Greece II*)〉, 1890~1891년,
스투코 바탕에 유채, 230×80cm,
미술사박물관, 빈

네트 12개만 완성했을 뿐이었다. 마카르트의 스케치대로 천장의 거대한 중앙 패널을 그리는 다소 생색나지 않는 일은 처음에 마치와 클림트 형제로 구성된 3인조에게 제안될 예정이었으나, 결국 미술사박물관 천장의 중앙 패널 그림은 또 다른 '화가들의 왕'으로 꼽혔던 헝가리 출신 미하엘 폰 문카치에게 돌아갔다. 그는 이 그림으로 5만 굴덴이라는 엄청난 액수를 받았다.

클림트에게는 많은 화가들이 생색을 낼 수 없다고 여겼을 다른 일이 주어졌다. 그는 스팬드럴* 8곳과 기둥 사이의 패널 3곳을 그려야 했다. 이런 난제를 해결하면서 클림트는 자신의 가장 강력한 특징인 공간을 장식적이며 의미 있게 채우는 능력을 발휘했다. 이 박물관 소장품이 만들어진 고대 이집트부터 이탈리아 르네상스까지 이르는 여러 시대를 나타내야만 했다는 것 역시 클림트의 절충주의 경향에 작용했다. 클림트는 분명 특정 시대에 해당하는 이미지를 장식할 때 역사적으로 정확한 세부를 찾으려고 박물관 소장품을 샅샅이 뒤지는 것을 즐겼다. 하지만 이집트, 그리스, 플랑드르 또는 이탈리아 르네상스이든 작품은 틀림없이 클림트의 것임을 보여주고 있다. 그리스 미술을 보여주는 패널에 등장하는 젊은 여인(좌측 그림 참조)은 라파엘전파의 그림에 등장하는 헤어스타일을 하고 여지없이 세기말의 분위기를 풍기며, 훗날 클림트가 그리게 될 여성 이미지를 예견하게 된다.

미술사박물관에 그린 클림트의 패널 그림이 성공적이었다고 해도, 계단을 장식한 다른 모든 패널과 어우러지지 않았다. 특히 폰 문카치의 천정화에 나타나는 눈부신 원근법적 환영주의와 조화롭지 않았다. 이것은 미술사박물관 다음이자 마지막으로 의뢰받았던 빈 대학 강당의 천장화에서 닥쳐올 문제의 징후였다.

* 아치와 빔 사이에 있는 불규칙한 삼각형 부분_옮긴이

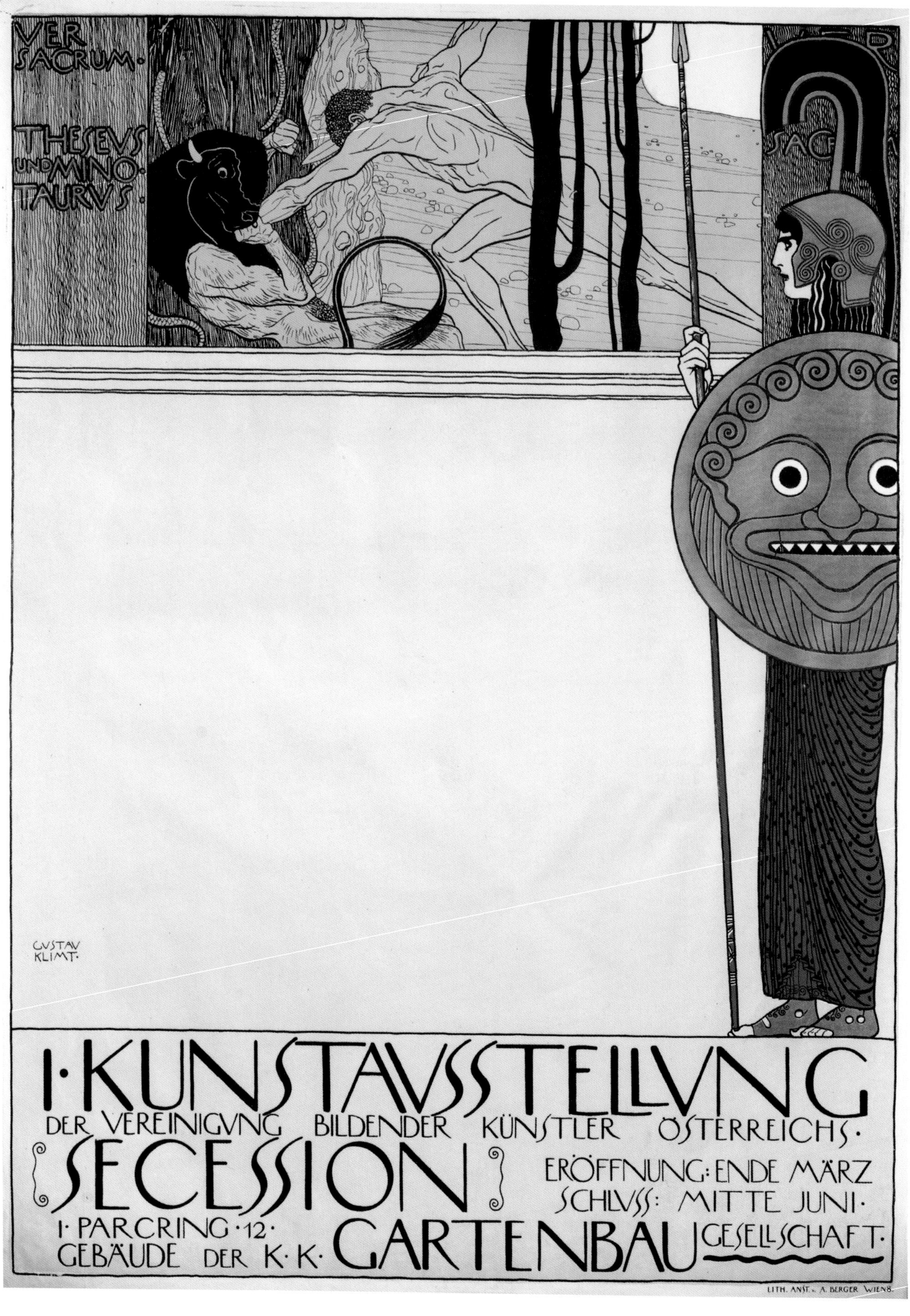
VER SACRUM·
THESEVS UND MINO-TAURVS·
GVSTAV KLIMT·
I·KUNSTAVSSTELLVNG
DER VEREINIGVNG BILDENDER KÜNSTLER ÖSTERREICHS·
SECESSION
ERÖFFNUNG: ENDE MÄRZ
SCHLVSS: MITTE JUNI·
I·PARCRING·12·
GEBÄUDE DER K·K· GARTENBAU GESELLSCHAFT·
LITH. ANST. v. A. BERGER WIEN 8.

빈 분리파

SECESSION

제1회 분리파 전시회 포스터, 검열을 통과한 판본. 1898년, 석판화, 62×43cm, 빈 박물관, 빈

19세기 말에 독일어로 된 미술잡지가 여러 권 창간되었다. 이들 잡지의 공통된 목적은 근대 독일미술을 홍보하며, 독일어권 국가에서 국제적인 모더니즘에 대한 인식 수준을 높이는 것이었다. 『장식미술(*Dekorative Kunst*)』(프리드리히 브루크만과 율리우스 마이어-그라페가 1887년 창간), 『판(*Pan*)』(시인인 리하르트 데멜과 오토 율리우스 비어바움, 여러 군데 발을 걸친 율리우스 마이어-그라페가 베를린에서 1895년에 창간), 약간 더 보수적이고 민족주의 성향인 『독일 미술과 장식(*Deutsche Kunstund Dekoration*)』(1897년 창간)이 이런 잡지들이다. 우선 이들 잡지의 편집진은 잘난 체하며 빈과 빈 미술계를 경시하거나 그렇지 않으면 대놓고 경멸했다. 빈은 보수주의의 요새이며, 이러한 미술잡지를 통해 일소하고자 했던 무미건조하고 반동적인 모든 것을 대표했다. 특히 링슈트라세에 있는, 마치 화려한 결혼축하 케이크처럼 보이는 역사주의적 건축물과 어깨에 힘이 잔뜩 들어간 듯한 미술을 경멸했다. 미술에 관련된 한 가지 특별한 문제는 1861년에 창설되었으며, 제국오페라극장의 건축가인 아우구스트 지카르트 폰 지카르츠부르크(August Sicard von Sicardsburg, 1813~1868)가 회장이었던 빈 미술가협회(Künstlehausgenossenschaft)가 화가들의 자유를 옥죄었다는 점이다. 빈 미술가협회는 빈에서 유일하게 전시를 운영하는 단체로서 19세기 중반에 파리에서 관전(官展)인 살롱 전과 비슷한 위상이었다.

그러나 빈이 근대화되던 1897년, 거의 하룻밤 사이에 모든 것이 바뀌었다. 그 해에 활동적이고 젊은 음악가인 구스타프 말러가 궁정오페라단의 신임 지휘자로 취임해 세계에서 가장 역동적이며 진보적인 오페라단으로 만들었다. 그리고 더 진보적인 화가 그룹이 빈의 카페에 모여 머리를 맞대고 의논하여 아카데미와 결별했다. 보다 자유로운 전시 체제를 만들기 위해 빈 분리파

(빈 제체시온)을 결성했다. 빈 분리파가 독일어권 국가에서 최초로 결성된 것은 아니었다. 1892년에 뮌헨 분리파가 창설되었고, 1898년에는 베를린 분리파가 등장했다. 하지만 빈 분리파가 가장 중요했고 강력한 영향력을 발휘했다. 젊고 진보적인 예술가들이 고루하고 억압적인 기성 체제와 결별하고자 했던 것은 19세기 후반에 국제적인 현상이었다. 늘 그랬듯이 파리가 이런 흐름을 이끌었다. 1874년부터 1886년 사이에 인상주의 전시회가 여덟 번 개최되었고, 1884년에는 앙데팡당 전이 창설되었다. 런던에서는 1870년대에 그로스베너 화랑에는, 당시 왕립 아카데미에서 받아들이지 않았을 것 같은, 제임스 맥닐 휘슬러의 〈야상곡〉과 에드워드 번-존스의 회화를 전시되었다. 뒤이어 1885년에는 보다 급진적인 '새로운 영국미술 클럽(New English Art Club)'이 창설되었는데, 이 단체는 그 이름과 달리 프랑스 회화의 새로운 경향에 개방적이어서 주목 받았다.

분리파로 알려진 오스트리아 조형미술가조합(Vereinigung Bilderer Künstler Österreichs)은 1897년 4월 3일에 창설되었다. 처음에 분리파 창립 멤버들은 빈 미술가협회에서 탈퇴할 의도가 없었다. 클림트는 이 조직의 위원회에 다음과 같이 반체제 화가들의 동기를 부드러운 어조로 설명하는 편지를 보냈다. "위원회에서는 협회 내에 수년 동안 그들의 예술관을 느낄 수 있게 하려고 시도해온 미술가 그룹이 있다는 것을 아셔야 합니다. 그들은 빈의 미술이 해외 미술의 지속적인 발전과 보다 생생하게 접촉하고, 상업성에서 자유로워져 순수하게 예술을 기반으로 전시회를 개최하며, 따라서 정화되고 근대적인 예술관을 더 광범위한 클럽에서 자각하도록 하면서 마지막으로 공적인 영역에서 미술에 관한 관심을 고양하도록 유도할 필요성을 마침내 인식하게 되었습니다."[1] 하지만 반동적인 빈 미술가협회의 수장 외젠 펠릭스의 수하였던 위원회는 반기를 든 미술가들을 진정시키고 그들의 제안을 받아들일 준비가 전혀 되어 있지 않았다. 결과적으로 클림트와, 요제프 마리아 올브리히(Joseph Maria Olbrich, 1867~1908), 카를 몰, 콜로몬 모저(Kolomon Moser, 1868~1918)를 포함하는 열두 명의 미술가들이 협회를 탈퇴하게 되었다. 존경받던 건축가 오토 바그너(Otto Wagner, 1841~1918)가 1899년 11월까지 두 조직 모두에 참여하고 있었지만 클림트를 비롯해 열두 명의 미술가들이 빈 미술가협회에서 탈퇴한 이후 다른 미술가들의 탈퇴가 이어졌다.

1898년에 빈 분리파에서 간행한 잡지 『베르 사크룸(*Ver Sacrum*)』 창간호에는 창립 회원 50명이 거명되었다. 그 안에는 요제프 엥겔하르트(Josef Engelhart, 1864~1941), 막스 쿠르츠바일(Max Kurzweil, 1867~1916), 카를 몰, 콜로몬 모저 (모저는 그래픽 작업과 디자인으로 더 유명했다), 알프레트 롤러 (무대 디자이너로 더 유명했다) 같은 미술가와, 건축가이자 디자이너인 오토 바그너,

(상단) 맨 왼쪽부터 요제프 마리아 올브리히, 콜로몬 모저 일행과 구스타프 클림트(맨 오른쪽), 프리츠 배른도르퍼의 집 정원에서

(하단) 빈 분리파 창설 당시 촬영한 단체 사진. 좌측부터 요제프 호프만, 중절모를 착용하고 지팡이를 든 카를 몰, 구스타프 클림트, 알프레트 롤러, 프리츠 배른도르퍼가 전면에 앉아 있고, 높은 실크해트를 쓰고 뒤 오른쪽에 서 있는 이가 콜로몬 모저이다.

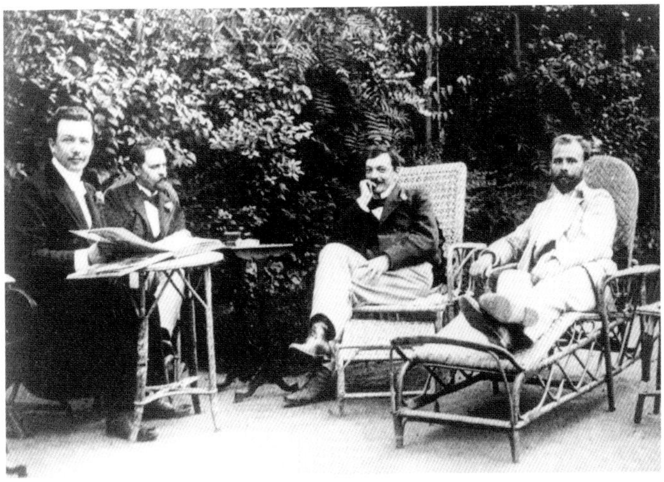

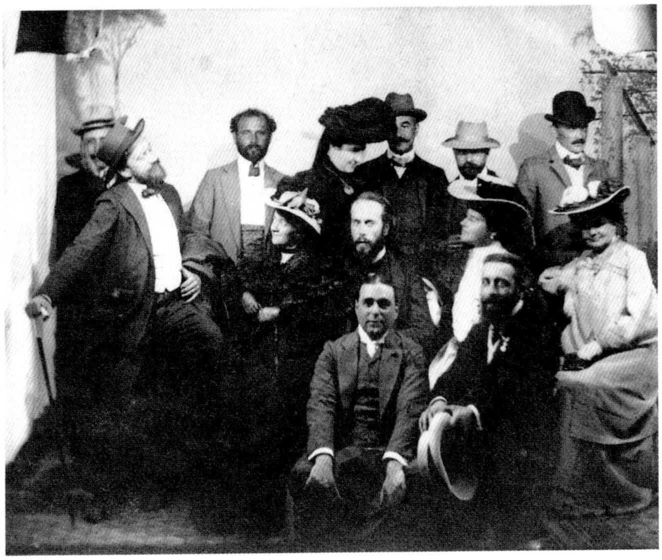

요제프 호프만, 요제프 올브리히가 포함되었다. 파리에서 활동하고 있던 체코 출신 미술가 알폰스 무하(Alphonse Mucha, 1860~1939) 또한 합스부르크 제국의 시민으로서 정회원 자격을 얻었다. 외국 출신 객원 멤버로는 프랑스 출신 미술가 에드몽 아망-장(Edmond Aman-Jean, 1858~1936), 알베르 바르톨로메(Bartholomé, 1848~1928), 프랑수아-뤼페르 카라뱅(François-Rupert Carabin, 1862~1932), 외젠 카리에르(Eugène Carrière, 1849~1906), 엘뢰, 퓌비 드 샤반, 로댕이 있었고, 독일 미술가로는 프란츠 폰 슈투크, 막스 클링거, 막스 리베르만이, 조반니 세간티니가 스위스를 대표했으며(이 단계에서는 놀랍게도 호들러가 빠져 있다), 벨기에 출신으로 콩스탕탱 뫼니에(Constantin Meunier, 1831~1905)가 있었다. 영국 미술가로는 월터 크레인이 유일하게 포함되었다. 이런 해외 미술가들이 폭넓은 진보적인 경향을 대표한다고 해도, 로댕을 제외하고는 어느 누구도 혁명적이라고 말할 수 없었다. 이 시기에는 적어도 빈 분리파가 국제적인 모더니즘에 조심스럽게 문호를 개방하고 있었던 듯하다.

『베르 사크룸』 창간호의 사설은 새 조직을 위한 계획에 착수했다. "우리는 타국민에게 노예처럼 끌려 다니지 않는 미술을 원한다. 하지만 동시에 타국에 대한 혐오를 두려워하지 않는 미술을 원한다. 타국의 미술은 우리 스스로 반성하기 위한 장려책으로 작용해야 한다. 우리는 타국의 미술을 알아보고 만약 우리가 존경할 만하다면 그것을 존경하기 원한다. 우리가 원치 않는 모든 것은 그것을 모방하는 것이다. 우리는 다양한 미술을 빈으로 데려오기 원한다. 단지 예술가, 교수, 수집가를 위해서가 아니라 대다수의 사람들이 미술을 받아들이도록 하고, 모든 사람들의 가슴에 잠자고 있는 아름다움과 사상과 감정의 자유를 향한 바람을 일깨우려는 것이다."[2]

처음에는 화가 요제프 엥겔하르트(Josef engelhardt)를 통해

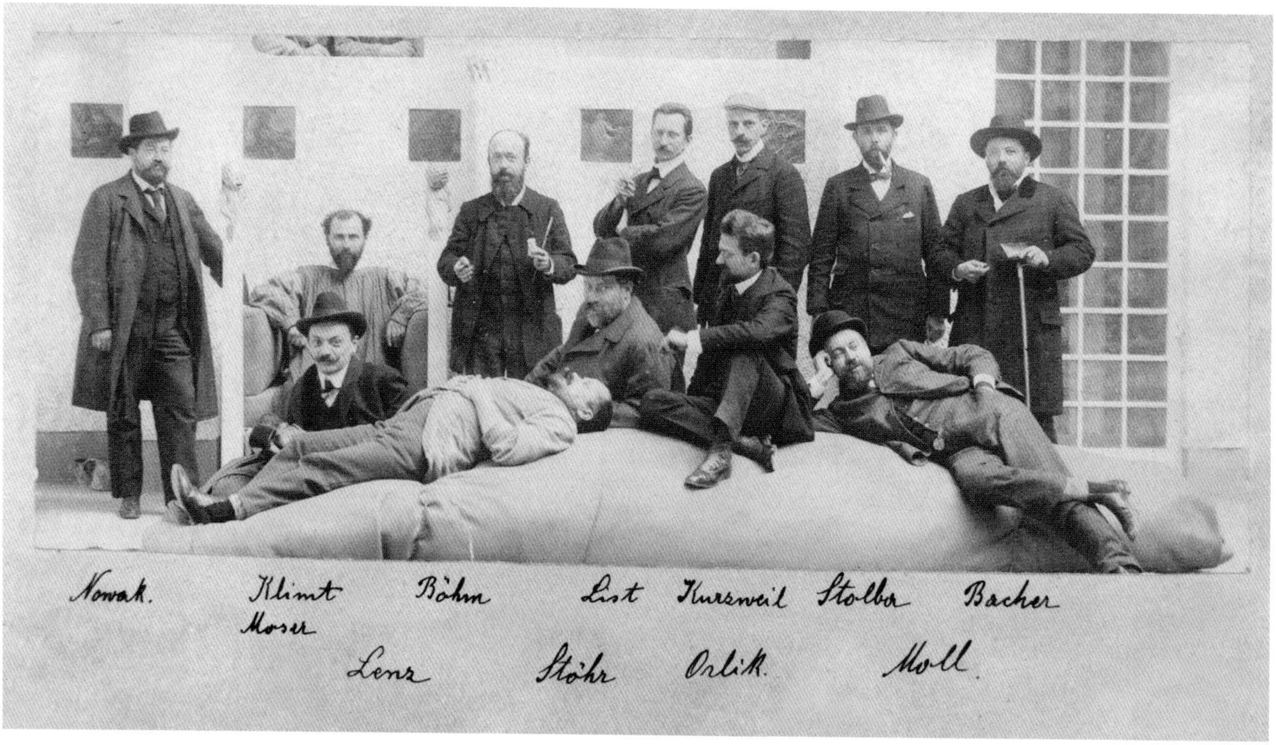

제14회 분리파 전시회의 주요 전시장에서 촬영한 분리파 예술가들의 단체 사진, 1902년
좌측에서부터: 안톤 노바크, 구스타프 클림트 (페르디난트 안드리가 제작한 의자에 앉아 있다) / 서 있는 이들: 아돌프 뵘, 빌헬름 리스트, 막시밀리안 렌츠, 쿠르츠 바일, 레오폴트 슈톨바, 루돌프 바허
앞에 앉아 있는 이들: 에른스트 슈퇴어, 에밀 오를리크, 카를 몰

외국의 미술가들과 연결되었다. 엥겔하르트는 클림트와는 다른 유형의 화가로, 널리 여행했고 다양한 언어를 구사할 줄 알았으며 유럽에서 제일 중요한 미술 중심지인 파리와 뮌헨에서 수학했다. 그는 회고록에서 다음과 같이 기억을 떠올렸다. "나는 독일과 프랑스에서 공부했기 때문에 문제적인 미술가들을 많이 알았고 또한 필요한 언어를 구사했으므로, 분리파를 위해 독일, 프랑스, 벨기에, 영국으로 여행하는 일을 떠맡았다. 여행을 다니면서 당대의 거의 모든 위대한 화가들과 조각가와 개인적인 친분을 쌓았다. 그리고 그들 대부분이 새로 창설된 조직(빈 분리파)의 고결한 예술적인 의도를 확신하게끔 했다. 이런 식으로 나는 조각가 로댕, 바르톨로메, 쥘 라게(Jules Lagae, 1862~1931), 화가 알베르 베나르(Albert Besnard, 1849~1934), 볼디니, 프랭크 브랭귄(Frank Brangwyn, 1867~1956), 카리에르, 파스칼 아돌프 장 다냥-부브레(Pascal Adolphe Jean Dagnan-Bouvere, 1852~1929), 루트비히 딜(Ludwig Dill, 1848~1940), 루트비히 폰 헤르터리히(Ludwig von Herterich, 1856~1932), 크노프, 클링거, 존 래버리(John Lavery, 1856~1941), 뫼니에, 퓌비 드 샤반, 장-프랑수아 라파엘리(Jean-François Raffaëlli, 1850~1924), 알프레드 필리프 롤(Alfred Philippe Roll, 1846~1919), 펠리시앙 롭스

(Félicien Rops, 1833~1898), 존 싱어 사전트(John Singer Sargent, 1856~1925), 존 매칼란 스완(John Macallan Swan, 1847~1910), 프리츠 폰 우데(Fritz von Uhde, 1848~1911), 휘슬러, 그 외 여러 화가들을 만났다. 이 모든 화가들과 그 외 중요한 화가들은 기꺼이 지지해 주었고 그들의 작품을 분리파(새로운 협회는 이렇게 불렸다) 전시 때 출품해 주었다."[3]

새로운 조직의 명예회장은 베테랑 수채화가 루돌프 폰 알트(Rudolf von Alt, 1812~1905)가 맡았다. 그는 철두철미한 회화 기법과 진실한 시각으로 젊은 세대에게 매우 존경받는 화가였다. 1889년에 귀족이 된 알트는 첫 분리파 전시에 황제를 초대하려고 궁으로 파견되었다. 황제는 알트를 접견하며 86세에 젊은 화가들을 대표한다는 것을 알고 놀랐다. 알트(Alt)는 자기 이름으로 말장난을 치며(독일어로 'alt'는 '오래된, 늙은'을 뜻한다) 황제에게 이렇게 말했다. "폐하, 저는 정말 늙었습니다만 모든 것을 다시 시작할 만큼 젊다고 느낍니다."[4]

클림트가 분리파 회장이 된 것은 불가피한 선택이었다. 그는 과묵했지만 또한 오해의 여지없이 권위를 지닌 인물이기도 했다. 널리 알려진 사진 한 장에는 클림트가 분리파 전시관에서 안락의자에 위풍당당하게 앉아서 동료들에게 둘러싸여 있고 마치 궁정에 있는 왕처럼 쳐다보는 장면이 담겨 있다.

분리파의 제1회 전시는 이 단체가 결성된 지 1년이 채 되지 않았던 1898년 3월에 개막되었다. 전시 장소는 1860년대에 링슈트라세에 세워진 원예협회의 전시관이었다. 하지만 이 건물 자체가 젊은 작가들이 거부하는 모든 것을 나타낸다면, 올브리히와 호프만이 실내장식을 맡았던 전시는 미학적이며 쾌적했다. 따분한 액자에 바닥에서 천장까지 작품을 거는 19세기의 아카데미 전시와는 확실히 매우 달랐다. 도록 역시 클림트의 디자인에 첫 페이지의 작은 삽화를 올브리히, 호프만, 알프레트 롤러와 그 외 다른 회원들이 그려 아름답게 만들었다.

이 첫 전시를 위해 클림트는 가장 독창적이고 기억에 남을 만한 포스터를 디자인했다(48쪽). 측면에 양식화해서 그린 인물은 그리스의 도기 그림에서 비롯된 것이다. 하지만 전면의 약 절반 가량에 해당하는 면은 클림트의 서명만 있을 뿐 가운데를 비워 놀라울 정도로 비대칭이다. 이런 화면은 1860년대 이후 서구 아방가르드에게 매우 중요했던 일본 미학의 영향을 보여준다. 그리스 요소와 일본 요소를 병치한 것은 휘슬러의 10시 강연*(Mr. Ten O'Clock Lecture)에서 그 유명한 맺음말, "아름다움의 이야기는 완성되었다. 파르테논 신전의 대리석을 다듬고 호쿠사이의 부채에 수를 놓은 것이다."을 떠올리게 한다.

미노타우로스를 처단하는 테세우스를 포스터 상단에 마치 프리즈처럼 묘사한 것은 보수주의와 속물을 대변하는 세력에 대항하는 분리파 예술가들의 투쟁을 나타내려는 의도였다. 검열에

* 1885년 2월 20일 10시에 런던 피카딜리의 프린스 홀에서 개최되었던 화가 제임스 맥닐 휘슬러의 대중 강연을 말한다. 그의 신념, 즉 예술이 도덕적, 정치적, 교육적 기능에서 벗어난 자율적인 것이라는 '예술을 위한 예술'을 표명해 유명하다. 이후 책자로 출간되었다._옮긴이

서 테세우스의 성기를 가리라는 명령을 내리는 바람에 이런 의도는 반격을 당했다. 그럼에도 최후에 웃게 된 사람은 클림트였다. 검열에서 기대한 바는 의심의 여지없이 치부를 무화과 나뭇잎으로 가리는 것이었을 텐데, 클림트는 이런 상투적인 표현에 기대는 대신 그 부분을 나무줄기로 가렸다. 뻔뻔하게 화면에 일본식 비대칭 요소를 추가한 것이다.

빈 분리파의 첫 전시회에는 해외 미술가로 사전트, 휘슬러, 브랭귄, 크레인, 세간티니, 아르놀트 뵈클린(Arnold Böcklin, 1827~1901)과 벨기에의 상징주의 화가 크노프가 출품했다. 크노프의 작품은 클림트의 초기 풍경화는 물론 여성 묘사에도 지대한 영향을 미쳤을 것이다. 하지만 여부없이 빈 분리파의 위대한 성과는 살아 있는 미술가 중에서 국제적으로 가장 존경 받았던 두 사람, 즉 조각가 오귀스트 로댕과 상징주의 화가 피에르 퓌비 드 샤반을 참가하게 했다는 것이다. 분리파 전시회를 치른 다음 그 해에 유명을 달리했던 퓌비 드 샤반은 자신의 마지막 걸작, 즉 파리 판테온에서 위촉받은 벽화 〈성녀 주느비에브의 생애〉를 위한 밑그림을 보냈다. 퓌비 드 샤반이 그렸던 고상하고 진지한 벽화는 클림트가 그리고자 했던 것과는 거리가 매우 멀었다. 그러나 클림트는 빈 대학 천장화를 그리며 고군분투하는 동안, 보편적으로 세계 최고의 벽화 예술가로 여겨졌던 이 화가의 작품에 분명 면밀하게 주의를 기울이고 있었을 것이다. 특히 클림트는 퓌비의 형태를 단순화하고 종합하는 능력을 흥미롭게 지켜봤을 것이다. 나비파 화가 에두아르 뷔야르(Eduard Vuillard, 1868~1940)는 이렇게 적었다. "오늘날 미술에서 전형적으로 나타나는 양식화와 표현적인 종합에 관한 실험은 모두 퓌비의 예술에 이미 존재했던 것이다."[5] 이런 면에서 퓌비는 고갱, 쇠라, 나비파에 영향을 미친 만큼 클림트에게도 영향을 미쳤다는 게 적절할 것이다.

보수적이기로 악명 높았던 빈에서 분리파의 첫 전시는 악평을 피할 수 없었지만 예상치 않게, 그리고 약간은 전폭적으로 성공을 거뒀다. 관람객을 5만7000명 동원했고 전시된 534점의 작품 중 218점이 판매되었다.

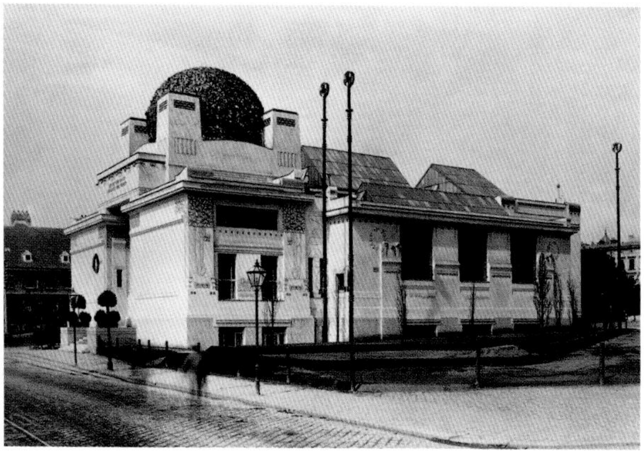

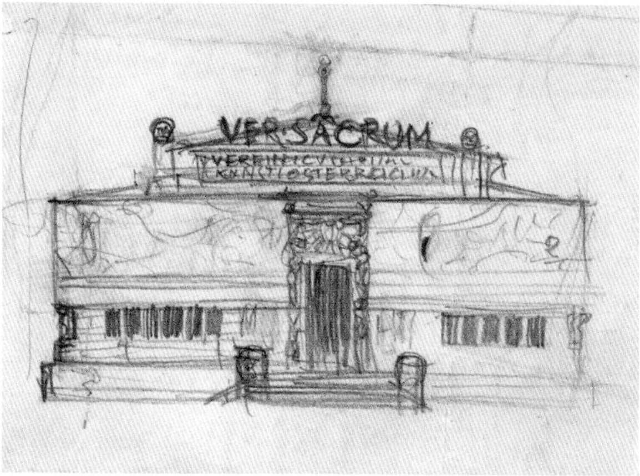

(상단) 빈 분리파 전시관, 준공 직후, 1898년 무렵

(하단) 클림트가 그린 빈 분리파 전시관 파사드 스케치, 1897년

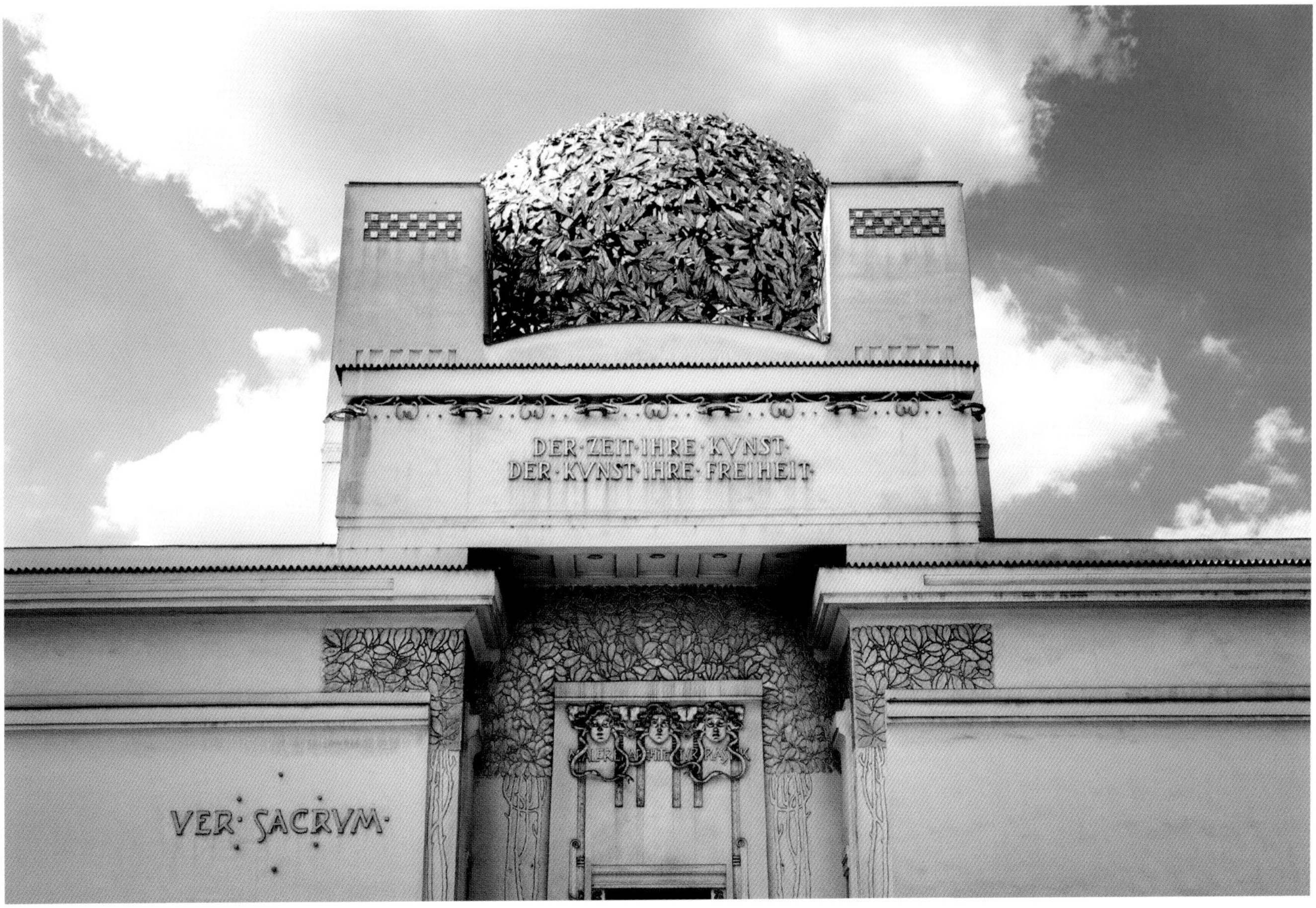

'시대에는 그 시대의 예술을, 예술에는 자유를'이라는 문장이 전면에 새겨진
빈 분리파 전시관

분리파를 처음부터 끝까지 지지했던 작가 헤르만 바르는 기뻐서 어쩔 줄 몰라 했다. "우리는 이런 전시를 본 적이 없다. 질이 떨어지는 그림은 단 한 점도 없었던 전시였다. 모든 곳 중에서도 빈에서 개최된 이 전시는 회화의 모더니즘 전체에 관한 개요를 제시한다. 오스트리아에 있는 우리가 유럽 최고의 화가들과 어깨를 나란히 할 만한 화가들을 자랑할 수 있고, 그들의 기준으로 우리를 판단할 수 있다는 것을 보여준 전시다. (이 전시는) 기적이다! 더욱이 대단한 농담이다! 왜냐하면 심지어 빈에서도 예술, 진짜 예술은 큰 사업이 될 수 있다는 것을 보여주었다! 빈 미술가협회의 행상꾼들은 틀림없이 그들의 손을 비틀고 있을 것이다! 사업, 펠릭스 씨, 큰 사업이오! 생각해 보시오! 펠릭스 씨, 당신이 너무나 잘 알고 있다고 생각하는 빈 사람들이 (이 전시에) 들러서 미술작품을 많이 구입하오. 그들은 크노프의 작품을 사고 있소. 펠릭스 씨![6]

첫 전시가 유례없는 성공을 거두자 대담해진 분리파 예술가들은 분리파만을 위한 전시 공간을 만들기로 결정했다. 철강 재벌 카를 비트겐슈타인이 넉넉하게 재정을 후원한 덕에, 링슈트라세에서 조금 떨어져 있으며 도발적이게도 미술 아카데미가 한눈에 들어오는 최고의 위치를 아주 단기간에 확보할 수 있었다. 분리파 전시관의 주춧돌은 1898년 4월 28일에 놓였고, 곧 건물이 완성되어 같은 해 11월에 분리파의 제2회 전시회를 개최할 수 있었다. 설계는 건축가 올브리히가 맡았다. 하지만 남아 있는 소묘는 클림트가 상당히 조언을 했고 그것이 올브리히에게 영향을 미쳐 더 단순하고 덜 화려한 외관이 탄생했음을 보여준다. 클림트의 편지에 실린 스케치와 메모를 보면 그는 파사드 전체를 모자이크 또는 벽화 장식으로 구상했다. 하지만 클림트의 구상은 실행으로 옮겨지지는 않았다. 분리파 전시관의 외관에서 가장 놀라운 특징은 3000개의 도금된 월계수 잎과 700개의 열매로 이루어진 거대한 돔이다. 이 돔 때문에 전시관에는 '황금 양배추(the Golden cabbage)'라는 유명한 별명이 붙었다. 이 건물의 이색적인 형태는 이슬람 사원 모스크나 유대교 회당 시나고그와 더 비슷하며 근처에 있는 카를스키르헤(성 카를로 보로메오*를 기리는 교회)의 마치 바로크 오페라처럼 화려한 건물과 현저한 대조를 이루었다. 이런 형태가 모든 사람들에게 흡족하지는 않아서 한 비평가는 분리파 전시관이 '아시아적 외형(Asiatic Silhouethe)'이라고 불평했다.[7] 그보다도 정중하지 못한 표현으로는 '이슬람교 구세주의 무덤(the Mahdi's Tomb)'과 '아시리아의 화장실(the Aeeyrian toilet)'도 있었다. 분리파 전시관 내부에서 가장 놀라운 특징은 다양한 전시가 가능한 공간의 유연성이었다.

빈 분리파와 빈의 초기 모더니즘 미술의 황금시대라고 간주될 수 있는 1898년부터 1905년 사이에 분리파 전시관에서는 총 22회의 전시가 열렸다. 클림트는 1897년부터 1899년까지 분리파의 회장이었고 1905년까지 주도적인 인물로서 분리파 전시에 초대되는 외국 미술가들에

(맞은편) 빈 분리파 전시관

* 성 카를로 보로메오(Carlo Borromeo, 1538~1584)는 종교개혁에 맞서 가톨릭교회의 반종교개혁을 이끌었던 대표적 인물 중 하나이다. 저자는 분리파 전시관의 외관이 이 성인을 기리면서 반종교개혁의 이념을 형상화하는 화려하고 웅장한 바로크 양식으로 지은 이 교회와 대비된다는 점을 강조했다_옮긴이

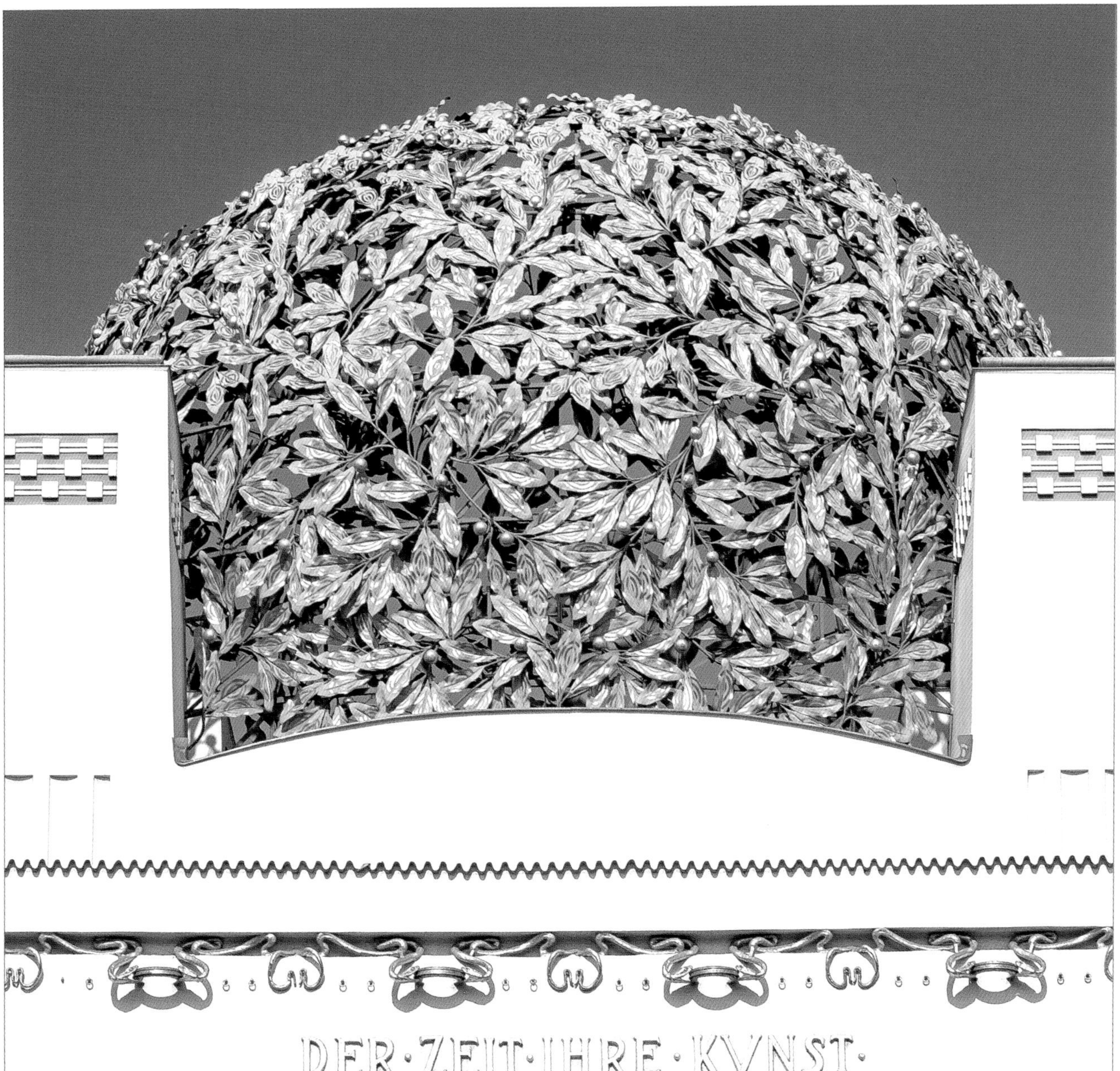
DER·ZEIT·IHRE·KVNST·
DER·KVNST·IHRE·FREIHEIT·

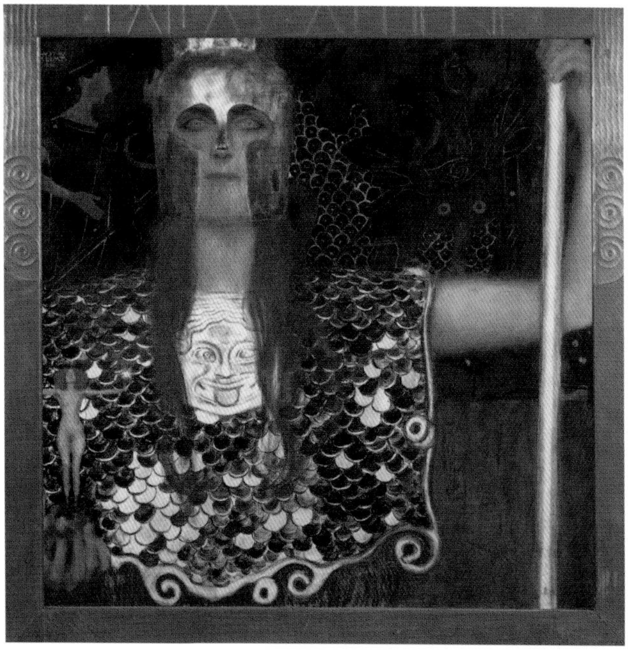

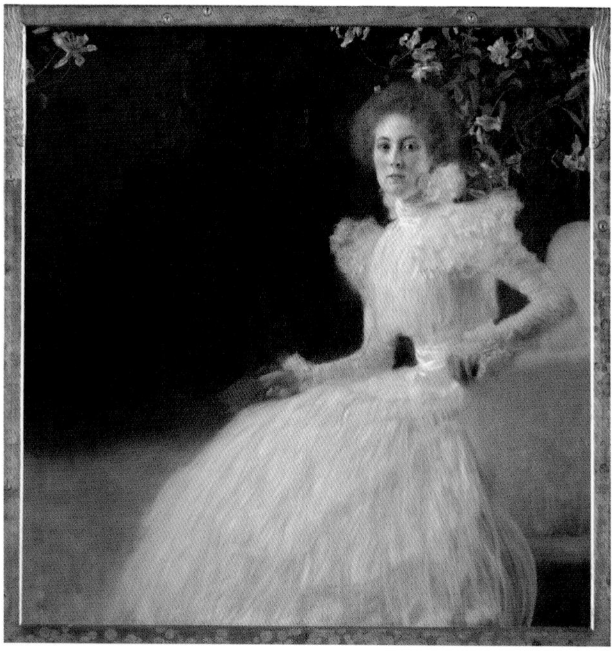

(좌측) 〈팔라스 아테나(*Pallas Athene*)〉, 1898년, 캔버스에 유채, 75×80cm, 빈 박물관, 빈

(우측) 〈소냐 크닙스의 초상(*Portrait of Sonja Knips*)〉, 1898년, 캔버스에 유채, 145×146cm, 오스트리아 벨베데레 미술관, 빈

대해 상당한 영향력을 행사했으며, 그들의 작품은 클림트에게 대단히 유용했다.

새로운 목적을 지향하는 전시관 설계는 종합예술작품(Gesamtkunstwerk)으로서의 전시라는 이상을 전제했다. 즉 모든 전시 작품이 다른 작품은 환경과 조화를 이루며 전시 전체가 예술 작품이 되도록 한다는 이상이 드디어 실현될 수 있었다. 또한 윌리엄 모리스(William Morris, 1834~1896)의 착상에서 영감을 얻은 분리파 예술가들은 순수미술과 응용미술은 차이가 없어야 한다고 믿었다. 모저, 호프만, 올브리히는 회화와 장식미술이 함께 조화롭게 어우러질 수 있는 환경을 제공했다. 이번에는 외국 미술가들의 참여가 적었지만 크노프와 안데르스 소른(Anders Zorn, 1860~1920)은 많은 작품을 출품했다. 클림트는 7점을 전시했다. 그중 가장 중요한 두 작품은 〈소냐 크닙스의 초상〉과 〈팔라스 아테나〉였다. 소냐 크닙스(Sonja Knips)를 그린 매우 아름다운 초상화로 초상화가로서 그의 완숙한 경지를 보여주었다. 충격적이고 사악한 〈팔라스 아테나〉는 동생 게오르크가 제작한 철제 액자를 두르고 있었다. 이 그림의 세기말 취향은 프란츠 폰 슈투크의 그림을 떠올리게 하는데, 이 무렵 클림트는 슈투크의 작품에 심취해 있었다. 사람들은 이 작품을 이해하지 못했고 적대적인 반응을 보였으며, 이는 곧 빈 대학 장식화 주문으로 빚어지는 추문의 불길한 전조였다. 입체감은 없으며 재단된 듯이 잘린 것처럼 보이는 그림은 비대칭적이었고, 이는 아름답기는커녕 기이하게 보였다. 그리고 아테나 여신의 손에 놓인 아주 작고 벌거벗은 여인은 라파엘전파의 그림에서 보는 부스스한 붉은 머리카락에 음모 역시 머리카락 색과 어울리는 색으로 그려서 관객을 도발했다.

제3회 분리파 전시(1899년 1월 12일~2월 20일)에 나온 해외 객원 화가들은 벨기에 화가 두 명이었는데 이들의 작품은 클림트가 틀림없이 특별히 흥미롭게 연구해야만 하는 것이었다. 이들은 테오 판 뤼셀베르그(Theo van Rysselberghe, 1862~1926)와 얼마 전에 유명을 달리했던 펠리시앙 롭스였다. 신인상주의 화가 판 뤼셀베르그로부터 클림트는 깜박거리는 듯한 점묘파 기법을 차용했는데, 이 기법은 그 다음 분리파 전시에서 선보인 〈피아노를 연주하는 슈베르트〉를 비롯해 이 시기 여러 작품의 특징이 되었다. 롭스에게서는 팜 파탈(femme fatale)의 이미지를 차용했는데, 〈팔라스 아테네〉의 붉은 머리카락을 지닌 작은 여인이 클림트의 작품에서 처음으로 나타난 팜 파탈 이미지였다.

제5회 분리파 전시회(1899년 9월 5일~1900년 1월 1일)는 세기말 프랑스 미술의 다양한 경향을 알려주기 위해서 프랑스 화가들에게 전적으로 할애했다. '인상주의자'라는 용어가 19세기 말 많은 화가들에게 적용되었더라도, 빈 사람들은 이 전시회를 통해 분위기와 감정을 포착하는 화가들의 작품을 처음으로 관람할 수 있었다. 카리에르는 화면에 옅은 브라운색 안개가 낀 듯한 실내 정경을 그렸다. 드가는 카리에르의 작품을 보고 "잠자코 있게들. 아이 방에서 누가 담배를 피우나?"라며 비꼬았지만, 클림트에게는 이런 안개 효과가 매력적으로 느껴졌을 것이다. 이 무렵 클림트는 그 비슷하게 안개 속에 있는 듯한 작품을 여러 점 그렸다 .제5회 분리파 전시회에 작품을 내놓은 다른 화가들은 이미 분리파 전시회에 참가해서 익숙했던 퓌비 드 샤반과 앵티미즘(인상주의 이후 가정의 일상생활을 정감 있고 따스하게 그린 회화 유파) 화가이자 출중한 그래픽 디자이너인 펠릭스 발로통(Felix Vallotton, 1865~1925)이었다.

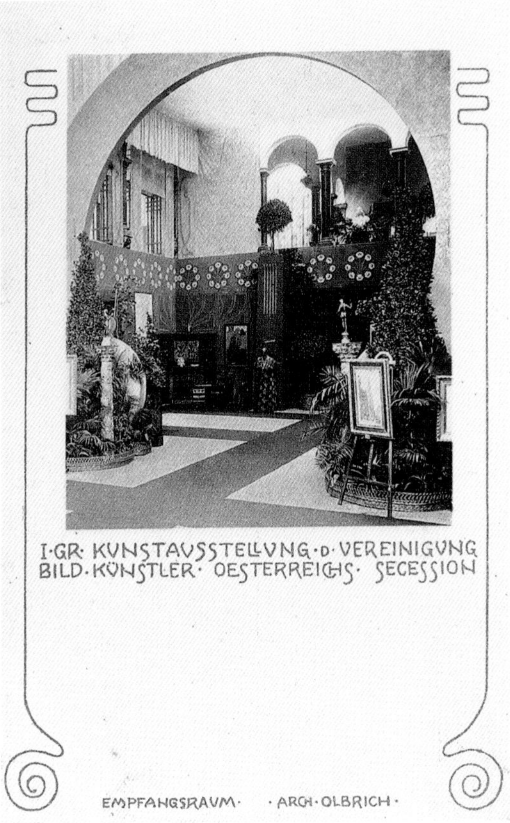

제1회 빈 분리파 전시회 홍보 엽서
디자인: 요제프 마리아 올브리히, 1898년

제7회 분리파 전시회는 클림트의 〈약학〉을 둘러싼 추문이 제기된 가운데, 네덜란드의 상징주의 화가 얀 투롭(Jan Toorop, 1858~1928)의 작품을 선보였다. 투롭의 작품에서 양식적으로 만든 패턴과 여인의 걷잡을 수 없이 풀어진 머리카락은 분명 클림트의 빈 대학 장식화 중 마지막 그림인 〈법학〉에 영향을 미쳤다.

제8회 분리파 전시회(1900년 11월 3일~12월 27일)는 글래스고 4인조(찰스 레니 매킨토시와 그의 아내 마거릿 맥도널드, 허버트와 프랜시스 맥네어)를 소개한 것으로 유명하다. 빈 미술가와 디자이너들은 이들의 작품에 깊이 친밀감을 느끼고 있었는데, 이는 매킨토시가 유명한 배른도르퍼의 음악실 디자인을 의뢰받았기 때문이기도 했다.

제12회와 제13회 분리파 전시회에는 노르웨이의 에드바르 뭉크와 스위스의 페르디난트 호들러의 작품을 선보였는데, 이 두 화가, 특히 호들러는 클림트에게 영감을 주었다. 그 외에도 제14회 분리파 전시회(1902년 4월 15일~6월 27일)가 유명한데, 이 전시에서는 막스 클링거(Max Klinger, 1857~1920)가 거대한 다색 조각상 〈베토벤〉을 선보였고, 클림트는 〈베토벤 프리즈〉를 그렸다. 한편 제16회 전시회는 야심차게 프랑스 근대미술 회고전으로 개최되었고, 제18회 전시회는 최초로 전시회 전체를 클림트의 작품으로 채웠다.

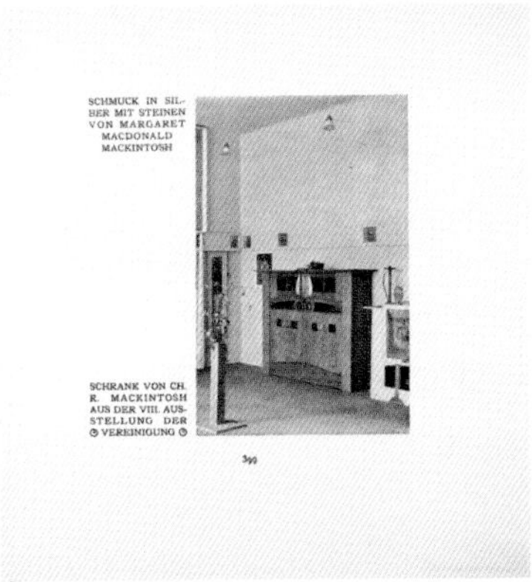

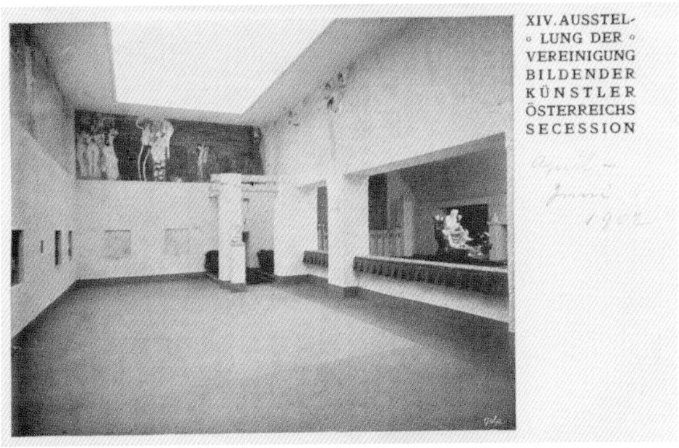

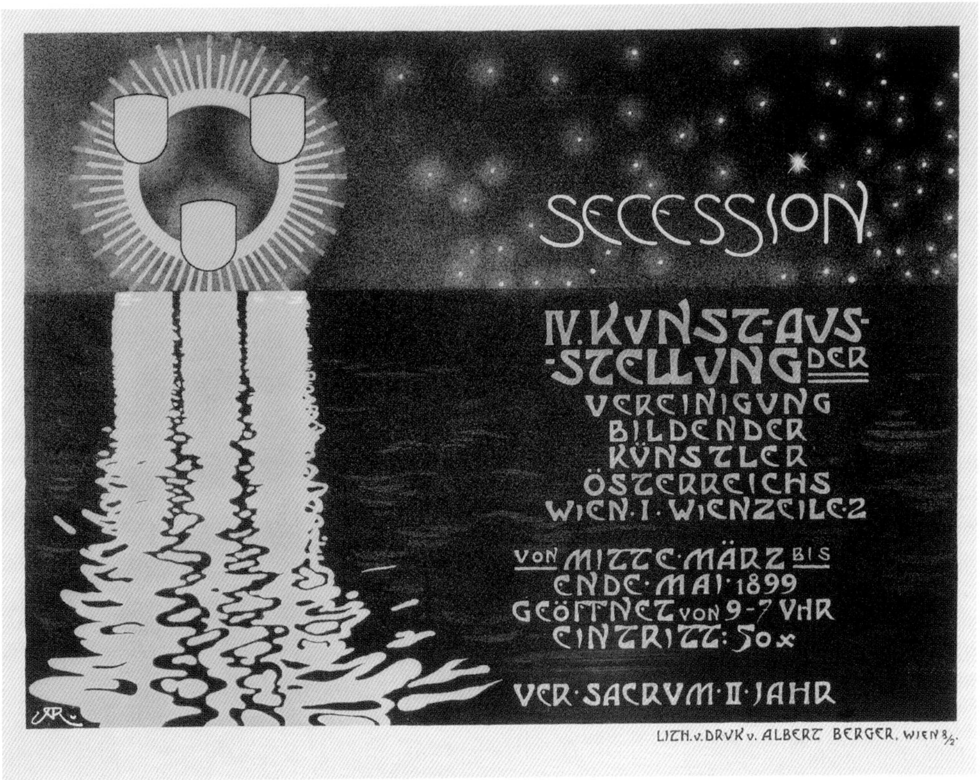

(상단좌측) 찰스 레니 매킨토시와
마거릿 맥도날드 매킨토시 디자인
제8회 빈 분리파 전시에 전시한 실내.
『베르 사크룸』 4호 수록, 1901년

(상단우측) 빈 분리파 제14회 전시를
촬영한 사진으로 제작한 엽서.
클림트의 〈베토벤 프리즈〉와
막스 클링거의 베토벤 조각상이
설치된 중앙 전시실이 보인다.

(하단) 빈 분리파 제4회 전시회 포스터.
다색 석판화, 1899년

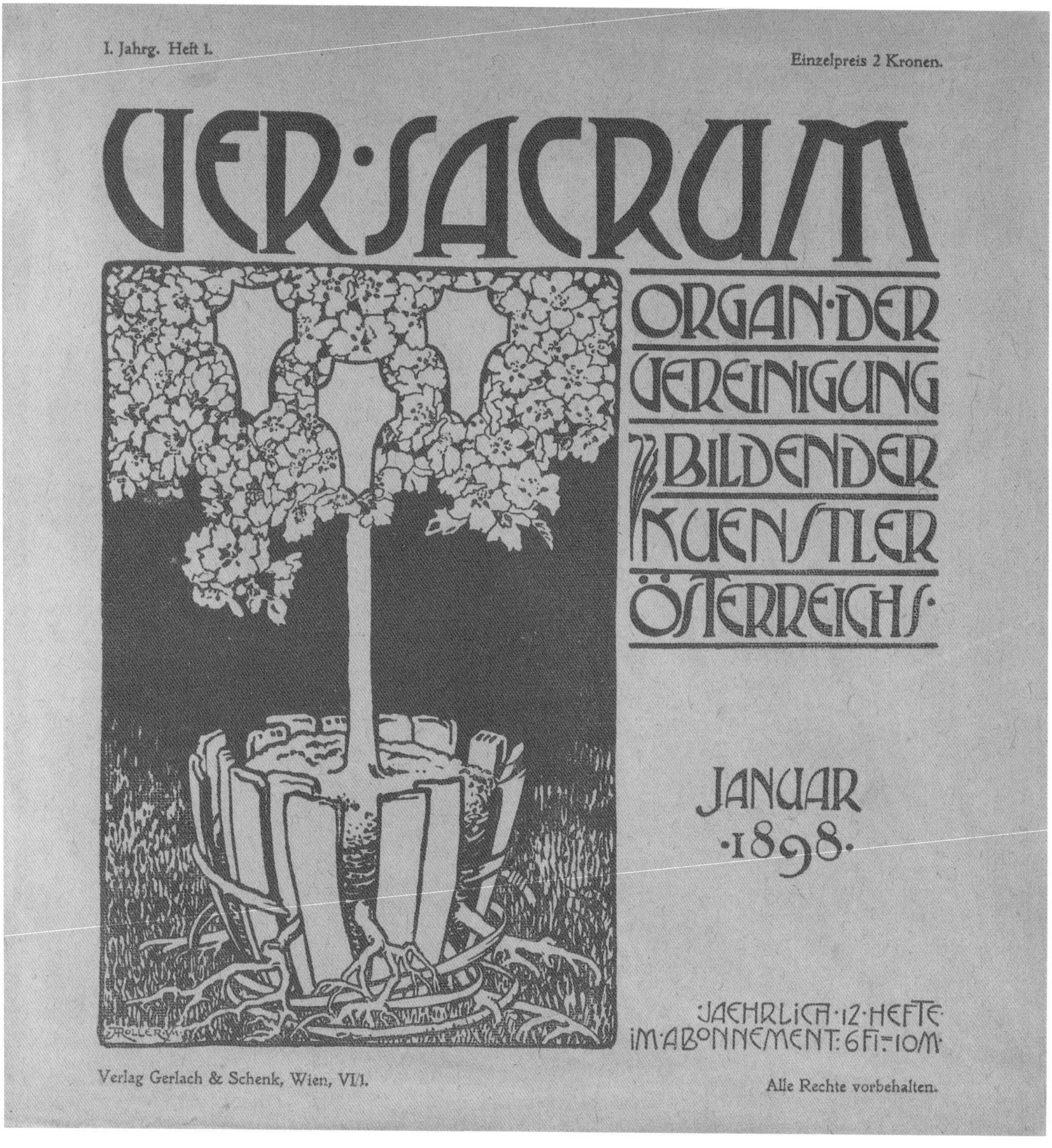

I. Jahrg. Heft I.

Einzelpreis 2 Kronen.

VER·SACRUM

ORGAN·DER VEREINIGUNG BILDENDER KUENSTLER ÖSTERREICHS·

JANUAR ·1898·

·JAEHRLICH·12·HEFTE· IM·ABONNEMENT: 6 Fl.=10M·

Verlag Gerlach & Schenk, Wien, VI/1.

Alle Rechte vorbehalten.

베르 사크룸

VER SACRUM

『베르 사크룸(*Ver Sacrum*)』의 창간호 표지
표지 디자인: 알프레트 롤러,
게를라흐&쉔크 사 간행, 빈: 1898년

1890년대에는 삽화가 들어간 예술 잡지가 새로운 양식들과 예술 운동의 보급에 지대한 역할을 하며 한때를 풍미했다. 이렇게 많은 예술 잡지가 생길 수 있었던 것은 기술 덕분이었다. 선을 새겨 그린 삽화가 수록된 예술 잡지는 시각적 가치가 제한적이었다. 향상된 사진 복제 덕분에 잡지는 훨씬 정보가 풍부해졌으며 다색 석판화가 소개되면서 시각적으로도 훨씬 매력이 넘치게 되었다. 윌리엄 모리스가 예술로써의 책을 되살린 데서 영감을 얻어 파리의 『라 르뷔 블랑슈(*La Revue Blanche*)』, 베를린의 『판』, 상트페테르부르크의 『미술 세계(*The World of Art*)』 같은 더 값 비싼 잡지들은 최고급 종이에 아름다운 제본, 다양한 그래픽 매체를 이용한 삽화를 수록해서 스스로 예술작품이 되었다. 월간지 『베르 사크룸』(성스러운 봄)은 1년 구독이면 한 달에 10마르크 꼴이었다. 그러나 더 비싼 종이에 작가가 직접 찍어낸 판화를 추가로 증정하는 고급형도 구입할 수 있었다.

비록 위에서 거론한 잡지들보다는 가격이 저렴하고 고급스럽지는 않다고 해도 『스튜디오(*Studio*)』(1893년부터 간행)는 아마도 가장 널리 보급되었고 이러한 잡지에 영향을 미쳤다. 그리고 클림트 역시 이 잡지의 구독자였다. 글래스고파(The Glasgow School)를 결성하고 국제적인 명성을 확산하는 데 『스튜디오』가 담당했던 역할은 이러한 잡지들이 매우 효과적이라는 것을 보여주는 주목할 만한 예이다. 분리파의 양식과 클림트의 완숙기 작품이 그렇듯이 글래스고 양식도 차용된 요소들을 영리하며 고도로 개인적인 방식으로 종합한 것이었다. 글래스고 4인조는 그들이 필요로 했던 대다수 요소들을 번-존스, 모리스, 건축가이자 디자이너 찰스 보이지(Charles Voysey, 1857~1941), 네덜란드의 상징주의 화가 얀 투롭을 다룬, 『스튜디오』의 첫 해 본의 삽화

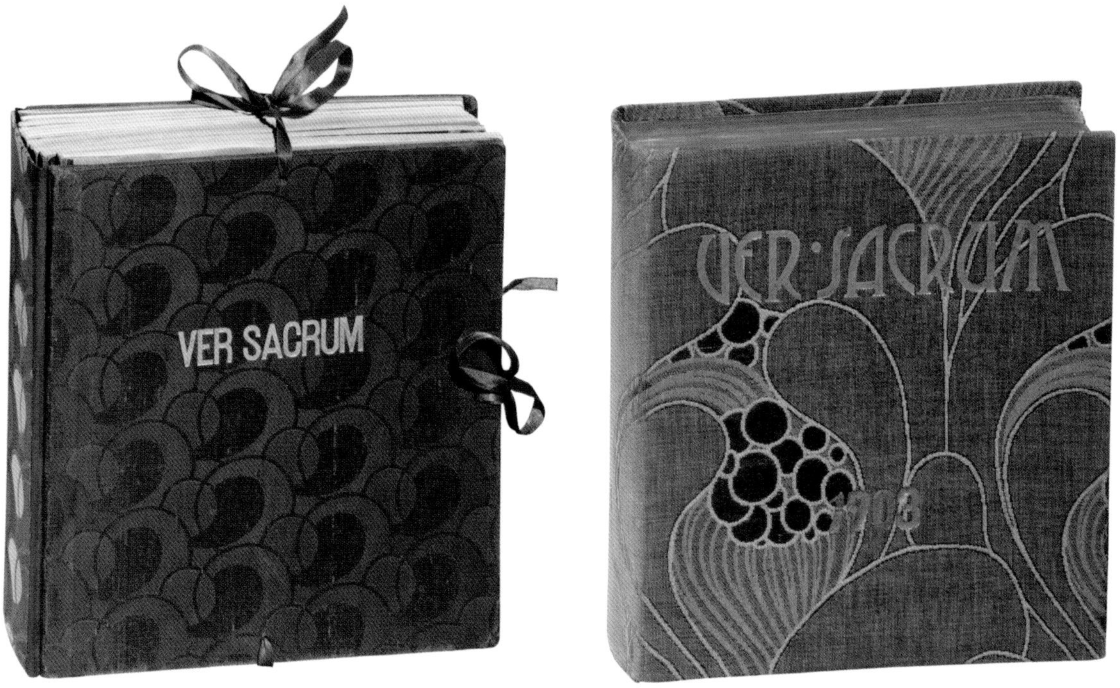

기사에서 얻었다. 1900년에 글래스고 4인조가 빈 분리파 전시회에 초빙되어 전시한 것은 바로 『스튜디오』에서 그들을 다룬 기사의 성과였다.

파리의 『라 르뷔 블랑슈』처럼 『베르 사크룸』은 단지 예술 잡지였던 것이 아니라 문학과 음악이라는 중요 요소와 함께 바그너의 통합 예술 개념에 경의를 표하는 문화 저널이었다. 『베르 사크룸』에 기고했던 작가로는 후고 폰 호프만스탈, 라이너 마리아 릴케, 모리스 메테를링크, 크누트 함순이 있다. 분리파 그 자체처럼 『베르 사크룸』이 선언했던 목표는 오스트리아의 현대 미술과 오스트리아에서 국제 미술에 관한 지식을 홍보하는 것이었다. 『베르 사크룸』은 전시회의 맥락에서 클림트의 작품이 어떤 위치를 차지했는지, 때로는 그가 여전히 전시회를 위해 그림을 그리고 있을 때 중간 과정을 사진으로 보여주므로 클림트와 그의 작품 활동에 관한 중요한 자료가 되고 있다. 또한 클림트가 『베르 사크룸』을 위해 특별히 만들었던 그래픽 디자인도 풍부하게 수록되어 있다.

(좌측) 『베르 사크룸』 첫 해에 발행된 합본. 빈 분리파에서 직물을 씌워 만든 표지로 제본. 1898년, 손야 크닙스 소장

(우측) 『베르 사크룸』 다섯 번째이자 마지막 해에 발행된 합본. 빈 분리파에서 직물을 씌워 만든 표지로 제본. 1903년, 소냐 크닙스 소장

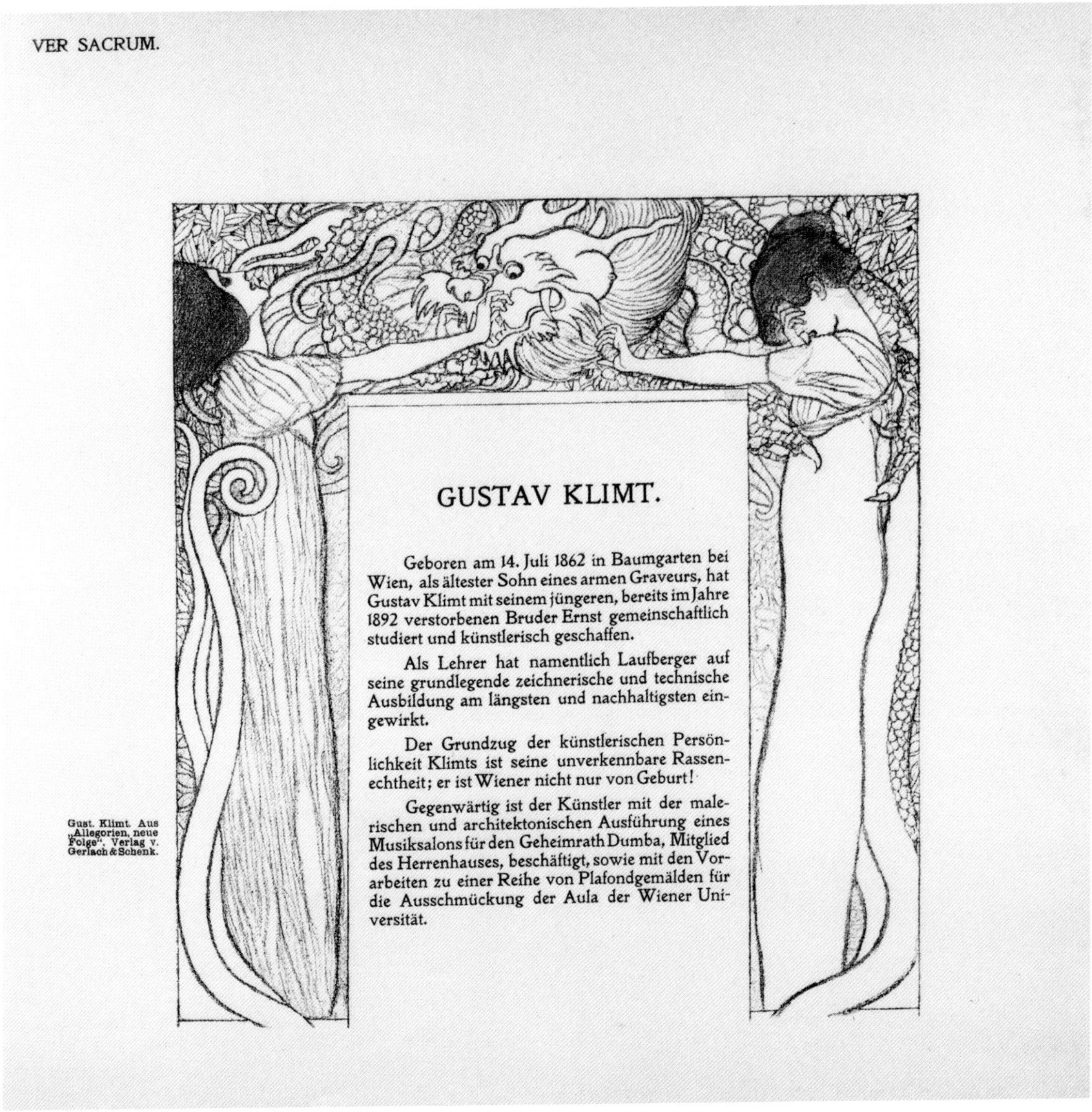
VER SACRUM.

GUSTAV KLIMT.

Geboren am 14. Juli 1862 in Baumgarten bei Wien, als ältester Sohn eines armen Graveurs, hat Gustav Klimt mit seinem jüngeren, bereits im Jahre 1892 verstorbenen Bruder Ernst gemeinschaftlich studiert und künstlerisch geschaffen.

Als Lehrer hat namentlich Laufberger auf seine grundlegende zeichnerische und technische Ausbildung am längsten und nachhaltigsten eingewirkt.

Der Grundzug der künstlerischen Persönlichkeit Klimts ist seine unverkennbare Rassenechtheit; er ist Wiener nicht nur von Geburt!

Gegenwärtig ist der Künstler mit der malerischen und architektonischen Ausführung eines Musiksalons für den Geheimrath Dumba, Mitglied des Herrenhauses, beschäftigt, sowie mit den Vorarbeiten zu einer Reihe von Plafondgemälden für die Ausschmückung der Aula der Wiener Universität.

Gust. Klimt. Aus „Allegorien, neue Folge“. Verlag v. Gerlach & Schenk.

클림트의 일러스트레이션, 『베르 사크룸』 3호에 게재

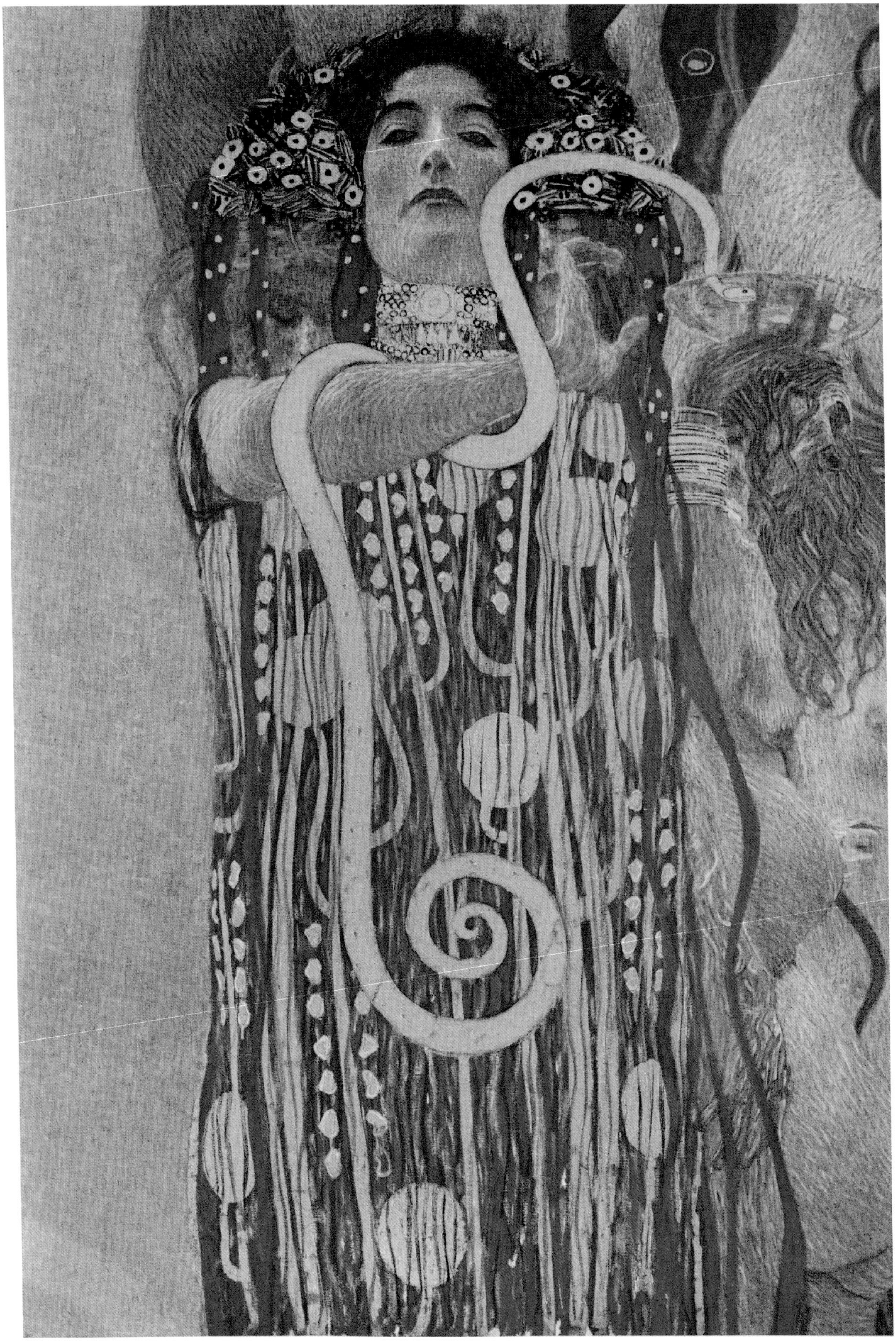

추문
SCANDAL

'히기에이아(*Hygieia*)', 그리스 신화에 나오는 건강의 여신으로 〈약학〉의 세부,
1900~1907년, 캔버스에 유채,
430×300cm, 빈 대학교의 의뢰,
'학부 회화' 연작 세부,
1945년에 임멘도르프 성 화재로 소실됨

빈 대학교 강당 천장화를 의뢰받은 일은 클림트 형제와 프란츠 마치가 10년 이상 동업하며 거둔 성공의 정점이며, 마카르트의 뒤를 이어 빈 화가들의 군주이자 합스부르크 제국의 공식 화가로 선택된 것이 되었어야 했다. 1892년에 마치가 단독으로 수주한 이 일은 곧 고통스러운 과정의 시작이었다. 이듬해 마치가 디자인했던 초안이 거부된 후 1894년에 이 프로젝트는 다시 마치, 그리고 클림트에게 맡겨졌다. 거대한 중앙 패널과 네 군데의 모퉁이 패널, 그리고 10곳의 스팬드럴을 장식하는 조건으로 6만 굴덴(이전에 미술사박물관 천장의 중앙 패널 장식에 폰 문카치에게 지급되었던 5만 굴덴을 넘어섰다)이 지불되어 마치와 클림트는 이 대금을 공평하게 나눴다. 클림트는 스팬드럴 10곳을 그릴 예정이었으나, 일찌감치 1904년에 이 부분에서 손을 뗐다. 마치는 면적이 가장 넓은 중앙 패널을 맡아 '어둠을 물리친 빛의 승리'를 그리는 중이었다. 중앙 패널을 둘러싼 네 모퉁이 패널에는 약학, 철학, 법학, 신학부를 나타내기로 했는데, 클림트가 약학, 철학, 법학을, 마치가 신학을 맡았다. 관능주의자인 클림트가 신학을 그리지 않기로 본인이 선택했는지 또는 선택되지 않은 것인지 간에 이 결정은 명백히 의미심장했다. 모든 패널이 1900년대 초에 완성되었을 당시, 마치와 클림트가 전혀 다른 방향을 취했다는 것, 이 두 화가는 화해하지 못할 정도로 전혀 다른 스타일로 표현했다는 것은 고통스럽지만 사실이었다. 완성작을 재구성한 사진은 클림트와 마치의 불협화음뿐만 아니라, 클림트가 3개의 패널을 작업하는 과정과 그의 작품이 더 이상 신(新)르네상스 건축의 체계 안에서 편안하게 자리 잡을 수 없다는 것을 보여준다. 클림트의 패널이 하나씩 공개되면서 비롯되었던 스캔들. 그 추문 때문에 공공건축물을 장식하는 화가로서 그의 경력은 더 이상 이어질 수 없었지만 빈 아방가르드의 지도자로서 그의 명성

을 확인할 수 있었다.

'학부 회화'의 세 작품 중 〈철학(*Philosophy*)〉이 가장 먼저 전시되었다. 이 작품은 1900년 3월 제7회 분리파 전시에서 공개되었는데 이후 파리 만국박람회에 보내져서 금메달을 수상했다. 클림트는 이 작품을 분리파 전시회에 맞추어 완성하려고 애를 썼다. 사실 전시 이후에 그는 이 작품을 1907년까지 계속 작업했다. 그는 분리파의 총무에게 편지를 써서 심한 감기에 걸려 전시 개막식에 참여할 수 없다고 사과의 뜻을 전했다. 〈철학〉은 영어로도 제대로 번역하기 어려운 추상적인 독일어 용어로 전시 카탈로그에 상세하게 묘사되었다. 그 내용은 다음과 같다. "철학: 빈 대학교 강당 천장에 설치될 5점의 알레고리(우의화)* 중 하나(문화교육부에서 의뢰). 좌측 인물군: 창조, 풍요로운 존재, 소멸. 우측: 지구, 세계의 비밀. 하부, 어둠에서 빛을 발하며 생긴 형태: 지식."

충격적인 비대칭 화면은 원근법을 적용한 배경을 없애고 화면의 위, 아래, 왼쪽에서 인물을 재단함으로써 르네상스 이후의 관례를 위반했다. 왼쪽에는 인물을 층층이 배치해 〈로댕의 지옥의 문〉을 떠올리게 한다. 〈지옥의 문〉 자체는 블레이크가 단테의 『지옥』 편 5곡에서 애욕의 죄인들이 벌 받고 있는 제2원을 묘사했던 삽화의 소용돌이치는 인물들에서 영감을 얻은 것이기도 했다. 이전 미술에 관해 만족할 줄 모르는 호기심과 욕구가 있었던 클림트이기에 클림트 역시 블레이크의 작품에 친숙했을 가능성이 더 높다. 로댕의 작품은 1898년 이래 빈 분리파 전시에 출품되었으므로 분명히 클림트에게 익숙했을 것이다. 1902년 마치 개선하는 왕처럼 로댕이 중부유럽에서 순회전을 개최하고 있었을 때 클림트와 로댕은 만났는데, 두 예술가는 서로를 칭찬하며 존경하는 사이가 되었다.

클림트의 '학부 회화'는 흑백사진으로만 남아 있어서 색채에 관해서는 그 당시 기록으로 남은 묘사가 전부다. 작가이자 저널리스트 루트비히 헤베시(Ludwig Hevesi, 1843~1910)의 평론이 이 연작을 가장 상세하게 설명하고 있다. "우리는 알 수 없는 불안, 오

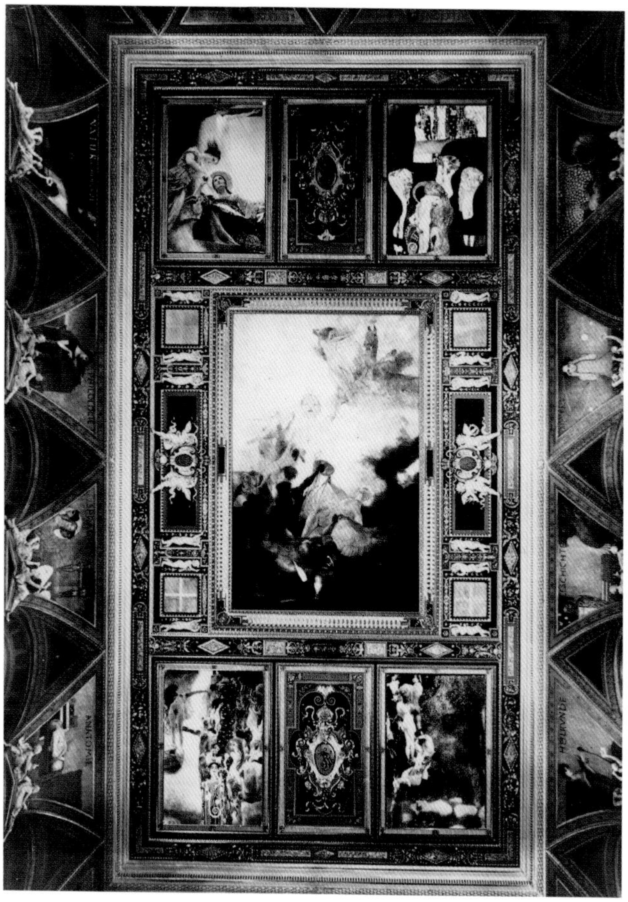

'학부 회화' 연작을 원안대로 구성한 복제 사진, 빈 대학교

* allegory, 눈에 보이지 않는 추상적인 개념을 구체적인 형상으로 표현하는 것을 말하며, 우의화(寓意畫)라고도 한다.

로지 여러분이 짐작하는 움직임이 가득 찬 우주 공간의 일부를 보고 있다. 색이 안개가 낀 것처럼 옅게 퍼져 있어 형태는 신비에 싸인 채 분명히 드러나지 않는다. 화가는 이러한 신비를 가능한 한 회화적인 방식으로 다루어야 한다. 이것은 우선 색채를 통해 드러난다. 이 우주에서 다양한 색조의 파랑, 바이올렛, 초록과 회색이 섞여 융화된다. 그 농밀한 색조를 관통하며 희미하게 빛나는 노란색은 순금으로 서서히 바뀌어 간다. 어떤 이는 흙먼지와 소용돌이치는 원자, 스스로를 인식되게 하려고 사물을 찾는 근본적인 힘을 생각할 것이다. 불똥의 무리가 주위를 날아다니고, 모든 것이 별처럼, 빨강, 파랑, 초록, 노란빛이 도는 오렌지색, 반짝이는 황금색으로 빛을 낸다. 하지만 이 모든 혼란은 화가의 감각적인 영혼에서 어우러지는 색채의 교향곡이다."[1] 클림트의 작품에 모두가 이렇게 열광한 것은 아니었다. 사실 대여섯 개 평론은 악의적이었다.

빈 대학교의 어떤 교수 단체가 클림트의 〈철학〉 설치에 반대하는 공개서한에 서명하면서 추문과 논란이 시작되었다. 이러한 사태는 1863년에 있었던 낙선전에 마네의 〈풀밭 위의 점심식사〉가 전시되었을 때와 비슷했다. 하지만 빈에서는 새로운 일이었다. 클림트의 그림이 건축가 하인리히 폰 페르스텔이 설계했던 신르네상스식 건물과 조화되지 않았다는 이유로 교수들이 〈철학〉에 반대했던 것은 충분히 수긍할 수 있다. 게다가 공개서한에 서명했던 요들(Jodl) 교수는 〈철학〉에 반대하는 교수들이 누드, 심지어 예술의 자유에 반대하는 것이 아니라 단지 '보기 싫은 예술'에 반대한다고 설명을 덧붙였다. 교수들의 서한이 공표된 다음날, 외부에 "모든 시대에는 그 시대의 예술을, 예술에는 자유를(Der Zeit Ihre Kunst, Der Kunst Ihre Freiheit)"이라는 문구를 새겨놓은 분리파 전시관에 있던 클림트의 그림 앞에 황금월계관이 놓였다. 클림트의 지지자들은 그 교수들이 미학적인 판단을 내릴 자격이 없다는 점을 지적했다. 저널리스트이자 논객인 카를 크라우스가 교수 집단을 강력하게 지지하고 나섰다. 그는 『디 파켈(*Die Fackel*)』('횃불'이란 뜻)이란 잡지에 일련의 기사를 게재하여 클림트와 그의 지지자들을 증오하고 비꼬았다. 그는 잘난 척하면서 철학, 법학, 약학 같은 주제를 공격하기 전에 그쪽 전문가에게 조언을 구하라고 충고했다. 1900년 『디 파켈』 5월호에 크라우스가 쓴 기사는 클림트가 파리에서 거둔 성공에 대해 반유대주의적 험담을 늘어놓았다. 클림트의 예술이 파리에서 유대인의 취향을 대표하는 것으로 묵살되었다며 마무리 지었던 것이다.

1900년에 클림트가 파리에서 성공을 거두었을 당시, 19세기 중반 이후 근대미술의 기관실이었던 파리의 미술계는 상대적으로 정체된 상태였다. 이 시기는 1890년대 후기인상주의의 혁명적 쇄신 이후부터, 야수주의와 입체주의의 시대(1905년부터 제1차 세계 대전이 발발했던 1914년까지)로 돌입하기 전 약 5년 동안에 해당한다. 일명 '퐁피에(pompier)' 즉 장-레옹 제롬과 윌리엄 부게로 같은 아카데미즘의 대화가(old master)들은 여전히 전시에 작품을 내놓았고 널리 존경받았다. 클림트가 파리 만국박람회에서 금메달을 받았을 때, 부게로의 빈틈없고 수줍어하는 듯 보이는 〈칭찬(*Admiration*)〉이 입상했다는 사실은 당시 미학이 얼마나 혼란스러운 양상이었는지 알려준다. 인상주의 화가 모네, 르누아르는 장년에 들어섰고 부유한 미국의 수집가들 덕분에 성공을 거두었했으나, 프랑스의 기존 예술계에서 완전히 인정받지 못한 상태여서 그들의 작품은 별개의 공간에 전시되고 있었다. 실크해트를 쓰고 레지옹 도뇌르 훈장을 자랑스럽게 내보이는, 완고하고 반동적인 제롬은 프랑스의 대통령이 인상주의 전시실에 들어가지 못하게 막으면서 이렇게 말했다. "대통령님께서 저 전시실로 들어가시면 프랑스의 명예가 더럽혀집니다." 후기인상주의의 거장인 고갱, 고흐, 쇠라, 세잔의 작품은 어디서도 볼 수 없었으며 1890년대에 부상한 나비파와 앙리 드 툴루즈 로트레크 같은 더 젊은 화가들의 작품은 말할 것도 없었다. 1900년 파리 만국박람회에서 찬사를 받은 스페인의 호아킨 소로야(Joaquín Sorolla, 1863~1923), 핀란드의 악셀리 갈렌-카레라(Akseli Gallen-Kallela, 1865~1931) 같은 다른 외국 화가들은 클림트처럼 모더니즘의 어떤 양상들을 본질적으로 보수적인 아카데미의 기법으로 교묘하고 신중하게 흡수시켰다는 것이 신빙성 있는 설명일 것이다.

클림트처럼 매혹적이고 탐험되지 않은 새로운 경향으로 메달을 받은 또 다른 화가는 알베르 베나르(Paul-Albert Besnard, 1849~1934)였다. 당시 베나르는 명성이 매우 높았고 클림트에게 금메달을 수여한 심사위원단 중 한 명이었다. 재건축된 파리시청의 학술과에 그려진 1890년경 베나르의 천장화는 은근하지만 과시적인 철학과 자유롭게 부유하며 발광(發光)하는 우주적 사랑이 뒤섞임으로 인해 곧바로 클림트를 예상하게 한다. 클림트 역시 베나르가 소르본 대학교의 원형극장에 최근에 완성했던 장식화를 틀림없이 흥미롭게 보았을 것이다. 인상주의와 상징주의에서 차용한 것과, 기본적으로 아카데미즘의 기법을 융화시킨 베나르의 그림은 아마도 클림트의 그림만큼 설득적이지도 개성적이지도 못했을 것이다. 여기서 다시 누군가는 훌륭하지 못한 예술가는 차용하고 훌륭한 예술가는 훔친다는 피카소의 금언을 떠올릴 것이다. 하지만 이 말이 1934년에 장례식을 국장으로 치른 프랑스 화가 베나르가 현재는 거의 완전히 잊혔던 반면, 클림트는 제2차 세계대전 이후 위상이 더 높아졌다는 불가사의한 사실을 완전히 설명할 수는 없다.

클림트가 파리에서 성공을 거두었다는 것이 빈의 교수들에게는 아무 소용이 없었다. 실제로 당시가 유럽의 강국 중에서도 이 두 나라 사이에 서로 의심과 적대감이 커지던 시기였다는 것도 클림트에게 불리하게 작용했을 수도 있다. 헤르만 바르는 〈철학〉에 관한 찬반 논쟁을 묶어 1903년에 『클림트에 반대하여(*Gegen Klimt*)』라는 책을 간행했다. 1900년 3월 17일자 《독일민

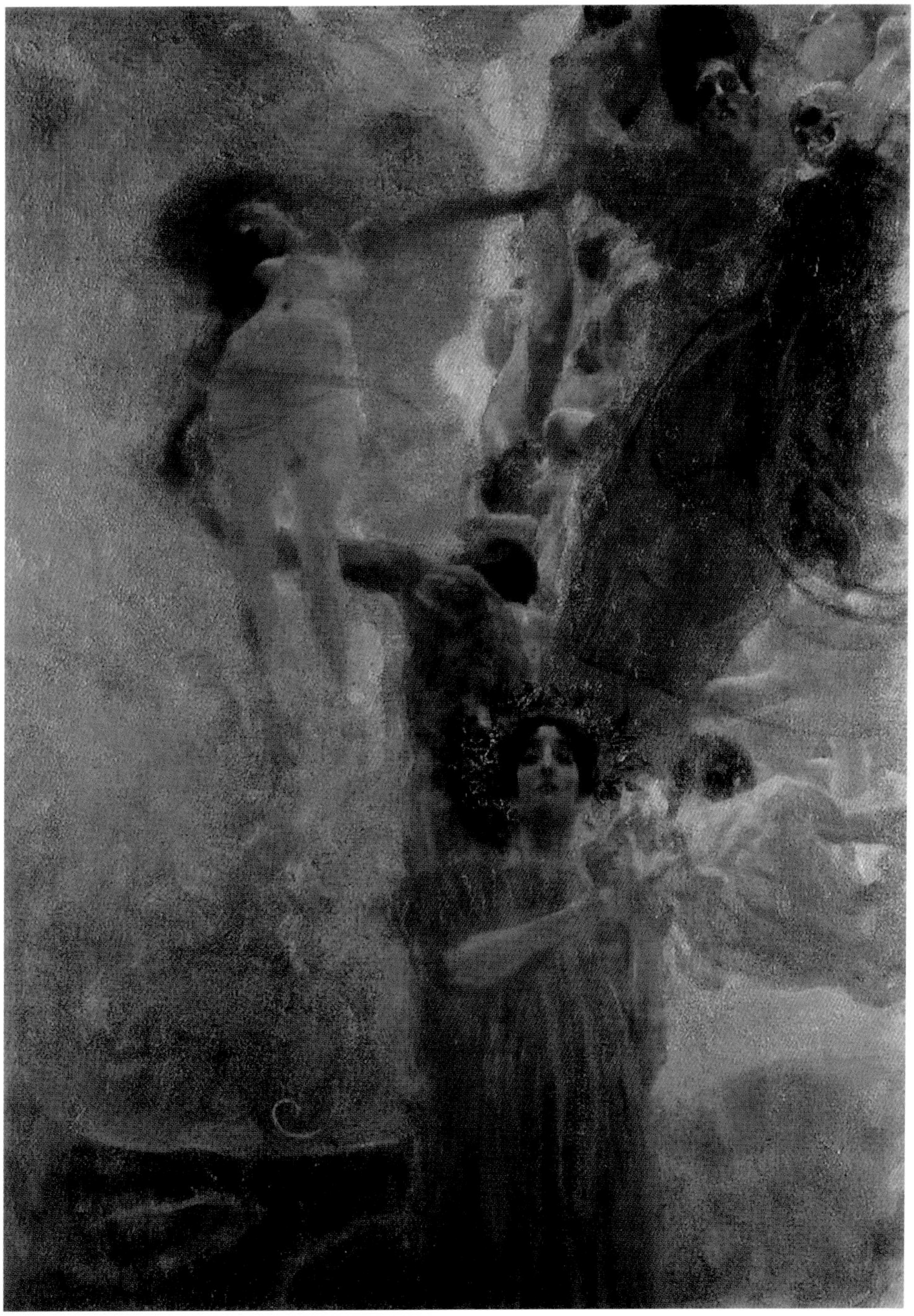

〈'약학'을 위한 습작(Study for *'Medicine'*)〉, 1897~1898년, 72×55cm, 개인 소장

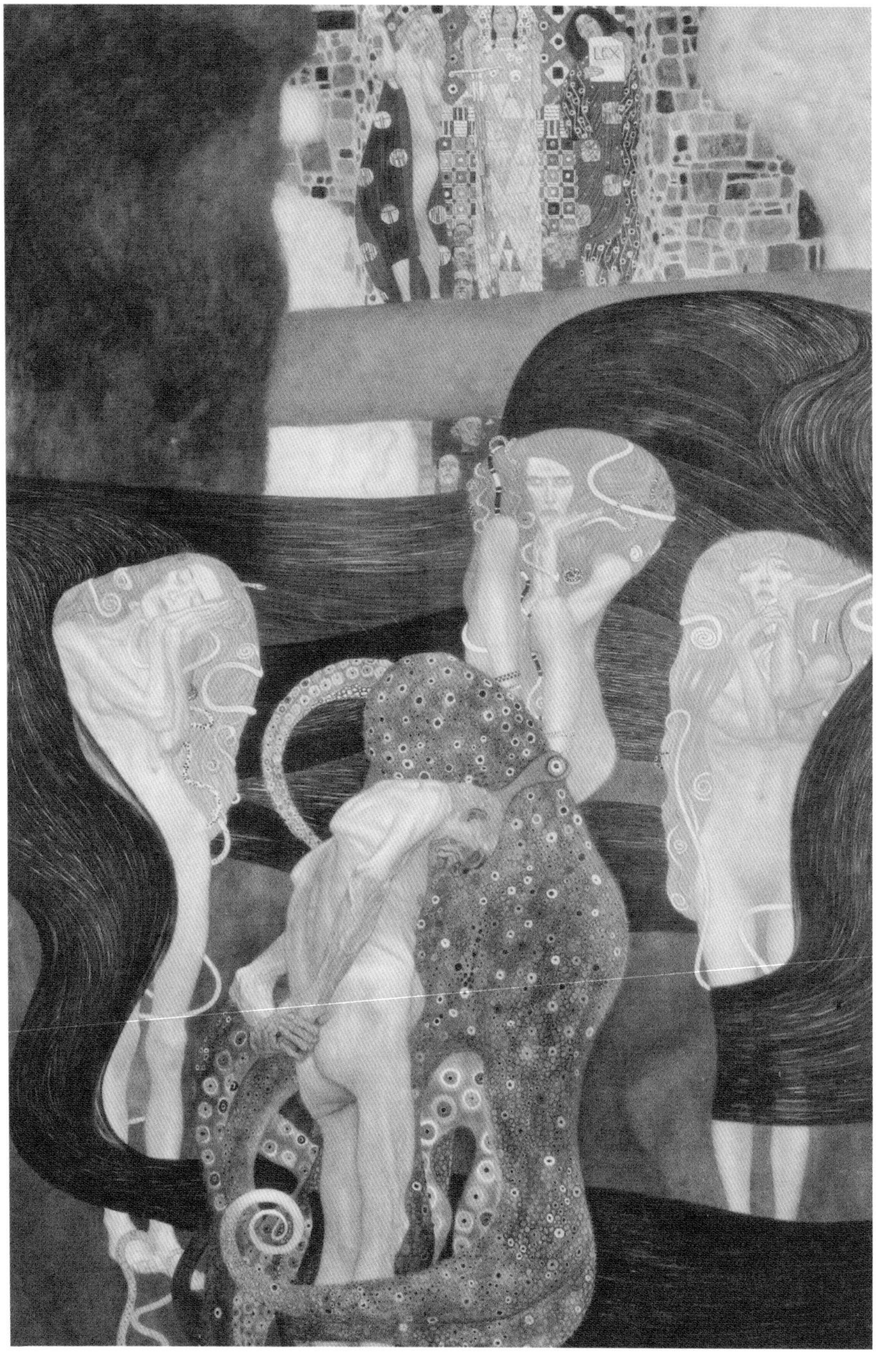
LEX

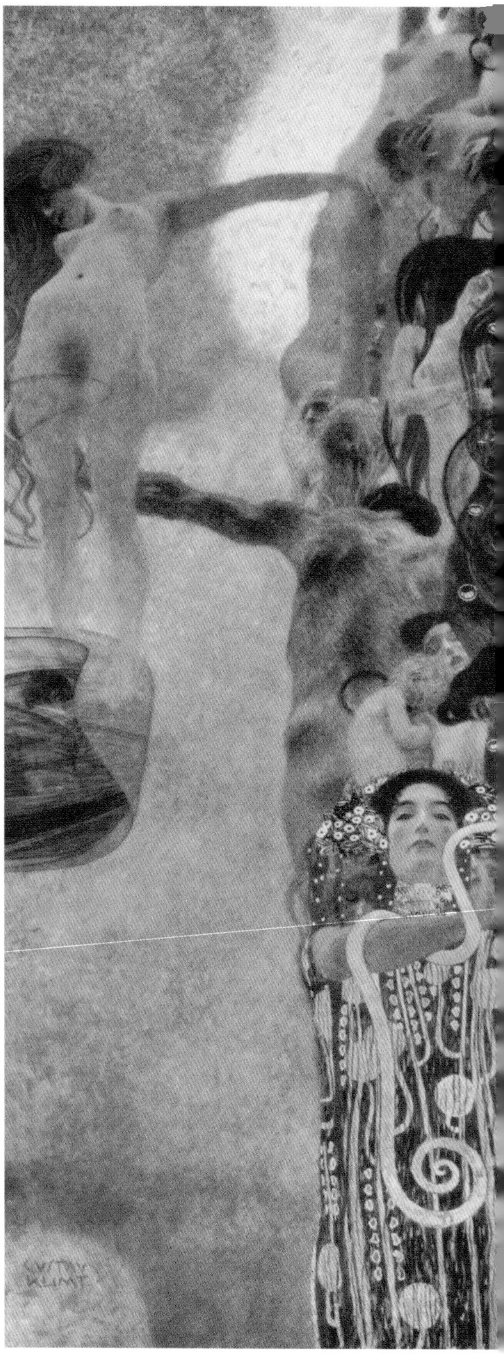

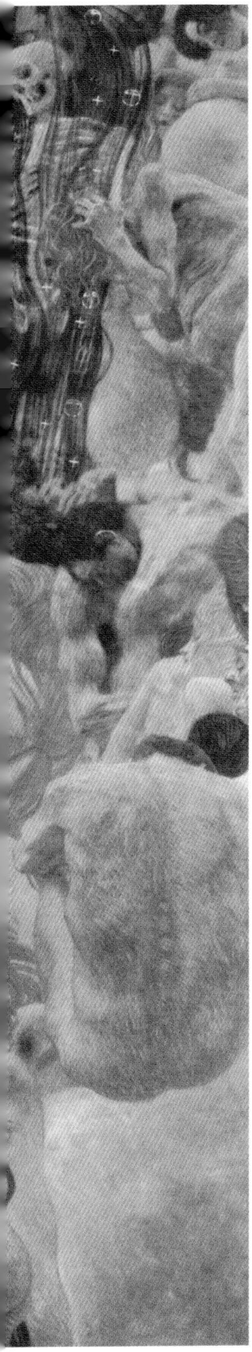

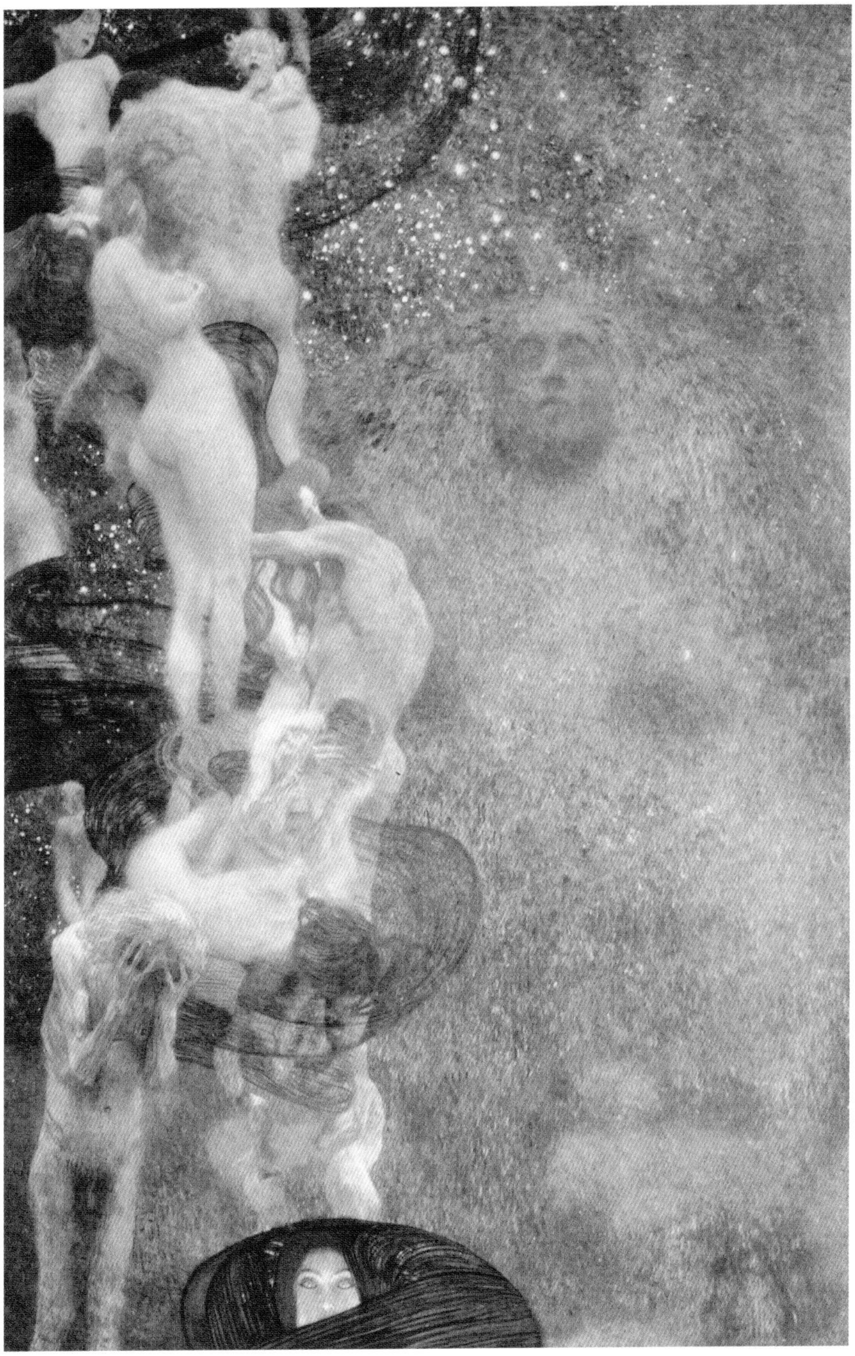

(좌측부터)
〈법학(*Jurisprudence*)〉, 1903~1907년, 430×300cm, 빈 대학교의 의뢰로 그린 '학부 회화' 연작 세부, 1945년에 임멘도르프 성 화재로 소실됨

〈약학(*Medicine*)〉, 1900~1907년, 430×300cm, 빈 대학교의 의뢰로 그린 '학부 회화' 연작 세부, 1945년에 임멘도르프 성 화재로 소실됨

〈철학(*Philosophy*)〉, 1900~1907년, 430×300cm, 빈 대학교의 의뢰로 그린 '학부 회화' 연작 세부, 1945년에 임멘도르프 성 화재로 소실됨

중신문(*Deutsches Volksblatt*)》에 게재된 기사에서 카를 슈레더는 〈철학〉과 작곡가 리하르트 슈트라우스의 철학적 교향시 〈차라투스트라는 이렇게 말했다〉를 비교했다. 비록 두 작품을 비교했던 의도는 적대적이었으나 클림트와 슈트라우스는 모두 이 비교가 서로를 추어주었다고 여겼을 것이다. 한편, 훗날 슈트라우스는 자신의 오페라 《살로메》의 반짝거리는 질감을 클림트의 그림에 비유했다. 같은 신문에 실렸던 익명의 기사는 클림트의 작품이 외설적이라고 맹렬히 비난했고 그리고 그 기사는, 어쩐지 유대인이었다는, 이제는 익숙한 비난을 만들었다. 클림트를 옹호하게 된 오스트리아의 미술사가 프란츠 비크호프(Franz Wickhoff)를 공격하면서, 이 익명의 필자는 "……그렇지 않으면 비크호프는 그 그림(〈철학〉)이 매우 명백히 역겹게도 외설적이라는 걸 이해하지 못했는가? …… 물론 가장 저열한 태도를 원칙으로 내세워 사람들을 망치고 있는 유대인의 파렴치함을 누구나 안다."[2]라고 맹렬히 비판했다

클림트의 '학부 회화' 천장화. 연작 중에서 〈약학〉은 1901년 3월 10회 빈 분리파 전시회에서 선보였는데, 〈철학〉과 마찬가지로 찬반이 엇갈렸다. 이번에는 오른쪽으로 많은 인물들이 쏠려 있는 비대칭적인 구도가 〈철학〉의 구도와 부합한다. 전시 도록에서는 이 그림의 의미를 이렇게 설명한다. "생성과 죽음 사이에서 삶은 끝난다. 태어나서 죽을 때까지 이어지는 삶 자체는 고통을 만들어낸다. 의학과 치료의 신 아스클레피오스의 기적을 일으키는 딸 히기에이아가 삶의 고통을 누그러뜨리고 낫게 하는 치유책을 찾았다."

여기서 우리는 다시 한 번 〈약학〉의 색채를 상세히 묘사한 언론인 루트비히 헤베시(Ludwig Hevesi)의 기록에서 찾는다. 하지만 이번에는 남아 있는 유화 습작과, 주홍색과 금색으로 장식한 멋진 로브를 입고 있는 히기에이아가 전면에 있는 컬러사진에서 약간의 인상을 얻을 수 있다. "〈철학〉의 분위기가 한색(寒色)인 초록색과 파란색의 조화로 표현되었다면, 〈약학〉에서는 장밋빛 색채로부터 반짝이는 자주색까지 난색(暖色)으로 서로 조응한다. 인물들 쪽에서는 피부색조가 가장 아름답게 끝없이 대비되고 반영되면서 전체적으로 조화를 이룬다. 산들바람이 불어오는 새벽에 하늘이 어렴풋이 붉어오고 수평선 위로 태양의 첫 광선이 막 미치려는 참이다."[3]

클림트는 〈철학〉을 맹렬히 비판했던 사람들을 〈약학〉을 통해 달래려고 하지 않았다. 반대로 터부시되었던 음모와 벌거벗은 임산부를 그려서 그들을 더 도발하기를 원하는 것처럼 보인다. 만약 그랬다면 그의 전략은 적중했다. 『디 파켈』의 발행인 카를 크라우스가 공격의 수위를 높였던 것을 비롯해 클림트 반대 진영의 공격은 〈철학〉때보다 더 맹렬했다.

'학부 회화' 천장화 연작의 세 번째이자 마지막 작품인 〈법학〉은 1903년 11월에 클림트의 회고전 형식을 취한 제18회 분리파 전시회 때 〈철학〉, 〈약학〉과 더불어 선보였다. 클림트는 1903

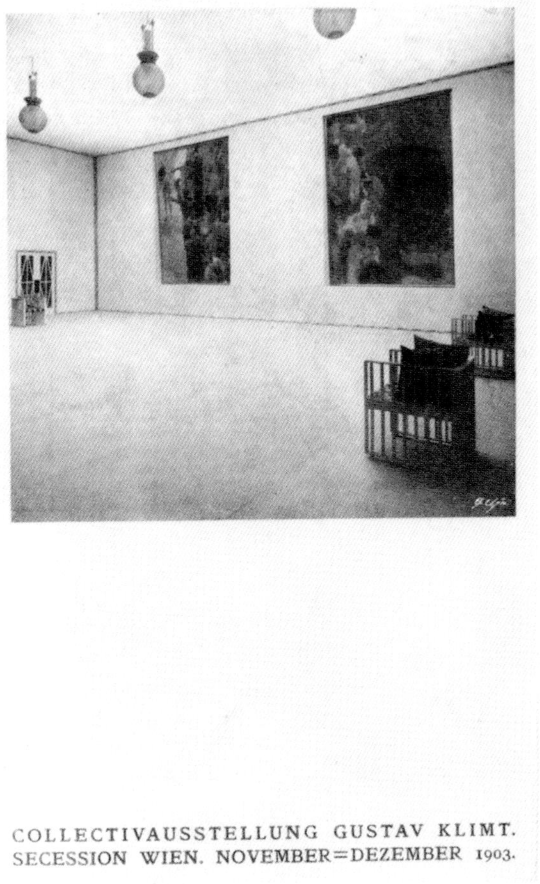

제18회 빈 분리파 전시회 주 전시실 모습.
클림트의 〈음악 II〉을 좌측 벽에, 〈약학〉과 〈철학〉을
우측 벽에 설치한 모습이다. 1903년

년에 이탈리아 라벤나에서 두 번이나 다녀왔다. 이 사실을 알고 있던 헤베시는 라벤나에서 본 고대의 모자이크가 그의 작품에서 이후 국면에 아주 중요한 역할을 담당했고, 또한 〈법학〉이 "지난 10년 동안 전형적인 그림에 탐닉하고 난 후 새롭게 전개되는 스타일"을 나타낸다는 것을 인식하고 있었다. 헤베시가 지적했듯이 양식화되고 마치 종교미술 같은 〈법학〉은 〈철학〉, 〈약학〉과 비교했을 때도 매우 달랐다. 클림트와 마치의 패널이 충격적으로 달랐을 뿐만 아니라 클림트가 맡아 그린 패널끼리도 달랐다. 게다가 클림트의 작품에 논란이 끊이지 않았기 때문에, 이러한 불일치는 결국 클림트가 프로젝트 전체에 환멸을 느끼게 되는 데 중요하게 작용했다.

1905년에 작가이자 예술비평가인 베르타 주커칸들(Berta Zuckerkandl, 1864~1945)과의 인터뷰에서 클림트는 빈 대학교 학부 그림을 둘러싼 논쟁 때문에 그 작품들을 철거한다고 결정한 게 아니라고 말했다. 그리고 자기는 비판에 예민하게 반응하지 않으며, 빈 대학 당국이 그의 작품에 만족하지 못했다는 것이 더 중요했다고 주장했다. 이 모든 것이 사실이었을 수도 있다. 하지만 종합예술작품(전체이며 통일된 예술작품)이라는 이상에 매진했던 화가 클림트라면 패널마다 화풍이 달라서 천장화가 이질적인 효과를 내고 있다는 데에 질려버렸을 것 같다. 1905년에 클림트는 빈 대학과 맺었던 계약을 취소하자고 요구하고는 완성된 세 작품을 돌려받았다. 아우구스트 레더러가 자금을 대서 클림트는 천장화 계약 때 받았던 대금을 돌려줄 수 있었다. 레더러는 〈철학〉을 소유하게 되었고, 〈약학〉과 〈법학〉은 콜로몬 모저에게 팔렸다. 이때부터 이 세 작품은 다양한 경로를 거쳐 임멘도르프 성에 소장되었으나 1945년에 대화재로 소실되는 비극을 피할 수는 없었다.

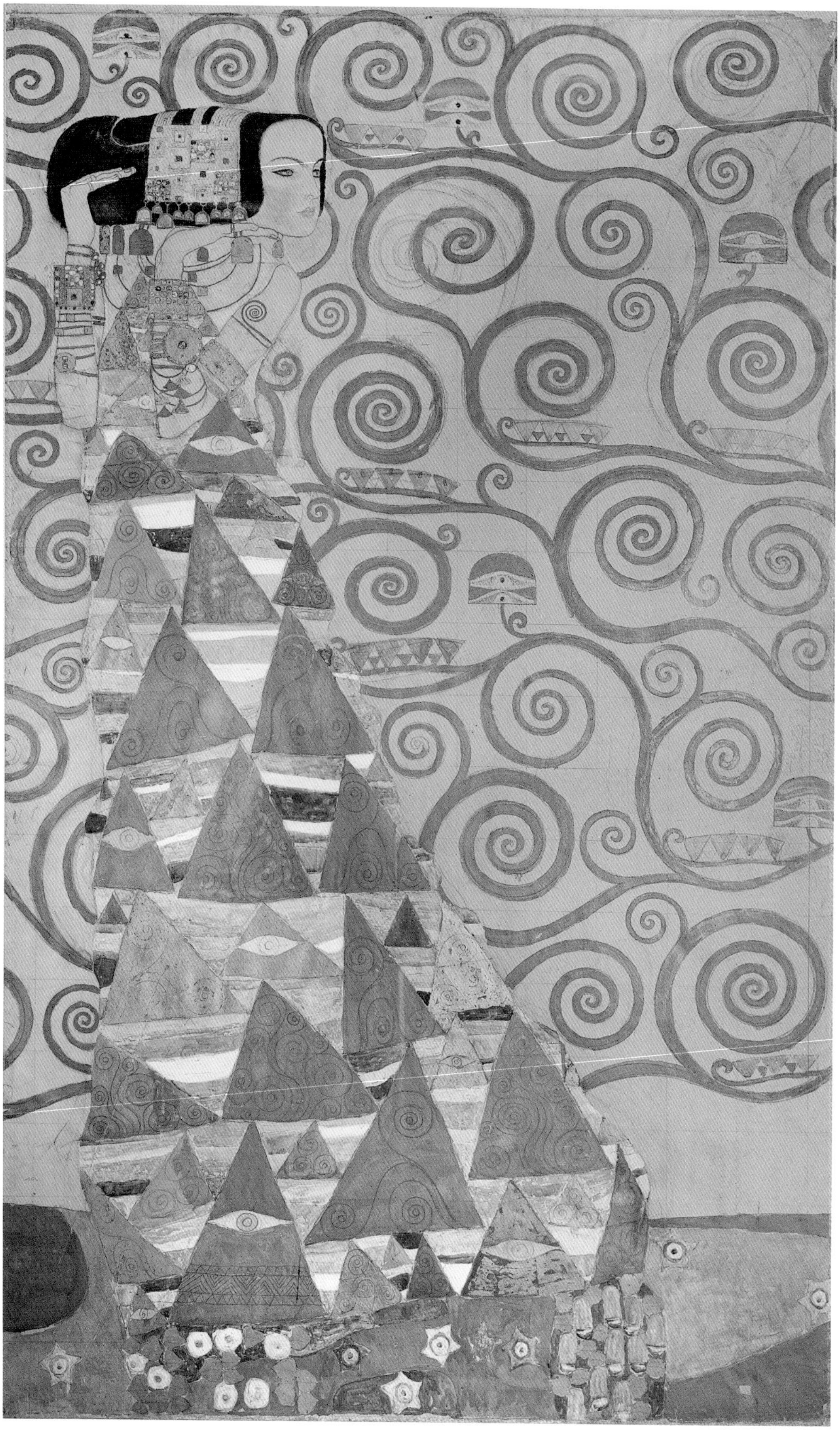

(좌측) 〈기대(*Expectation*)〉,
'스토클레 프리즈'를 위한
습작, 1905~1909년,
종이에 수채와 금박,
195×120cm,
응용미술관(MAK), 빈

(맞은편) 〈기사(*The Knight*)〉,
'스토클레 프리즈'를 위한
스케치, 1905~1909년,
종이에 혼합매체,
197×90cm,
응용미술관(MAK), 빈

장식미술

DECORATIVE ARTS

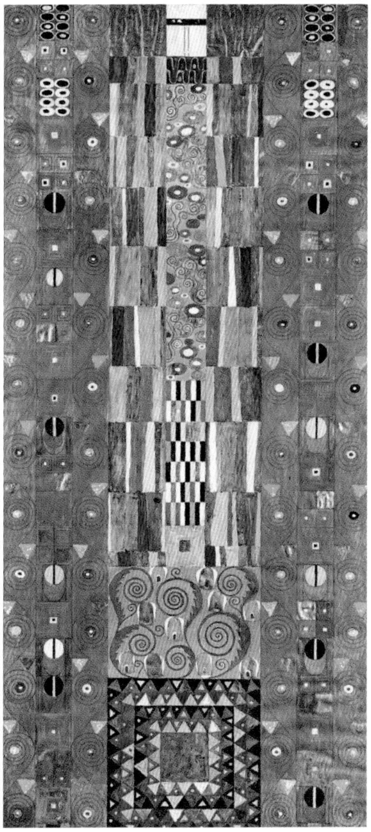

1908년 쿤스트샤우의 개막식 연설에서 클림트는 이렇게 이야기했다. "우리는 어떤 협회, 집단, 조합에도 속하지 않으나, 우리는 하나가 되었습니다. 어떤 강제적인 방식이 아니라 이 전시회를 위해서입니다. 인간 생활에서 예술을 시도하는 기회를 주지 않을 정도로 하찮고 중요하지 않은 것은 없다는 믿음을 가지고 하나가 되었습니다. 모리스의 말처럼, 심지어 가장 시시한 물건도, 완벽하게 만들어졌다면, 이 지구상에 존재하는 아름다움의 총량이 증가하는 데 일조하는 것입니다. 예술가에게 진보란 오로지 삶 속으로 예술을 끊임없이 들어가게 하는 데 근거합니다.[1]

1861년에 윌리엄 모리스가 모리스마셜포크너 사(이후 모리스 사로 사명 변경)를 창립했을 때, 그는 친구인 단테 가브리엘 로세티, 에드워드 번-존스, 건축가 필립 웨브(Philip Webb, 1831~1915)를 디자이너로 참여시키겠다고 결정했는데, 그 결과는 파급력이 대단했다. 디자인과 응용미술을 순수미술의 지위로 끌어올려야 한다는 모리스의 신념을 벨기에의 앙리 판 데 벨데 같은 다른 화가이자 디자이너들이 받아들이고, 빈 분리파의 창립 멤버들도 그것을 포용했다.

1870년과 1914년 사이에 순수미술과 장식미술의 상호작용은 특히 진지했고 결과도 풍성했다. 앙리 판 데 벨데, 루이스 컴포트 티파니(Louis Comfort Tiffany, 1848~1933)처럼 화가 교육을 받았던 많은 미술가가 장식미술작업을 시작했다. 또한 번-존스, 고갱, 나비파, 클림트 같은 화가들의 작품은 장식미술과 깊이 관계되었다는 게 특징이다. 찰스 보이지, 찰스 레니 매킨토시(Charles Rennie Mackintosh, 1868~1928), 오토 바그너, 요제프 호프만은 인테리어 디자인은 물론 벽지부터 식기까지 모든 것을 디자인했다. 1859년에 디자인된 모리스의 레드하우스(The Red House)는, 집과 그것이 담고 있는 모든 것을 예술작품으로 만들려고 했던 그 이후의 수많은

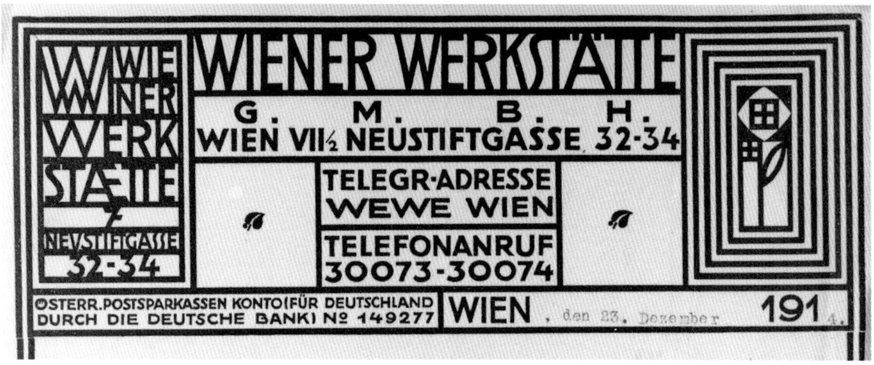

매킨토시가 만든 장미꽃 도장을 찍어 장식한 빈 공방의 편지지 윗부분

시도들의 원형이었다. 앙리 판 데 벨데는 1895년에 브뤼셀 교외 위클(Uccle)에 지은 자택에서 문손잡이부터 열쇠 구멍에 이르기까지 모든 것을 디자인했으며, 나아가 부인의 외모와 의복까지 통제해서 집과 통합을 이루도록 했다. 종합예술의 일부로 살아간다는 이상적인 생각은 클림트의 후원자 다수에게도 매력적인 것이었다.

클림트가 주재했던 빈 분리파는 처음부터 장식미술을 전시에 포함시키고 작품 전시에 면밀하게 주의를 기울이는 것으로 디자인과 장식미술의 중요성을 표현했다. 그리고 인테리어 디자인에 흥미를 느꼈던 클림트는 빈 공방(Wiener Werkstätte)에 참여해서 이런 관심을 발전시켰다. 1903년에 창립된 빈 공방은 은행가 프리츠 배른도르퍼(Fritz Wärndorfer, 1868~1939)가 재정을 지원했으며, 요제프 호프만이 예술 감독을 맡았다. 모리스와 영국에서 결성된 여러 공예길드의 구상이 빈 공방에 직접적으로 영감을 주었다. 배른도르퍼는 글래스고로 가서 매킨토시의 자문을 받았다. 빈 공방의 유명한 로고를 제작한 매킨토시는 빈 공방에 열렬한 관심을 보이며 격려를 아끼지 않았다. "당신의 계획(빈 공방을 이름)이 예술적으로 성공을 거두려면…… 당신의 손을 거친 모든 사물이 개성과 아름다움, 최상의 솜씨를 거침없이 나타내야 합니다. 시작부터 목표는 당신이 생산하는 모든 물건이 하나의 목적과 해당 장소를 위해 만들어져야 한다는 것이 되어야 합니다. 훗날…… 당신은 세상에 환한 빛으로 대담하게 드러날 수 있으며, 공장 영역의 기반을 공격할 수 있을 것입니다. 그리고 이번 세기에 성취할 수 있는 가장 위대한 작품을 손에 넣을 것입니다. 참으로 아름다운 실용품을 생산하고 가장 가난한 사람들이 살 수 있을 만큼 저렴한 가격으로……"[2]

이 마지막 말 한마디로, 매킨토시는 미술이 '민중에 의해 민중을 위해 만들어져야 한다'는 미술공예운동의 관념에 입에 발린 말을 하고 있다. 하지만 윌리엄 모리스의 이상주의적 반(反)엘리트주의

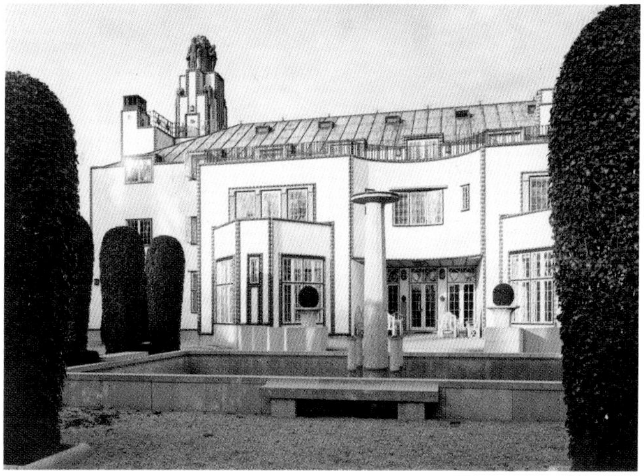

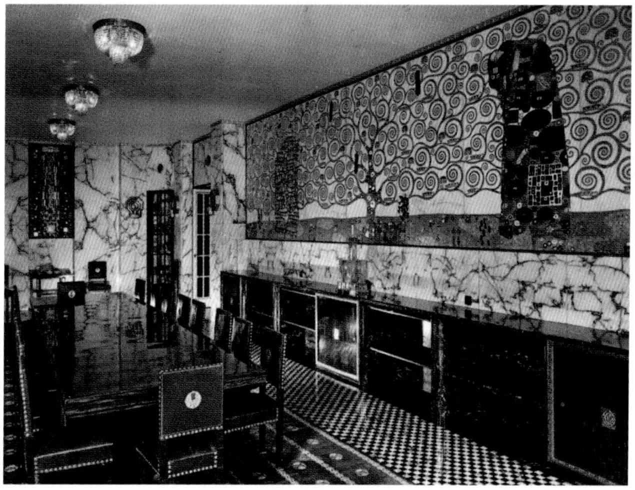

(상단) 스토클레 저택, 설계: 요제프 호프만, 가구: 빈 공방 예술가들, 1912년

(하단) 스토클레 저택의 식당, 클림트가 그린 프리즈로 장식함, 1911년 무렵.

는 빈 공방에서는 아주 빠르게 폐기되었다. 처음부터 빈 공방의 제품은 뻔뻔스럽게 엘리트주의를 표방했고 가격도 비쌌다. 클림트는 노동계급 출신이었으나, 윌리엄 모리스가 부자들의 '더러운' 사치품이라 불렀을 만한 것을 위해 일하는 데에 결코 거리낌이 없었다. 브뤼셀에 지은 스토클레 저택(Palais Stoclet)은 빈 공방의 가장 위대한 작품으로 꼽힌다. 확실히 이 저택을 지을 때는 비용을 아끼는 일은 없었다. 엄격한 선과 진지한 기능성이 가장 사치스러운 재료, 최고 수준의 솜씨와 결합되었다. 빈 공방의 미학이 아르누보 양식의 발상지에서, 그 지역 아르누보의 곡선 형태로 둘러싸인 곳에서 궁극적으로 표현되었다는 것이 의아하다.

벨기에 출신으로 기업가의 후계자인 아돌프 스토클레와 그의 나이 어린 아내 쉬잔은 빈 교외에서 유행의 첨단을 걸었던 호헤 바르테(Hohe Warte) 지역을 산책하다가 요제프 호프만이 지은 빌라에 깊이 감명을 받았다. 그들은 호프만 클림트의 절친한 친구이자 동료인 카를 몰의 눈에 띄었고, 몰은 이 부부를 초대해서 자기 집을 소개하며 보여주었다. 처음에 아돌프 스토클레는 빈 호헤 바르테에 빌라 건축을 의뢰할 작정이었다. 그러나 1904년에 집안의 재산을 상속받고 나서 브뤼셀 교외 볼루베-생-피에르의 테르뷔렌 거리에 보다 화려한 집을 짓기로 결정했다. 아돌프 스토클레의 아들 자크의 말에 따르면 "그의 상상력과 재능에 자유를 부여해서 집과 정원, 쇠붙이 작업, 조명 장치, 가구, 바닥재, 카펫, 은제 식기까지 건축의 가장 사소한 부분까지도 완벽한 통합을 창조하기 위한 방법으로, 이러한 조화의 구현을 고려해야 했다. 더군다나 가장 값비싼 재료를 쓰는 것은 건축가에게, 심지어 호프만 교수 같은 천재에게도 일생에 한 번 이상 실현될 수 없는 꿈이요, 이상이었다."[3] 일단 빈 공방에서는 물론 장식까지 갖춘 방 전체를 빈에서 모두 설치해서 공간의 효과를 가늠한 후 브뤼셀로 보냈다. 클림트는 스토클레 저택 식당에 매우 아름다운 모자이크 벽화 디자인했다. 1905년부터 1912년 사이에 시공된 이 벽화는 클림트의 '황금'시기가 발전

해가다가 최후로 전개된 국면을 나타낸다. 벽화는 클림트의 작품 중에서 가장 추상적인 작품이며, 막다른 벽의 커다란 중간 패널은 완전히 추상적인 장식 요소로 구성되었다. 클림트는 흰색 대리석 바탕에 금, 은, 산호, 에나멜(법랑), 준보석을 박아서 이용했다. 직사각형 형태의 방에서 마주보는 긴 벽은 커다란 패널 일곱 개로 구성되었는데, 고도로 양식화된 생명나무가 이 패널들의 배경으로 쓰여 통일감을 준다.

스토클레는 작품을 의뢰한 예술가들에게 전적으로 자유를 부여했다. 따라서 클림트는 그가 가장 좋아하지만 부르주아의 식당 장식에 완전히 적합하다고 여겨지지 않을 법한 성적 욕구와 충만이라는 주제를 적용했다. 기대를 나타내는 젊은 여인은 기모노와 비슷한 옷을 걸치고 있다. 쪽진 머리카락은 분명 일본풍이다. 1903년에 방문해서 그의 작품에 직접적으로 자극을 준 라벤나 모자이크의 영향으로, 〈기대〉는 고대 이집트와 고대 그리스의 도시 미케네 느낌을 살짝 가미하면서 교토와 비잔틴의 만남이 된다. 얼싸안고 있는 남녀는 〈충만〉을 나타내며, 그 중 남자는 뒷모습만 보인다. 이 남자는 클림트 자신이 스튜디오에서 입던 헐렁하며 매우 장식요소가 많은 가운을 입고 있다. 〈키스〉와 긴밀하게 연관된 장식이 에로틱한 의미를 전달한다. 하지만 〈충만〉에서 '여성'을 상징하는 타원 장식은 물론 '남성'을 상징하는 사각형 장식 패널로 남자의 겉옷이 장식되었다.

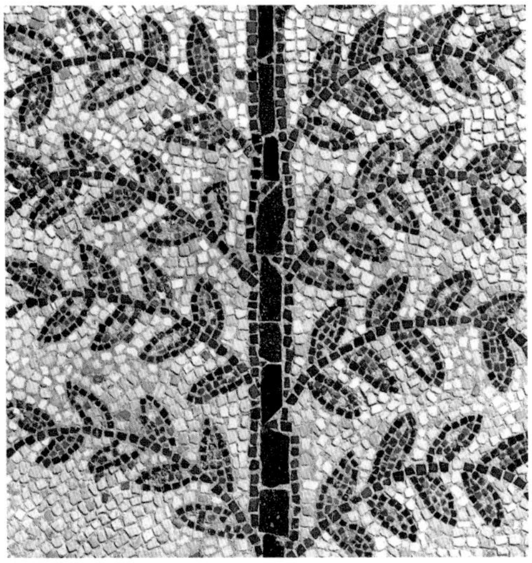

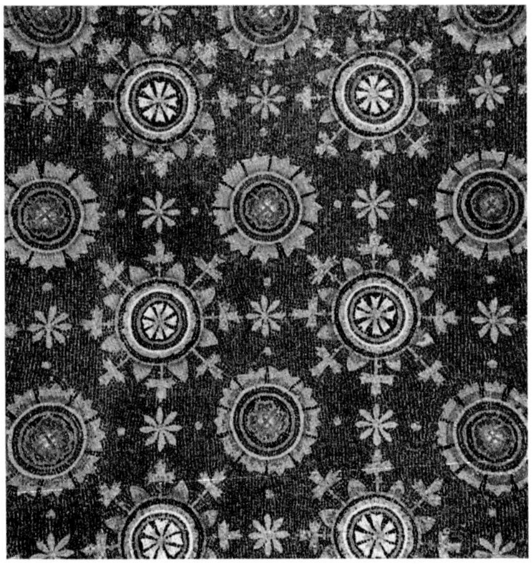

(상단) 중세시대 때 지은 산 조반니 에반겔리스타 성당(복음사가 성 요한 성당)의 모자이크 장식, 라벤나

(하단) 갈라 플라치디아 영묘의 천정을 장식한 고대의 모자이크, 라벤나

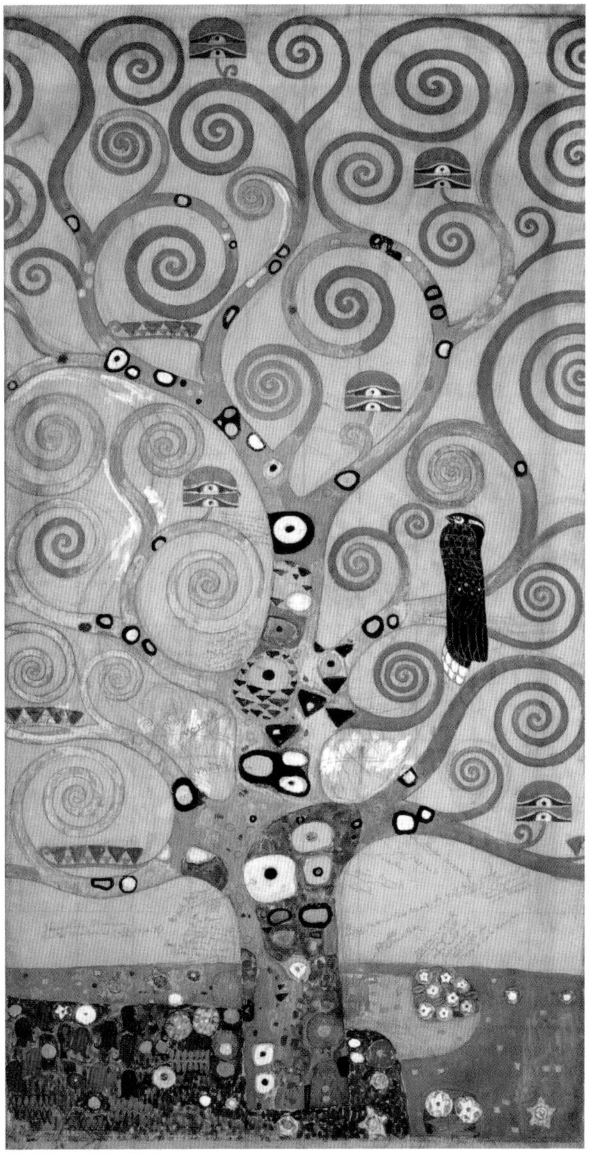

〈생명의 나무(*Tree of Life*)〉, '스토클레 프리즈'를 위한 습작,
1905~1909년 무렵, 종이에 혼합매체, 195×102cm,
응용미술관(MAK), 빈

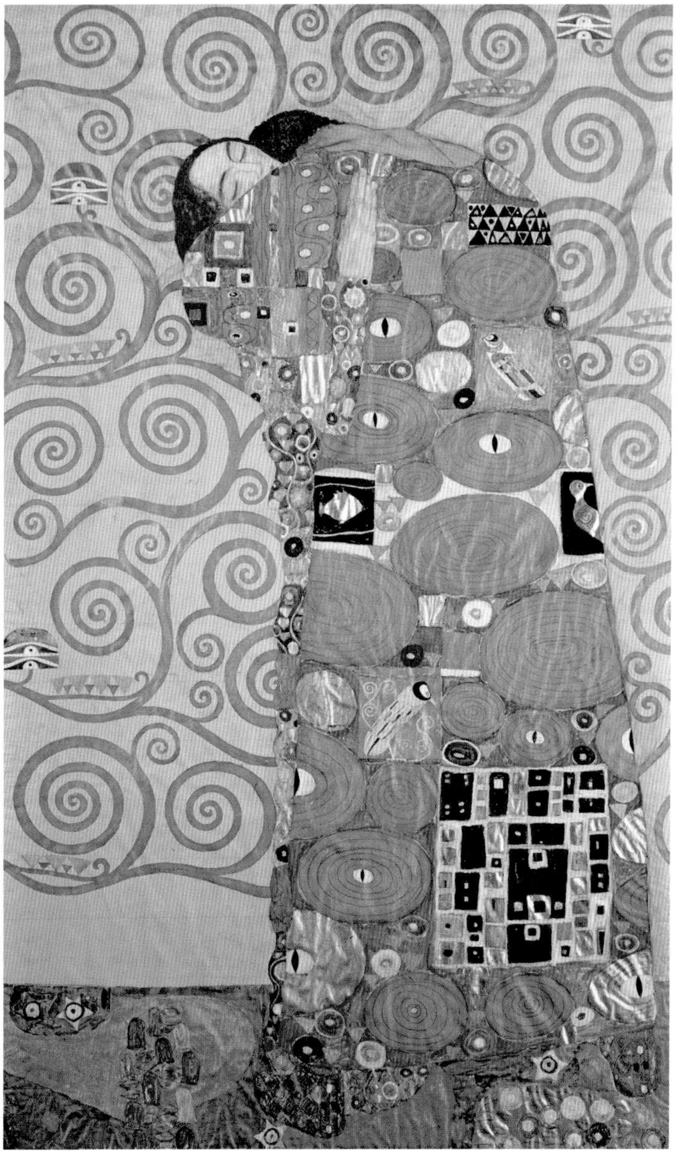

〈충만(*Fulfilment*)〉, '스토클레 프리즈'를 위한 습작,
1905~1909년 무렵, 종이에 혼합매체, 195×120cm,
응용미술관(MAK), 빈

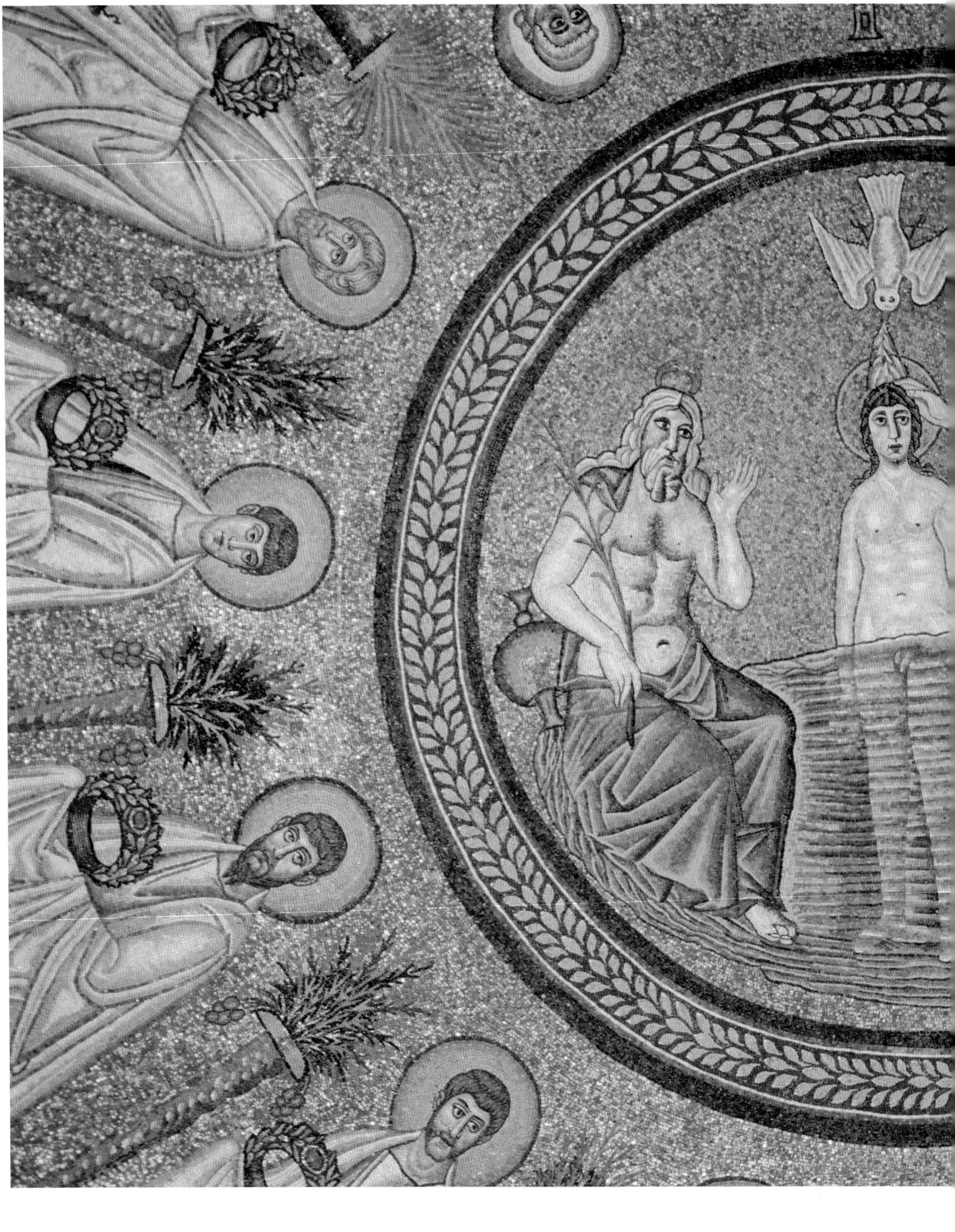

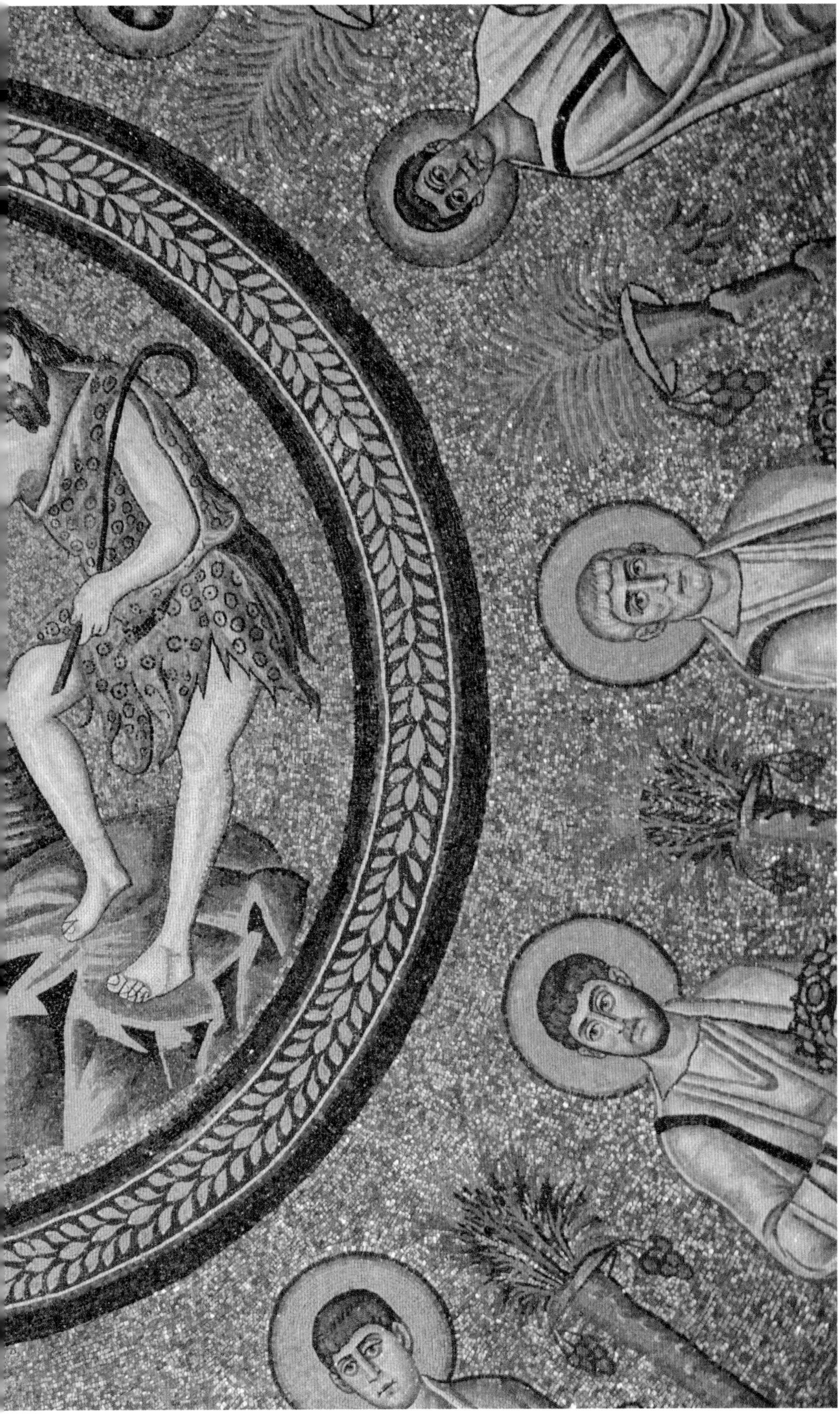

아리안 세례당(the Arian baptistery)의
비잔틴 시대 모자이크. 아리안 세례당은
라벤나에서 유네스코 세계유산으로
등록된 여덟 번째 건축물 중 하나다.

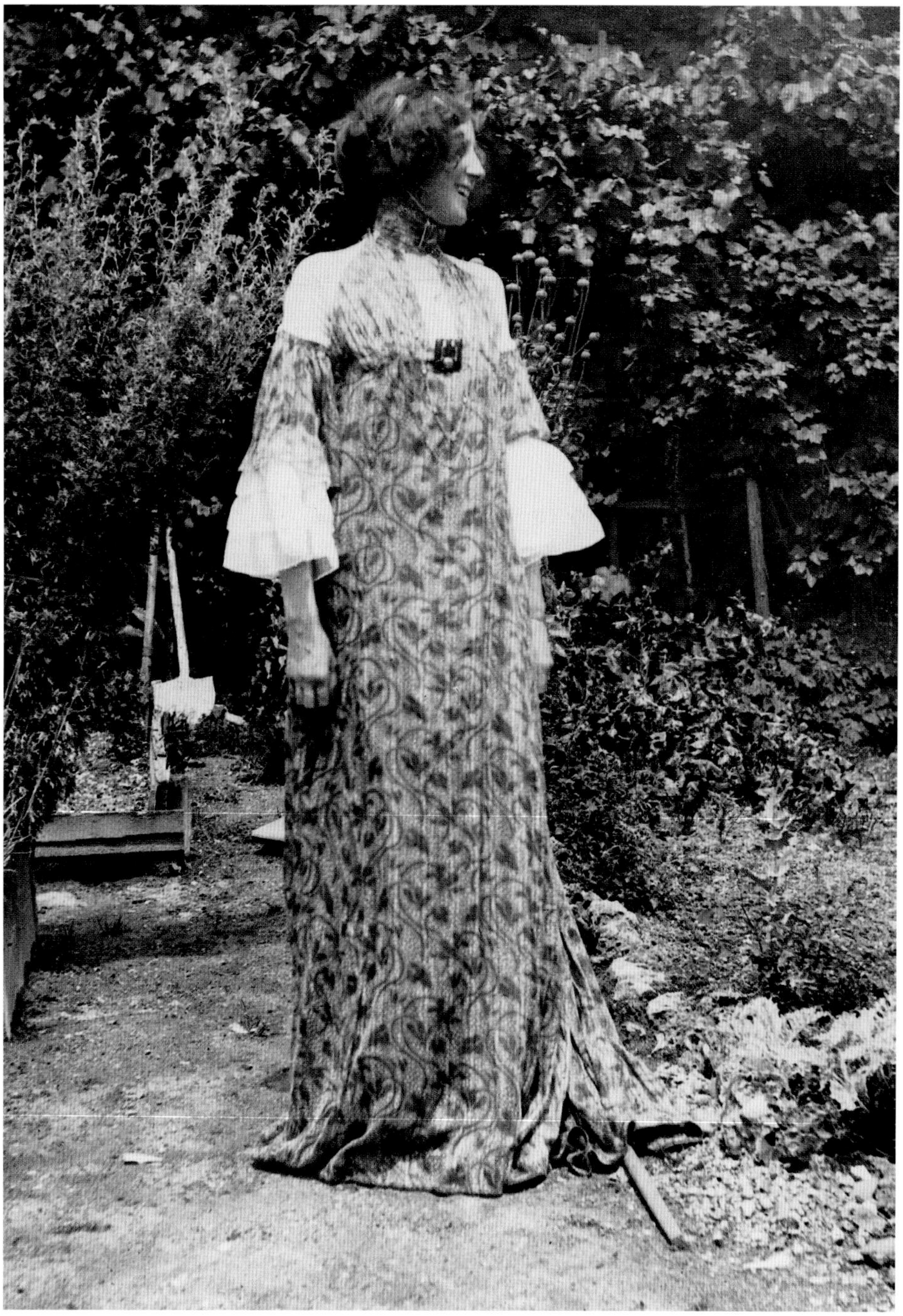

(좌측) 클림트가 촬영한 에밀리 플뢰게.
클림트와 플뢰게가 공동으로 디자인한
드레스 중 여덟 번째 옷을 입었다.
1906년

(맞은편 좌측) 플뢰게 자매가
운영했던 의상실. 콜로몬 모저와
요제프 호프만이 디자인한 가구가
비치되어 있다. 1904년

(맞은편 우측) 플뢰게 자매 의상실이라고
첫머리에 인쇄된 카드.
디자인: 구스타프 클림트, 1904년

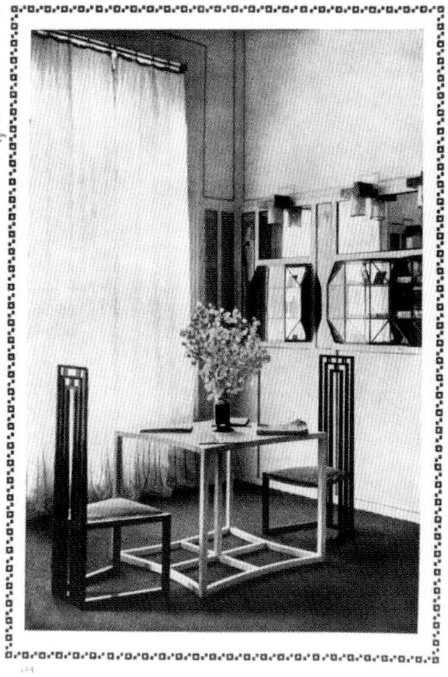

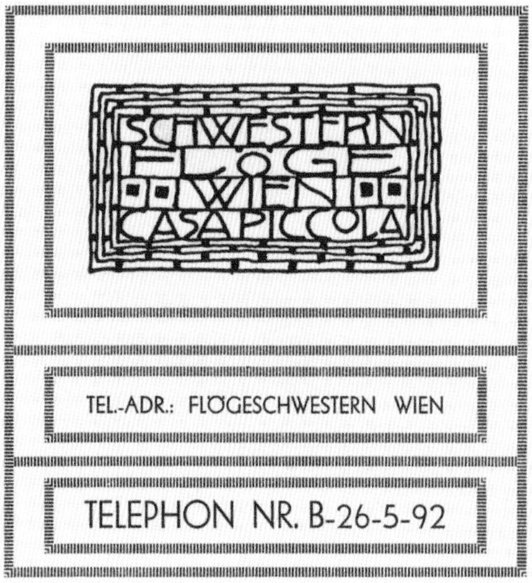

클림트가 패션에 관심이 많았다는 것 또한 응용미술에 개방적이었다는 증거가 된다. 플뢰게 자매들과의 관계 덕분에 그는 직접 드레스 디자인을 시도했다. 1895년에 파울리네 플뢰게는 의상 학교를 열었는데, 에밀리 역시 그곳에서 일했다. 1899년에 두 자매는 명망 높은 의상 공모전에서 입상했고 1904년에는 마리아힐퍼슈트라세의 카사 피콜라에 패션하우스 '플뢰게 자매(Schwestern Flöge)'를 열었다. 호프만과 모저가 이곳의 인테리어 디자인을 맡았다. 그들이 제작했던 드레스가 클림트에게 초상화를 주문한 여성들에게 팔렸다는 사실뿐만 아니라 패션하우스의 로고와 드레스에 붙은 라벨에서도 클림트의 영향이 구석구석 스며있다는 것이 나타난다. 1906년에 클림트는 에밀리와 공동 작업으로 일련의 드레스를 디자인했고, 플뢰게 자매는 이 디자인을 바탕으로 드레스를 제작, 판매했다. 클림트는 초록색 식물이 많은 야외 환경에서 클림트와 플뢰게 자매의 공동 작업으로 완성된 드레스 몇 가지를 에밀리에게 입게 하고는 사진을 촬영했다. 드레스의 늘어뜨려진 형태는 여성들의 건강을 해치는 몸을 조이는 코르셋과 패딩을 포기하게끔 독려했던 의복개혁 운동에서 비롯된 발상을 따르고 있다. 하지만 클림트가 이용했던 사치스러운 재료와 공들인 기하학적 장식 요소와 목을 꽉 조이는 높은 칼라는 의복개혁 운동의 정서와 모순되는 것처럼 보였을 것이다.

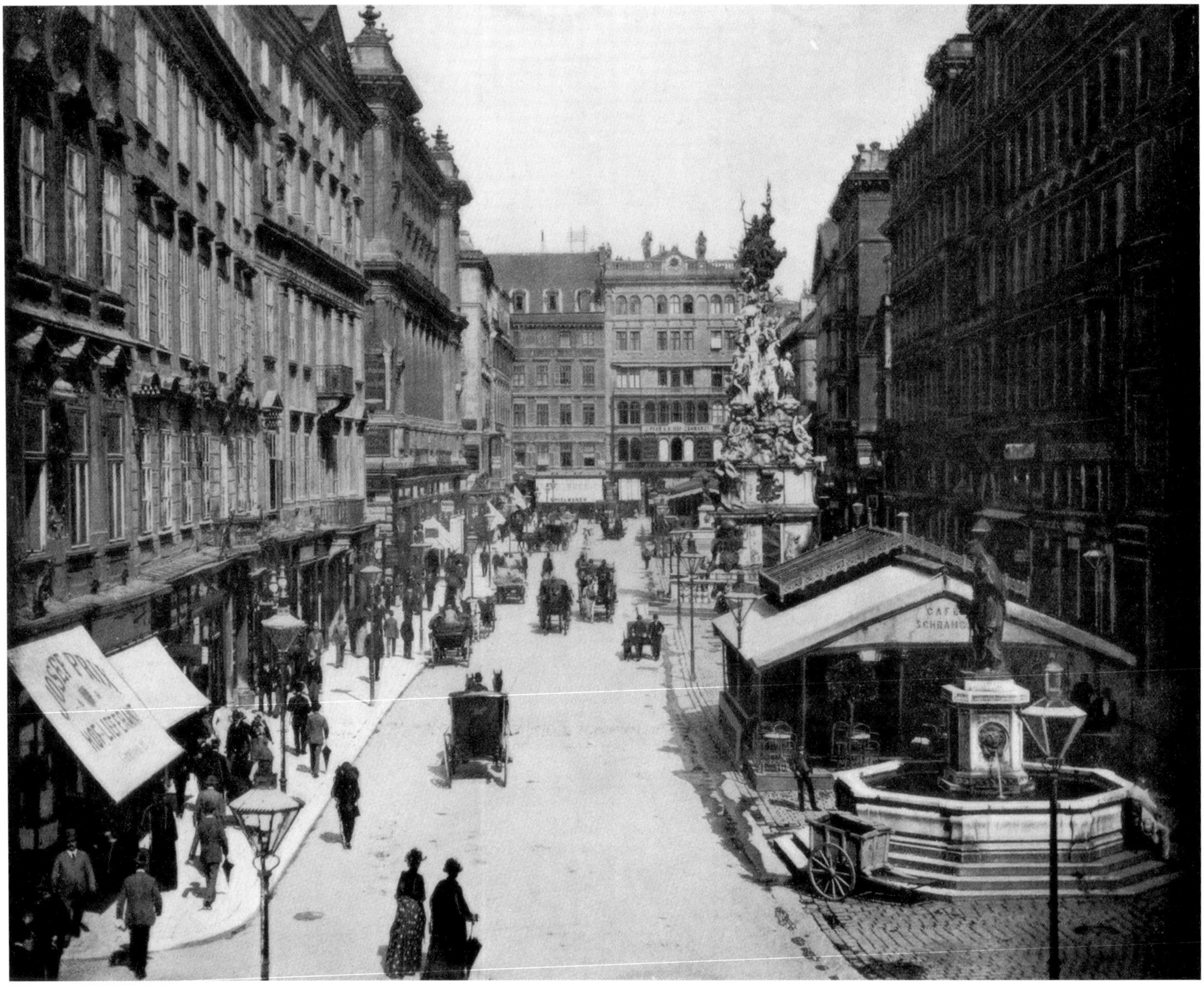

그라벤의 거리, 빈, 19세기 말

빈의 유대인

JEWISH VIENNA

1900년대 초에 빈에서 활동했던 주요 화가 세 명, 곧 구스타프 클림트, 에곤 실레, 오스카 코코슈카 중 누구도 유대인 출신이 아니었다. 반면 그들의 후원자, 작품 수집가, 화상, 비평가 대부분이 유대인이었기 때문에 여러 가지 논란이 생겼다. 이 당시 빈에서는 이름 있는 작가 또는 지식인들은 일부라도 유대인 혈통이 아니라고 생각하는 게 어려울 정도였다. 지그문트 프로이트, 구스타프 말러, 아르놀트 쇤베르크 같은 대단히 뛰어난 문화계 인사들은 두말할 필요도 없고, 카를 크라우스, 로베르트 무질, 슈테판 츠바이크, 후고 폰 호프만슈탈, 아르투르 슈니츨러, 페터 알텐베르크 같은 문인들도 모두 유대인이거나 훗날 인종차별주의자들이 증오에 차서 '할프-유덴(Halb-Juden)'이라고 불렀던 유대혼혈인이었다.

정통한 『브리태니커 백과사전』(1912년판)에 따르면, 유대인은 빈 인구의 10퍼센트 미만(1,662,269명 중 146,926명)을 차지하고 있었다. 146,926명이 유대교인이라는 것인지 아니면 동화된 유대인과 유대교인이 아닌 이들도 혈통을 근거로 포함한 것인지, 이 수치가 어디서 비롯된 것인지는 분명하지 않다.

1996년에 오스트리아 문화재단의 주최로 런던의 세인트존스우드 리버럴 유대교 회당에서 세기말 빈과 유대인의 문화적 영향을 논의하기 위해 학술대회가 개최되었다. 이 대회에서 놀랍고도 시사점이 많았던 강연을 통해서 위대한 미술사학자 에른스트 곰브리치(그는 빈 태생의 유대인 출신 망명자였다.)는 빈의 유대인에 관한 문제를 정면으로 다루었다.

마치 구약성경의 예언자 같은 권위를 누렸던 이 노쇠한 사학자의 강연은 처음부터 청중을 열광시켰고, 이들은 찬반양론으로 나뉘었다. 곰브리치는 다음과 같은 도전적인 발언으로 강연을 시작했다. "유대 문화란 과거에도 그랬고 지금도 그렇지만 히틀러와 그의 선구자와 그의 후계자들의 지어낸 이야기라는 게 내 의견입니다."[1] 곰브리치가 지적하고자 한 바는 빈의 유대계 부르주아지는 완전히 비유대인에게 동화되었다는 것이다. 이들은 문화적으로 탈무드가 아닌 괴테와 베토벤을 추종했으며, 자신을 꼭 유대인으로 정의할 필요가 없었다. 그래서 우리가 '유대인'이라고 그들을 구분한다면 부적절한 일이 될 것이며, 더 나쁘게는 여전히 히틀러, 그의 선구자와 후계자들이 해왔던 짓을 한다는 의미다. 곰브리치의 주장은 존경 받을 만큼 고매하며 그 논리를 논박할 수 없다. 그럼에도 우리는 질문을 제기하게 된다. 빈의 지식인과 미술애호가들 중에 그토록 많은 사람들이 (비록 우리가 그들을 유대인이라고 정의하지 않더라도) 유대계였으나 화가들은 그렇지 않았다는 사실을 해명해야 한다. 이런 현상에는 분명 역사적, 사회적, 문화적 근거가 있다. 이때 인종에 관한 감정적이며 유사 과학적인 주장을 전적으로 회피할 수 있을 것이다. 사실 그런 주장은 논의에 물을 흐려놓을 뿐이다.

빈의 유대인들 중 다수는 유대교인이 아니었고 사실 많은 이들이 그리스도교로 개종했다. 독일의 시인이자 문인인 하인리히 하이네(Heinrich Heine)의 유명한 선언대로 세례는 "유럽 문화로 입장을 허락하는 카드"였다. 일부 사람들에게는 그리스도교로 개종하는 것이 유대교인이 되는 것보다 훨씬 실생활에 유리했다. 말러는 궁정오페라의 예술감독직을 맡기 위해 가톨릭으로 개종해야 했다. 쇤베르크는 단지 나치의 유대인 박해에 대응하려고 (가톨릭보다 정신적으로 유대교와 비슷했던) 루터교로 개종했다.

곰브리치가 "유대 문화가 무엇이 되었든, 그것이 시각 문화는 아니었다"고 발언했을 때 그는 논의의 핵심 요인을 언급한 셈이다.[2] 정통파 유대교에서는 예부터 재현예술을 금했다. 이것이 분명 유대계 저술가와 음악가와 달리 유대계 시각예술가가 상대적으로 빈곤했던 원인 중 하나일 것이다. 빈 시내를 걷다 보면 자이텐슈테텐가세의 시나고그*와 거기서 멀지 않은 페터스키르헤(성베드로 성당)의 강력하게 대비되는 모습을 목격하게 된다. 유대교 회당인 시나고그는 기하학적으로 배열된 별이 하늘색으로 칠한 돔 내부를 장식하고 있다. 반면 가톨릭교회인 페터스키르헤는 (시나고그와) 같은 돔 지붕 이지만 교회 내부를 빈틈없이 인물상으로 채우고 있는 것이다.

빈 유대계 부르주아지가 모든 예술에(시각예술을 포함해, 아니 어쩌면 시각예술에 특별히) 열광했던 것은 동화 과정과 관계가 있다. 수백 년 동안 유럽의 게토**에서 반고립 상태로 지낸 후 생겨난 비유대인 사회에 동화되길 열망했다. 전통적인 유대인의 지성에 대한 숭배가 이러한 열망과 결합되면서, 유대인은 스스로 문화에 강력하게 동기를 부여했다. 이는 크고 작은 정도의 차이는 있었지만, 파리, 베를린, 부다페스트를 비롯해 서구 사회 어디에서나 반복되었던 유형이었다.

* Synagogue, 유대교 회당을 일컫는 말로, 여기서 언급된 시나고그는 나치 지배 하에서도 철거되지 않고 빈에서 유일하게 남았다.

** ghetto, 과거 유대인 거주 지역을 이르는 말

그러나 빈에서 이런 유형이 가장 강력하게 나타났다. 여기서 다시 한 번 이 과정을 지켜본 슈테판 츠바이크의 목격담을 들어본다. "유대인에게는 그들이 살고 있는 인간적 또는 국가적 환경에 적응하는 것이 스스로를 보호하기 위한 수단이었을 뿐만 아니라 개인적으로 갈급한 필요이기도 했다. 조국, 평화, 휴식, 안정, 그들은 이방인이 되지 않아도 되는 장소에 대한 욕구 때문에 자신들을 둘러싼 문화를 열렬히 지지했다. 15세기의 스페인을 제외하고 오스트리아만큼 유대인과 문화의 유대가 가장 행복했으며 풍부한 결실을 맺은 곳은 없었다." 츠바이크는 지성을 향한 열망을 "유대인의 천성에서 가장 비밀스럽고 심오하게 느껴지는 경향 가운데 하나"라고 인정했다. 그는 바그너 작품에 빗대어 논의를 계속했는데, 이런 비유는 이 시대에 전형적으로 나타나는 것이기도 하지만 악의가 함의되어 충격적이기도 하다. "무의식적으로 유대인 내부의 무엇인가가 돈 버는 일이라면 도덕적으로 의심스럽고 비열하며 옹졸하고 치명적이라고 연상되는 것에서 벗어나려 한다. 그리고 돈을 고려하지 않는 보다 순수한 지성의 영역으로 오르려고 한다. 마치 그 자신과 종족 전체를 얽매는 황금의 저주를 깨트리려고 안간힘을 쓰는 바그너 작품의 등장인물처럼 말이다."[3]

19세기 중엽에는 유럽 전역에서 낡은 귀족체제가 새로운 예술을 격려하거나 후원하는 중요한 역할을 하지 못했다. 츠바이크는 빈에서 이 역할을 우선적으로 넘겨받은 게 바로 새로 등장한 유대계 부르주아지였다고 주장했다. "모든 빈 사람들이 평등한 권리를 지녔다고 느끼는 곳은 오로지 예술뿐이었다. 예술은 사랑과 마찬가지로 이 도시의 모든 사람들에게 의무처럼 여겨졌기 때문이었다. 그리고 빈 문화에서 유대계 부르주아지의 역할은, 비록 예술을 지원하고 후원하는 것에 국한되었어도, 헤아릴 수 없을 정도로 컸다. 이들은 실제로 관중으로서 극장과 음악회의 객석을 채웠으며, 책과 그림을 구입하고 전시회를 방문했다. 그리고 보다 유연하며 전통에 짓눌리지 않는 사고방식을 지닌 새로운 경향이라면 어떤 것이라도 찬사를 보내고 장려했다. 그들은 19세기에 형성된 훌륭한 미술품 컬렉션 거의 모두를 소유했으며, 당대에 가능했던 모든 예술을 실험할 수 있게 했다. 유대계 부르주아지의 지속적인 관심이 자극제로 제시되지 않았다면, 궁정이 나태했으며 귀족과 그리스도교인 갑부들이 예술을 장려하기보다 경마와 사냥에 더 돈을 쏟아 부었던 그 시기에 빈은 예술 분야에서 베를린보다 훨씬 뒤처졌을 것이다."[4]

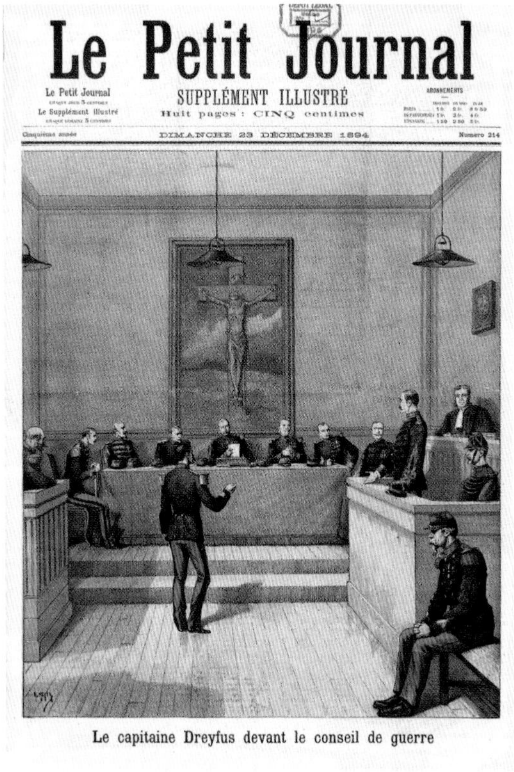

《르 프티 주르날(*Le Petit Journal*)》, 파리, 1894년 12월자,
유대인 출신 프랑스 육군 장교 알프레드 드레퓌스가
독일에 군사기밀을 누설했다고 고소되어 군사법정에 서 있다.

곰브리치는 "19세기 세계에서 빈의 문화로 칭송된 것 중 열에 아홉은 사실 빈의 유대인이 홍보하고 육성했으며 심지어 창조한 문화"라는 츠바이크의 결론에 놀라고 격분할 것이다. 곰브리치는 츠바이크의 주장이 나치가 유대인을 박해하는 데 쓰인 바로 그 주장을 위험하게 뒤집은 것으로 간주했기 때문이다. 그것은 츠바이크 자신도 잘 알고 있는 위험이었다. 그는 다음과 같이 언급했다. "인정하다시피 이렇게 지성의 영역으로 도피하는 것은 유대인의 운명에서 영원한 역설 중 하나이다. 지적 전문직에 종사하는 유대인이 (비유대인보다) 압도적으로 많았다는 것은 그들이 이전에 물질적 영역에만 종사하도록 제한했던 만큼이나 위험해졌기 때문이다."[5]

영국의 철학자 브라이언 매기(Bryan Magee)는 얇지만 간결하고 함축적으로 바그너를 탐구한 저서를 통해 근대 초기에 지성과 문화 영역에서 유대인이 공헌한 바에 관한 열띤 논쟁에 냉철하고 객관적인 의견을 개진했다. 매기는 20세기에 가장 영향력이 컸던 세 명의 사상가, 즉 마르크스, 아인슈타인, 프로이트가 모두 유대인인데, 유대교인이거나 유대계 출신인 이들이 세계 인구에서 아주 낮은 비율이라는 것을 고려했을 때 이러한 사실에는 설명이 필요하다는 점을 지적했다. 그리고 매기는 유대인으로 하여금 이렇게 독창적으로 생각하고 창조하게끔 한 것은 바로 동화의 과정, 외부로부터 내부로 들어오는 바로 그 과정이었다고 주장했다. 아이러니하지만 게토의 통제와 유대교로부터 벗어나, 동화된 유대인은 "무의식적으로 그들이 사는 시대의 가장 깊은 관심사를 명확하게 규명하는 위치를 차지했다. 유대인은 전형적인 근대인이 되었다."[6]

치밀하게 논증한 저서 『스타일과 유혹: 세기말 빈의 유대인 후원자, 건축, 디자인(*Shapira, Elana, Style and (Seduction: Jewish Patrons, Architecture and Design in Fin de Siècle Vienna*)』에서 엘라나 샤피라는 빈 근대미술의 후원자로서 유대인 부르주아지가 두드러진 역할을 담당하게 된 동기는 동화 욕구보다는 유대인의 새로운 정체성, 아니면 그녀가 명명한 대로 '유대인으로서 정체성을 구축'하자는 결정이었다고 주장했다. "이 시기 유대인에 관한 일반적인 서사는 대부분의 유대인이 (비유대인 사회에 통합되려고) 그들의 역사와 문화에서 나타나는 외부적 흔적을 지웠다는 것이다. 하지만 나는 유대인과 그들의 화가와 건축가들 사이의 관계가 새로운 문화 계획을 형성해 유대인의 미세 서사를 유럽사라는 거대

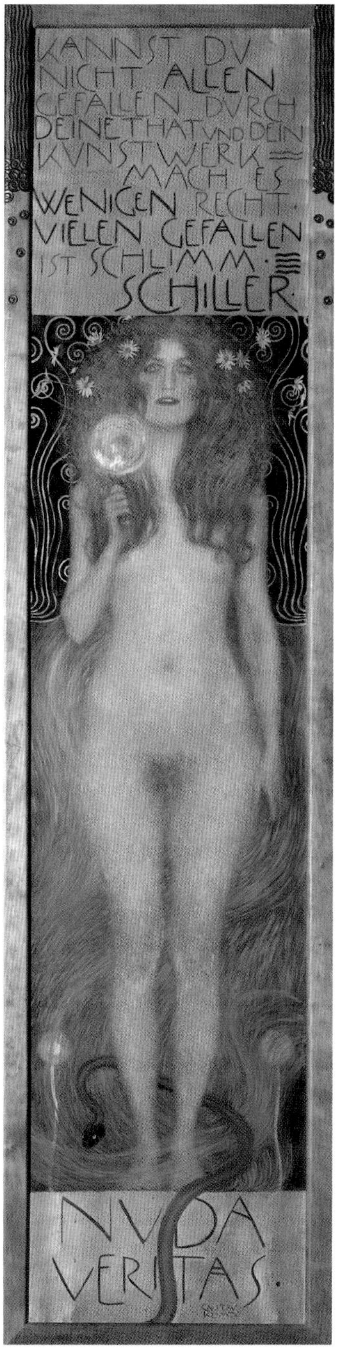

서사로 확고하게 침투하게 했으며, 유대인과 그들이 유지하기로 선택한 유대 문화의 여러 양상이 빈 고급문화의 토대 중 일부가 되었다고 주장한다. 이를 위해 이 책에서는 '유대인 정체성(Jewish identity)'보다는 '유대인으로서 정체성 구축(Jewish identification)'이라는 용어를 이용한다. 이 용어는 보다 의식적인 역동성을 함축하므로, 후원자들이 근대미술과 디자인, 건축에 투자함으로써 직간접적으로 유대 문화가 의미하는 바를 재정의했다는 의미를 함축한다."[7]

어떤 이유이든 클림트의 후원자들은 주로 빈의 유대계 부르주아지였다. 비록 클림트 자신은 지적으로 또는 정치적으로 참여하는 것과는 거리가 멀었더라도 그가 1899년에 그린 〈벌거벗은 진실(*Nuda Veritas*)〉은 당시 프랑스에서 절정으로 치닫고 있던 드레퓌스 사건이 분명 정의롭지 않다는 데 대한 항의로 해석된다. 빈의 여러 집단에서는 정의가 땅에 떨어진 이 상황을 예민하게 느끼고 있었다. 빈에서 영향력이 큰 자유주의 진영 신문인 《신자유신문(*Neue freie Presse*)》의 파리 통신원으로 드레퓌스 사건을 보도했던 오스트리아-헝가리 제국의 저널리스트 테오도르 헤르츨은 드레퓌스 사건으로 말미암아 부상했던 반유대주의에 충격을 받았다. 파리와 빈에서 반유대주의가 동시에 고조되고 1895년에는 빈 시장으로 반유대주의자인 카를 뤼거(Karl-Lueger)가 선출되었다. 그러자 헤르츨은 (비유대인 사회로의) 동화가 무의미했음을 확신하고 『유대 국가(*Der Judenstaat*)』를 집필해 시오니즘 운동을 출범시켰다. 엘라나 샤피라는 클림트가 카를 비트겐슈타인, 프리츠 배른도르퍼, 아델레 블로흐-바우어 같은 후원자와 미술 수집가를 위해 제작했던 그의 작품을 통해 의식적으로 새로운 '유대인으로서 정체성 구축'이라는 프로젝트에 협력했다고 주장한다.

〈벌거벗은 진실(*Nuda Veritas*)〉, 1899년, 캔버스에 유채,
252×56cm, 오스트리아국립도서관, 빈

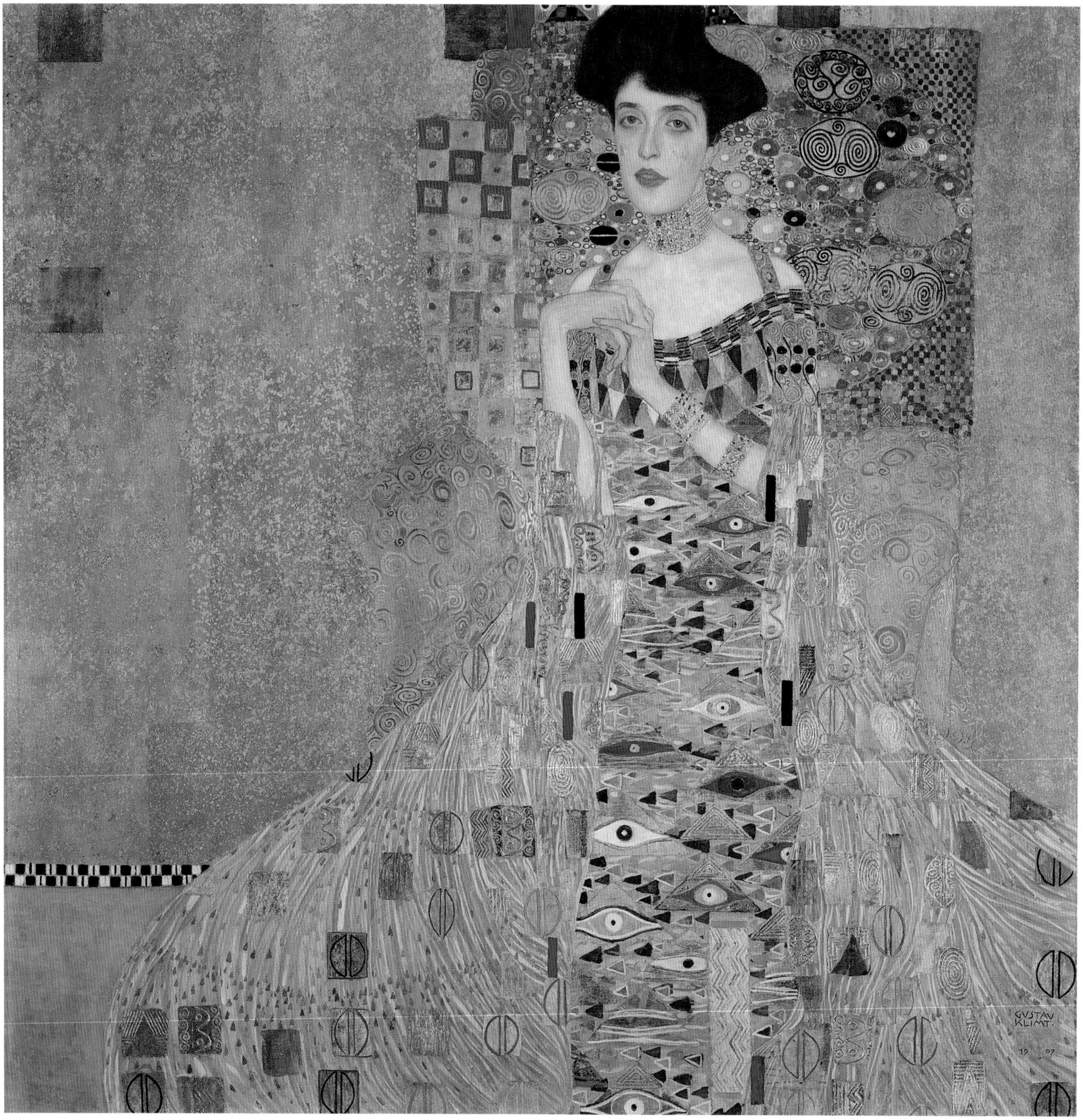
GVSTAV
KLIMT.
19 07

클림트의 후원자와 수집가

PATRONS & COLLECTORS

〈아델레 블로흐 바우어의 초상 I (*Portrait of Adele Bloch-Bauer I*)〉, 1907년, 캔버스에 유채, 금박과 은박, 140×140cm, 노이에 갈레리, 뉴욕

빈에서는 근대미술에서 미술작품을 거래하는 화랑과 화상, 곧 미술시장의 발전이 파리와 베를린보다 더뎠다. 개인적인 성향만큼이나 이런 이유가 작용했기 때문에 클림트는 화가로서 전성기를 누릴 때 소수의 개인적인 후원자나 수집가 집단에 의존했다. 빈 대학교 천장화가 완전히 실패로 돌아간 이후에 그는 공공미술에 관심을 갖지 않았다. 당시 그가 빚은 추문으로 미루어 보아 더 이상 공공미술작품 주문이 그에게 떨어질 것 같지도 않았다. 또한 빈의 공공생활에서 여전히 중요한 역할을 담당하던 귀족들이 클림트의 작품에 전혀 관심이 없었다는 것도 두드러진 대신에 클림트는 신흥 부르주아지 부호에 거의 전적으로 의존했는데, 이들 중 다수가 유대계였다. 이와 비슷한 현상은 어디에서나 벌어졌다. 특히 영국과 프랑스에서는 옛 귀족 계급이 예술 후원자로서의 이전 역할에서 물러났고, 러시아에는 세르게이 슈킨(Sergei Shchukin, 1854~1936)과 같은 신흥 부호 무역상인 출신의 대단한 수집가가 있었다.

대부호 니콜라우스 둠바

빈에서 유대인이 아니면서도 초기부터 클림트를 후원했던 후원자는 그리스의 거물 상인인 니콜라우스 둠바(Nicolaus Dumba, 1830~1900)였는데, 요구사항이 많았다는 점은 클림트의 유대계 후원자들과 비슷했다. 둠바는 빈 상류사회에 동화되길 원했으며 다른 종교 전통(그리스 정교회)으로부터 스스로 떨어져 나온 국외자였다. 둠바 가문은 역시 그리스 출신 상인으로 런던에 자리잡았던 이오니데스 가문(Ionides family)과 비슷한 점이 꽤 있다. 이오니데스 가에서 수집했던 작품의 화가들은 드가, 들라크루아, 앵그르, 쿠르베, 밀레, 라파엘전파가 포함되었다. 이렇듯 이오

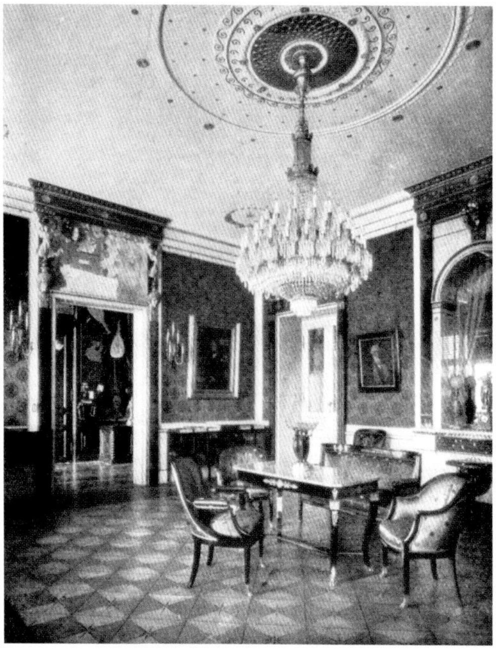

니콜라우스 둠바의 음악실.
디자인: 구스타프 클림트.
그의 회화 〈음악 II〉가
문 위에 설치되었다. 1900년 무렵

니데스 가의 수집 방향은 당시 영국의 수집가들 대부분보다 광범위하고 훨씬 모험적이었다.

둠바 가문은 링슈트라세의 파크링(Parkring) 4에 웅장한 저택을 세웠는데, 그 지역은 귀족 가문의 저택들이 보이는 구도시의 좁은 거리가 아니라 신흥 부호 대부분이 거주지로 선호했던 곳이었다. 둠바 저택은 호화로운 역사주의(과거의 건축 양식을 현재의 용도에 맞게 되살려 쓰는 흐름) 인테리어로 유명했다. 만약 클림트 세대의 화가와 디자이너들이 둠바 저택의 역사주의를 폐기했다면, 풍요와 종합예술작품이라는 이상은 빈 사람들 취향에 그들의 흔적만 남아있을 뿐 그 최고의 표현은 20세기에 클림트와 요제프 호프만이 브뤼셀에 세운 스토클레 저택의 인테리어에서 찾았을 것이다.

둠바 저택에서 가장 유명한 방은 한스 마카르트의 벽화와 천장화로 장식한 서재였다. 너그러웠던 둠바는 자기가 비용을 대서 마카르트를 이탈리아로 보내며 이렇게 지시했다. "베네치아로 가게나. 그저 보고 와서 내 방을 꾸며주게."

20년 후 둠바는 마카르트 이후 세대의 화가 두 명에게 저택의 공간 장식을 맡겼다. 클림트에게는 음악실을, 그의 동료 마치에게는 식당 장식을 제안했다. 클림트가 이 음악실의 가구와 장식으로 우아한 고전주의를 선택한 것은 전반적으로 역사주의로 꾸민 이 저택의 인테리어와 동떨어지지 않았지만, 마카르트가 장식했던 서재의 과장된 신르네상스 양식과는 이미 현저히 대조를 이루었다.

이후 클림트를 후원했던 다수의 사람들과 마찬가지로, 둠바는 빈 분리파 전시관 문 위에서 촉구한 바대로 기꺼이 예술에 자유를 허용하려 했다. 하지만 꽤 오래 시간 끝에 클림트는 둠바가 의뢰했던 음악실의 소프라 포르타(sopra porta, 출입문 위) 장식 그림이 완성되었을 때, 둠바의 너그러운 성품과, 클림트의 그림이 저택의 그 외 부분과 매우 달랐음에도 그것을 허용할 만큼 그의 취향이 확장되었다는 것을 알았을 것이다. 이 그림을 의뢰한 것은 1893년의 일이었다. 아마도 둠바는 당시 완성된 부르크 극장의 장식 그림처럼, 사진과 비슷한 사실주의 스타일의 그림을 기대했을 것이다. 하지만 클림트가 둠바의 음악실에 설치될 두 패널 그림 〈음악〉과 〈피아노를 연주하는 슈베르트〉를 완성했을 때, 클림트의 그림 양식은 급진적으로 변하는 중이었다. 모더니즘이 어수선한 역사주의의 신전으로 들어온 것이다. 이것이 입방아에 오르내리지 않았을 리 없었다.

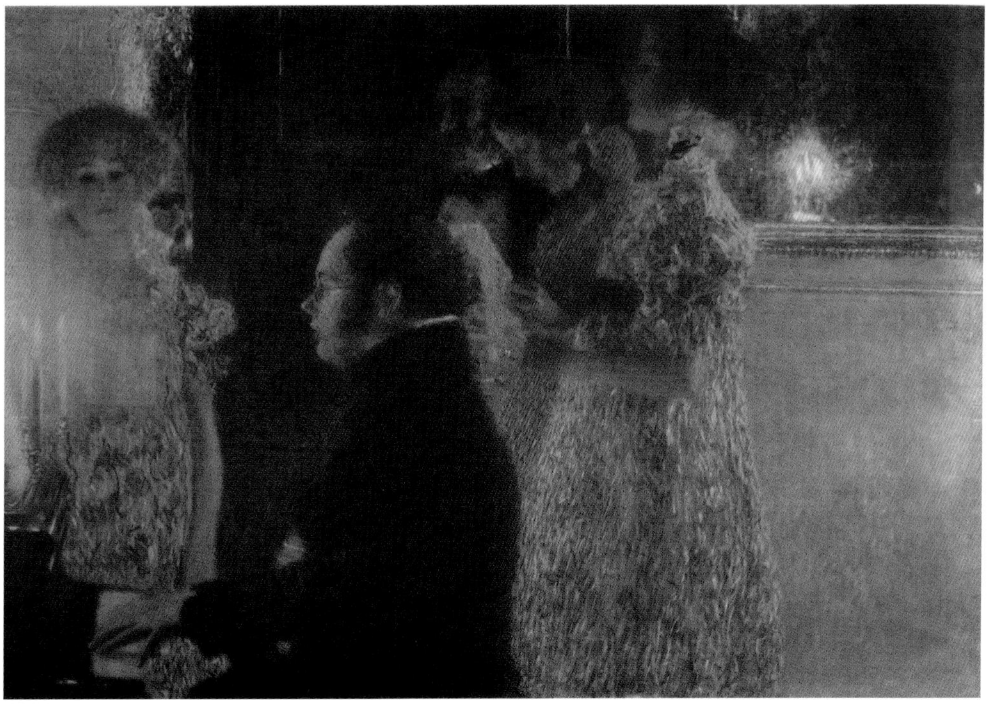

〈피아노를 연주하는 슈베르트(*Schubert at the Piano*)〉, 1899년, 캔버스에 유채, 150×200cm, 1945년에 임멘도르프 성 화재로 소실됨

카를 크라우스의 신랄한 논평은 아이러니했다. "분리파인 폰 둠바 씨는 대체로 매우 즐거워한다. 일은 이런 식으로 벌어졌다. 그는 음악실 장식 그림을 클림트에게 의뢰했는데, 당시 클림트는 아직 라우프베르거에게서 배웠던 훌륭한 양식으로 작업하고 있었으므로 마카르트의 양식보다 조금 더 화려하게 그렸을 뿐이었다. 하지만 그 사이에 클림트는 상징주의 화가인 페르낭 크노프(Fernand Khnopff)를 만났고 이야기가 초점을 잃게 하는 점묘파가 되었다. 물론 그림을 의뢰했던 사람은 이 모든 것과 함께 지내야 한다. 이렇게 폰 둠바 씨는 근대적이 되었던 것이다."[1]

촛불을 앞에 두고 피아노를 연주하며, 분명 세기말의 젊은 숙녀들에게 둘러싸여 있는 슈베르트를 그린 이 그림은 유명해졌고 아마도 클림트 생전에 가장 유명하고 널리 복제된 작품이었을 것이다. 문학평론가이자 작가인 헤르만 바르(Hermann Bahr)에 따르면 이 그림은 "오스트리아인이 그린 그림 중에서 가장 아름다운 작품"이었다. 그림을 의뢰했던 이와 화가가 모두 열렬한 슈베르트 애호가였다는 점이 둠바를 이 젊은 세대 화가에게 이끌었던 여러 요인 중 하나였을지도 모르겠다. 둠바는 슈베르트가 직접 작성했던 악보를 수집했고, 이후에 빈 시립기관에 기증했다. 둠바가 1900년에 세상을 떠난 후 레더러(Lederer) 가문에서 음악실을 장식했던 그림 2점을 구입했다. 하지만 제2차 세계대전이 끝나갈 때 이 두 작품은 레더러 가 수집품의 다른 걸작과 함께 소실되고 말았다.

소냐 크닙스

클림트에게 귀족 출신으로 유일하게 중요했던 고객이 소냐 크닙스(Sonja Knips)였다. 결혼 전 그녀의 이름 '소피 아말리아 마리아 프라이프라우 포티에 드 에쉘레스'는 분명 상당히 귀족적이지만 그녀는 귀족 계급에서 벗어나 신흥 부호 부르주아지와 결혼했다. 그녀의 남편은 실업가 안톤 크닙스였다. 1898년에 그녀는 클림트에게 초상화를 주문했는데, 이 작품이 새로운 분리파 스타일로 그린 최초의 그림이 되었다. 휘슬러의 작품처럼 묘사하자면, 이 그림은 핑크의 절묘한 조화이다. 꽃을 일본풍으로 교묘하게 배치하면서 비대칭 구도를 보여주는 이 작품에서는 가죽 장정이 된 스케치북의 빨간색이 사랑스러우면서도 강렬한 느낌을 전달한다. 소냐가 오른손에 들고 있는 스케치북은 클림트가 그녀에게 준 것과 비슷한 것이거나 아마도 바로 그 스케치북일 것이다. 이 작품은 조심스럽게 구상한 화면과 강력하게 양식화된 요소가 존재함에도 가늘게 떨리는 순간적인 즉흥성이 드러난다. 작품에 나타난 부드럽고 친밀한 감각이 불행한 결혼생활을 하던 소냐와 클림트의 관계가 고객과 화가의 관계 이상일지 모른다고 추측하게 한다.

훗날 소냐는 바로 클림트가 초상화를 그릴 때 입을 드레스를 골라주었다는 것을 확인해 주었다. 클림트가 초상화를 그린 이후의 여러 모델들처럼 소냐 크닙스는 일종의 '종합예술작품'처럼, 외모, 의복, 환경부터 생활양식까지 모든 게 조화를 이루는 삶을 살았다. 클림트의 동료인 건축가 호프만이 빈과 시골에 있는 그녀의 주택을 디자인했으며 클림트의 그림을 단순하고 미학적인 액자에 넣어 전시하는 것부터 인테리어 장식의 모든 부분을 감독했다. 닙스는 그녀의 집을 촬영한 사진에서 보이는 것처럼 초상화 외에도 클림트의 유화를 두 점 이상 소유했을 것이다. 하나는 과실수가 있는 풍경화이고, 다른 하나는 그녀가 클림트 사후에 구입한 그림으로 아담과 이브를 그린 미완성작이다. 소냐는 자기의 젊고 아름다운 시절을 기록한 클림트의 초상화를 평생 소중하게 간직했다. 1950년에는 여생 동안은 이 초상화를 그녀의 소유로 한다는 조건으로, 벨베데레 오스트리아 미술관에 팔았다. 소냐 크닙스는 클림트보다 40년 이상 더 살다가 1959년에 세상을 떠났다.

블로흐-바우어 가문

세상을 놀라게 했으며 오래 끌었던 법정다툼 끝에 경매가가 세계적인 기록을 세웠으며, 2015년에 영화 《우먼 인 골드(*Woman in Gold*)》가 제작되면서, 클림트의 〈아델레 블로흐-바우어의 초상 I〉(또는 '우먼 인 골드')는 클림트가 그린 초상화 중에서 가장 유명한 작품이 되었다.

블로흐-바우어(Bloch-Bauer) 가문은 클림트의 대표적인 고객으로, 케이크와 푸딩으로 명성이

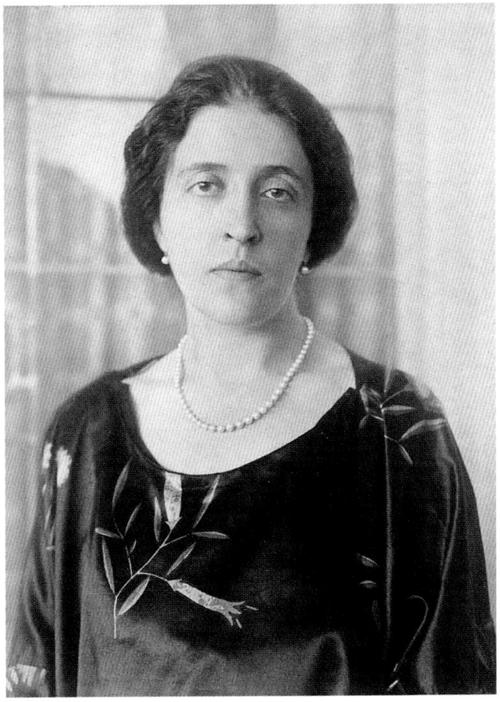

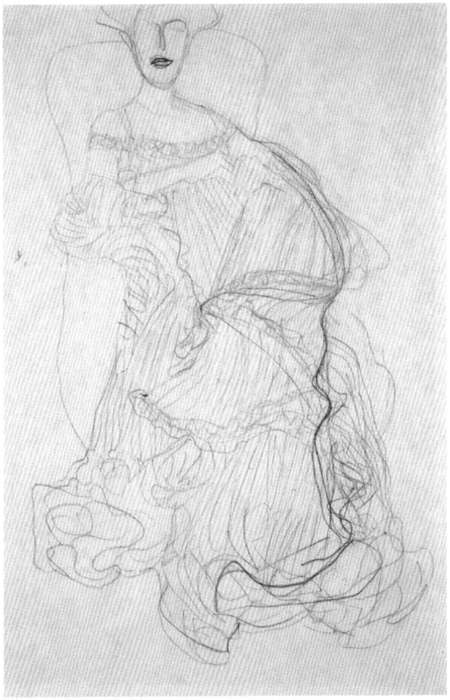

(좌측) 아델레 블로흐-바우어, 빈 공방에서 제작한 드레스를 입고 있다, 1910년 무렵

(우측) 〈아델레 블로흐-바우어, 4분의 3쯤 되는 각도로 앉은 모습, 오른쪽 면(*Adele Bloch-Bauer, Seated in Three-Quarter Profile, Facing Right*)〉, 1903~1904년, 종이에 목탄, 44.9×31.8cm, 노이에 갈레리, 뉴욕

높은 도시 빈에서 매우 중요한 상품인 설탕 제조업으로 부를 쌓은 실업가 가문이었다. 아델레 바우어는 은행업과 철도, 그 외에 다른 산업에도 지분이 있던 부유한 집안에서 태어났다. 그녀는 18세에 나이가 훨씬 많은 페르디난트 블로흐와 결혼했다. 특히 그녀와 자매 사이인 마리-테레즈가 페르디난트의 형제인 구스타프와 결혼했기 때문에, 아델레와 페르디난트의 결혼은 대부호인 두 집안의 결합으로 보였다. 아델레의 황금빛 초상화는 1903년 여름에 그녀의 부모에게 선사할 결혼 기념 선물로 구상된 것이었다. 이 그림은 남아 있는 습작이 많았던 것으로 보아 느리고 복잡한 과정을 거쳐 진척되었다. 1907년이 되어서야 비로소 전시에 나와 그해 봄에는 만하임에서, 빈에서는 1908년에 공개되었다.

이 작품은 다르게 바라볼 수밖에 없는 그림이다. 전시에 선보였을 때부터 관객의 반응이 뜨거웠지만 언제나 호의적인 것은 아니었다. 거의 번역이 불가능한, 빈 사람들의 (운을 맞춘) 전형적인 위트에 따르면 이 작품은 "블로흐보다 더한 허튼소리(Mehr Blech als Bloch)"[2]였으나, 유력 일간지 『비너 알게마이네 자이퉁(*Wiener Allgemeine Zeitung*)』의 평론은 이 작품에 매혹된 듯 "황금 사원의 우상"이라고 적었다. 이 그림에 관한 모든 것은 흥미로울 정도로 불확실하다. 이 그림은 20세기 초에 그려졌음에도 사악한 매력을 풍기는 점에서는 매우 세기말적이고 호화롭다는 면에서는 벨 에포크적이었으며, 장식성이 강하다는 점에서는 유겐트슈틸(아르누보)이었다. 블로흐-바우어의 포즈 자체가 애매모호하다. 그녀는 서 있는 것일까, 앉아 있는 것일까? 옥좌 같은 의자가 등장하지만 습작에서 나타났던 서 있는 포즈를 기본으로 삼았다. 블로흐-바우어는 황금빛 배경 안으로 빨려 들어가 완전히 사라질 것 같다. 하지만 그녀의 얼굴이 워낙 강하게 두드러지고 뼈가 드러날 것처럼 보이는 손이 있어 이 그림은 멋진 장식화라기보다 개인의 초상화로서 주목할 수밖에 없다. 이 그림에 어딘지 밀실공포증처럼 느껴지는 부분이 있는데, 사람들은 그녀의 재산이 지식과 경험에 갈급해하며 지적 열망을 지닌 이 여인을 의식적이든 무의식적이든 얽매는 것에 관해 클림트가 (그림을 통해) 의견을 개진한 것인지 궁금해 한다. 1910년에 촬영된 아델레 블로흐-바우어의 사진을 보면, 반쯤 감긴 눈에서 눈동자가 약간 위로 떠 있고 입술을 살짝 떨어뜨려 나른한 듯 매혹적인 표정을 짓고 있다. 이 사진은 클림트의 초상화가 매우 양식화했더라도 실상 아델레 블로흐-바우어를 정확히 그렸다는 것을 알려준다.

클림트가 바람둥이라는 평판과 이 초상화에서 느껴지는 에로틱한 효과 때문에 다시 한 번 화가와 모델의 관계에 관한 추측이 나돌았다. 아델레 블로흐-바우어는 클림트가 초상화로 두 번을 그릴 정도로 영감을 준 유일한 여인이었다는 점에서 분명 주목할 만하다. 또한 그의 부유한 고객 중에서도 예외적으로 그녀는 에로틱한 주제를 다룬 〈유디트 I (*Judith I*)〉과 〈유디트 II〉의 모델이었을지도 모른다. 5년 후에 아델레 블로흐-바우어를 다시 그린 두 번째 초상화는 색채가 더 다채롭고 회화적인 스타일이다. 이 두 번째 초상화에서 그녀의 얼굴에는 첫 번째 초상화와 비슷하게 눈꺼풀이 내려와 반쯤 감은 눈, 벌어진 입이 그려졌는데 이전 세대의 상류사회 초상화에서는 생각할 수 없었을 디테일이다. 아델레 블로흐-바우어가 마치 그리스도교 미술의 성상(聖像)처럼 정면을 바라보며 서 있는 자세는, 중국풍의 도자기 항아리(ginger jar)의 무늬를 옮긴 듯한 배경 안에 등장하는 동양풍 기마병들(그림 상단)의 생동감 있는 움직임과 대조된다.

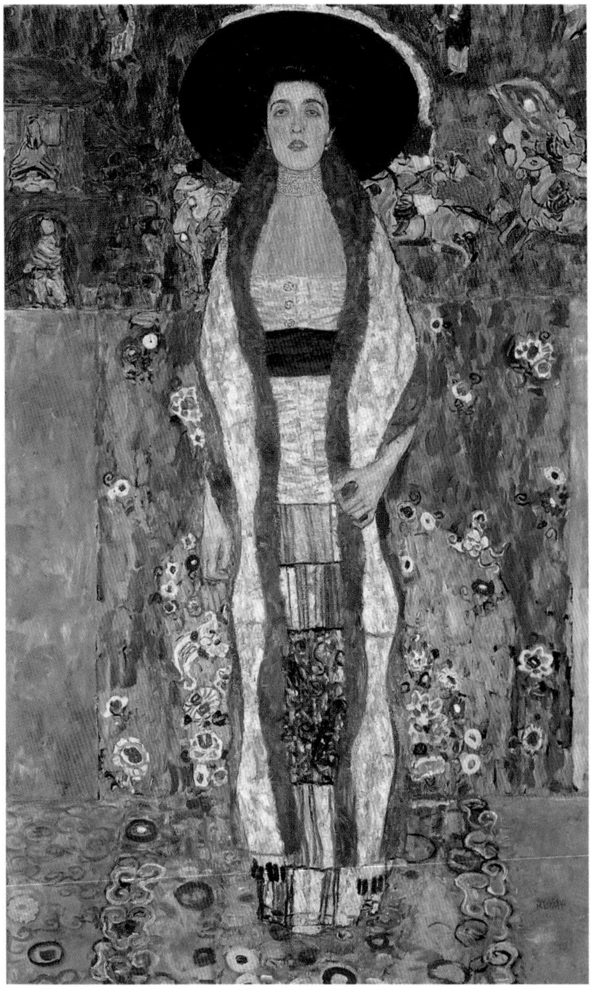

〈아델레 블로흐-바우어의 초상 II (*Portrait of Adele Bloch-Bauer II*)〉, 1912년, 캔버스에 유채, 190×120cm, 개인 소장

아델레의 초상화 2점 외에도 그녀와 페르디난트 블로흐-바우어는 클림트가 그린 멋진 풍경화 4점을 소유했다. 이 4점은 1903년부터 1916년에 이르는 오랜 기간에 걸쳐 그려졌다. 부부는 처음에 최소한 하나의 작품을 구입한 후 기성복과도 같은 완성작을 구입하기보다는 같은 형식으로 그려달라고 의뢰했을 것이다.

1920년대 초에 블로흐-바우어 부부와 클림트 집안은 아델레가 이끄는 훌륭한 살롱에 우아한 뒷배가 되어주었다. 이 살롱에서는 작곡가 리하르트 슈트라우스, 문인 슈테판 츠바이크, 알마 말러, 훗날 알마 말러의 배우자가 되었던 극작가 프란츠 베르펠(Franz Werfel, 1890~1945) 같은 문화계 명사들은 물론, 아델레가 선호했던 좌익계 인사들과 어울릴 수 있었다. 1925년에 아델레 블로흐-바우어는 세상을 떠났다. 당시 그녀는 자기가 소유하고 있던 클림트의 작품이 오스트리아 정부 소유가 되어야 한다는 뜻을 피력했지만, 그녀의 남편은 살아 있는 동안 계속 그림을 소유하고 있었다. 1938년에 오스트리아가 나치 독일과 합병된 후, 페르디난트는 추방당했고 그의 재산은 나치가 차지했다. 오스트리아 국립미술관에 귀속된 클림트의 회화는 이후 20세기 말까지 그곳에 전시되었다. 그 사이에 아델레의 조카 마리아 알트만이 소송을 제기했고 마침내 그녀에게 승소 판결이 났다. 아델레의 황금빛 초상화는 페르디난트의 상속인이 원했던 대로 그에게 돌아왔다. 이 작품은 2006년에 경매에 붙여져 1억 3500만 달러에 낙찰되었으며 지금은 뉴욕 노이에 갤러리에 있다. 아델레 블로흐-바우어가 원했던 대로 아주 멋진 이 초상화는 이제 공공 소유가 되었고, 비록 그녀가 애초에 염두에 두었던 관람객은 아니지만 수많은 이들이 이 작품을 보러 구름처럼 모여들고 있다.

카를 비트겐슈타인

카를 비트겐슈타인(Karl Wittgenstein)은 맨손으로 시작해 철강 산업에서 일명 '오스트리아의 크루프(Krupp, 독일의 철강 회사)'로서 자수성가했고 명성을 쌓았다. 하지만 50대에 들어서 그의 관심사는 예술로 바뀌었다. 그가 클림트로부터 구입했던 첫 번째 주요 작품은 인상적인 〈황금의 기사(*Golden Knight*)〉이다. 이 그림은 1903년 분리파 전시회에 선보였는데, 1년 전인 1902년에 전시되었던 〈베토벤 프리즈(*Beethoven Frieze*)〉에 등장했던 모티프를 기초로 한 작품이었다. 1904년에 비트겐슈타인과 그의 아내는 딸 마르가레테 스톤보로-비트겐슈타인(Margarethe, Stonborough Wittgenstein)의 실물 크기 초상화를 주문했다. 부부는 이 초상화를 1년 이상 기다려야 했는데, 클림트에게는 흔히 벌어지는 일이었다. 비트겐슈타인 부부는 초상화 대금으로 5000 굴덴이라는 천문학적인 금액을 지불했다. 이로써 클림트는 유럽 부유층에서 가장 사랑받는 초상화가 그룹에 속하게 되었는데, 당시는 이런 초상화가들이 실제로 전무후무하게 돈을 많이 벌었던 시기였다. 미술사가 토비아스 G. 나터(Tobias G. Natter)는 클림트가 1년에 평균적으로 대형 초상화 한 점과 풍경화 2~3점을 그렸으며 클림트는 이 수입으로 오스트리아에서 가장 원하는 지역에 괜찮은 시골 별장을 구입할 수 있을 만큼 벌었을 것이라고 추산했다. 비트겐슈타인은 계속해서 매우 강렬한 〈물뱀〉과 훌륭한 풍경화 세 점을 구입했다. 이것은 비트겐슈타인 가에서만 이런 별장을 거의 두 채를 구입할 수 있는 금액을 클림트에게 지불했다는 뜻이다. 비트겐슈타인은 요제프 호프만에게 사냥 때 이용할 산장을 지어달라고 주문했고 〈황금의 기사〉와 마르가레테 스톤보로-비트겐슈타인의 초상화를 그곳에 걸어두었다. 1880년대에 화려하고 복잡한 링슈트라세 스타일로 장식되었던, 비트겐슈타인 가의 빈 저택과 이 두 작품은 분명히 조화를 이루지 못했을 것이다.

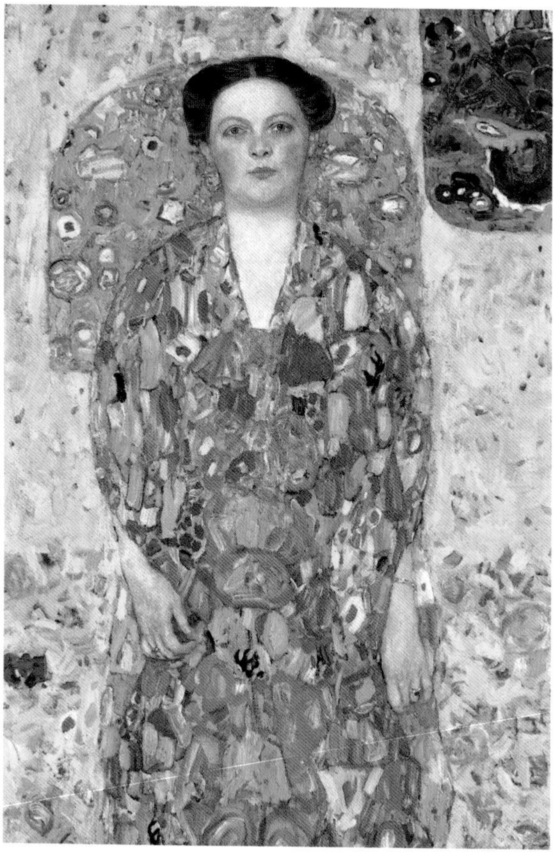

〈오이게니아 프리마베시(*Eugenia Primavesi*)〉, 1914년, 캔버스에 유채, 140×84cm, 개인 소장

오토와 오이게니아 프리마베시

오토와 오이게니아 프리마베시(Otto and Eugenia Primavesi)는 빈 공방에 관여하면서부터 클림트에게 흥미를 갖기 시작했다. 오토의 집안에서 운영하는 은행 덕분에 그들은 1912년부터 1918년에 창작된 이른바 클림트의 말기작으로 중요한 컬렉션을 구성했다. 프리마베시 부부가 1912년에 클림트에게 최초로 의뢰했던 작품은 그들의 딸 매다의 초상화였고, 이어서 오이게니아의 초상화를 의뢰했다. 여느 때처럼 클림트는 선금을 후하게 받았고 이후 시간을 갖고 두 초상화를 완성해 나갔다. 클림트는 분명히 뚱뚱한 오이게니아의 모습을 가리는 카프탄*의 멋진 무늬 그리기를 즐겼지만, 이 초상화가 클림트의 걸작으로 꼽히지는 않는다. 이 그림이 상대적으로 실패작이기 때문에, 그의 걸작 초상화에서는 클림트가 포즈와 구도를 잡는 데 능수능란했으며, 장식과 인물의 성격 형상화가 절묘한 균형을 이루었다는 것을 알 수 있다. 한편 매다의 초상화는 클림트의 초상화 중에서도 매우 매력적이며 놀라운 작품으로 꼽힌다. 다리를 벌리고 손은 등 뒤로 숨기면서 정면을 바라보는 반항적인 포즈에는 공격적인 데가 있다. 초상화를 그릴 당시 아홉살에 불과했지만 매다는 이미 젊은 여인처럼 보이며 실제로 그러했다. 한가지, 그녀의

* 터키 사람들이 입는 헐렁한 셔츠 모양 상의_옮긴이

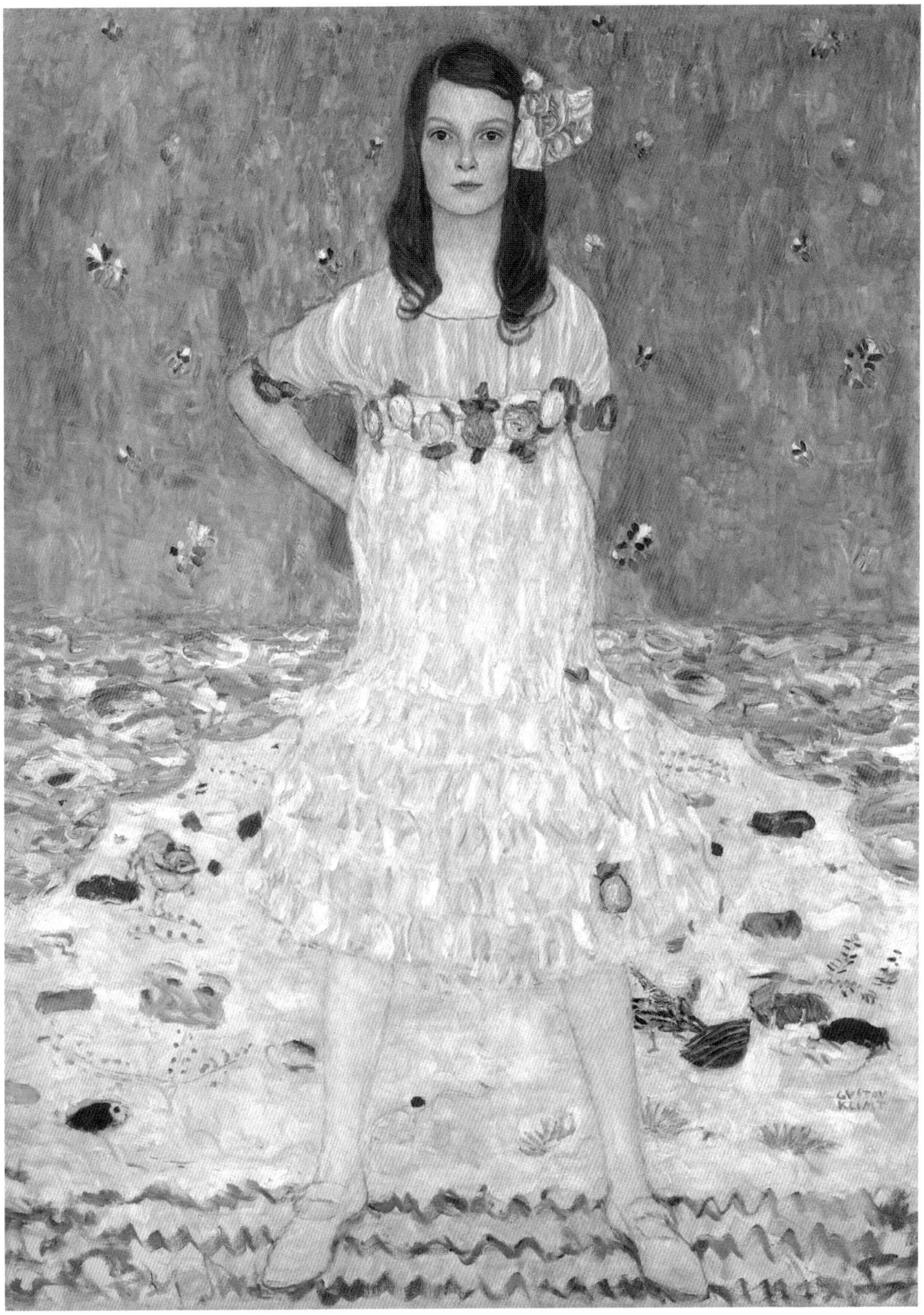

〈매다 프리마베시(*Mäda Primavesi*)〉,
1912~1913년, 캔버스에 유채,
110.5×49.9cm,
메트로폴리탄 미술관, 뉴욕

드레스 사이로 드러나는 체모가 드러나는 습작을 통해 그것이 클림트의 성적 환상의 대상이라는걸 추측할 수 있다. 클림트는 보통 손을 무척 잘 그렸고, 아델레 블로흐–바우어의 황금빛 초상화에서처럼 흔하게 활용해 매우 뛰어난 표현적 효과를 거두었다. 그런데 매다의 초상화에서 손을 뒤로 숨긴 것은 분명 의식적인 결정이었지, 18세기 영국의 일부 초상화가들이 그랬듯이 단지 게을러서는 아니었다.

프리마베시 부부는 클림트의 풍경화를 대여섯 점 구매했으며, 요제프 호프만이 디자인했던 올로모우츠(Olomouc) 근처의 화려한 별장에 걸어놓았다. 1914년에 부부는 클림트의 황금시대 초기작인 〈희망 II〉를, 클림트가 세상을 떠난 후에는 그의 스튜디오에 미완성작으로 남아 있던 〈아기〉를 구입했다.

주커칸들 형제

헝가리 출신 유대인이며 의료계의 여러 분야에서 제각기 눈부시게 성공을 거둔 주커칸들(Zuckerkandl) 삼형제 에밀, 빅토르, 오토와 클림트의 관계는, 클림트와 베르타 주커칸들–첩스와의 우정을 통해 형성되었다. 그녀는 탁월한 해부학 교수 에밀 주커칸들의 아내였다. 베르타 자신도 저명한 저널리스트로서 자유민주주의를 지향하는『노이에 비너 타게블라트(*Neue Wiener Tageblatt*)』에서 근무했으며 클림트 편에서 끊임없이 그를 홍보했다. 이때만 해도 저널리스트, 신문 기자들과 돈독한 관계를 맺어 예술가로서 성공적인 경력을 구축할 수 있던 시대였다. 심지어 마네도 자신에게 적대적인 저널리스트 알베르 볼프에게 기꺼이 잘 보이려고 그의 초상화를 그리겠다고 제안했을 정도다. 마네의 특별한 성공은 대부분 그와 저널리스트와의 관계에 빚지고 있다.

베르타 주커칸들도 빈에서 유명한 살롱을 운영했으며 '나의 살롱은 오스트리아다'고 주장해서 유명해지기도 했다. 클림트는 베르타의 살롱에서 말러와 독일에서 여러 극장을 운영했던 오스트리아 태생 연출가 막스 라인하르트, 아르투어 슈니츨러, 비평가 헤르만 바르, 그리고 빈을 방문했던 로댕을 만났다. 제1차 세계대전 중에 베르타 주커칸들은 성과는 없었지만 평화 협상을 위해 프랑스의 정치계 인사와의 관계를 이용하려고 했다.

주커칸들 형제들은 클림트의 그림을 많이 수집했다. 놀랍게도 클림트는 주커칸들 형제의 부인들 중에서 유일하게 베르타를 그리지 않았다. 클림트의 초상화 모델이 되려면 많은 돈을 대금으로 지불해야 했을 뿐만 아니라 클림트가 적합하다고 생각하는 유형의 외모여야 했는데, 베르타는 분명 그렇지 않았다. 빅터의 아내 파울라의 초상화는 제2차 세계대전 중에 사라졌고 아마 폐기되었을 것이다. 오토의 부인 아말리에의 초상화는 제1차 세계대전이 발발하며 중단되었고, 1918년에 클림트가 세상을 떠났을 때까지도 미완성작이었다. 다른 미완성작과 마찬가지로 이 작품은 클림트가 어떻게 그렸고 그림 표면을 어떻게 구축했는지 드러내므로 매력적이다. 또한 이 그림은 유대혼혈인 딸을 나치 수용소에서 목숨을 빼앗겼던 비극적인 운명으로 고통 받았던 여인을 화폭에 담은 가슴 아픈 기록이기도 하다.

세레나와 아우구스트 레더러

클림트의 예술이 완숙한 경지에 있던 20년 동안 그의 작품을 가장 많이 소장했던 수집가는 세레나와 아우구스트 레더러였다. 클림트는 1898년에 세레나의 실물 크기 초상화를 그리기 시작하면서 레더러 부부와 만났다. 레더러 가문은 증류주 제조업으로 부를 쌓았는데, 클림트 서클에 속했던 많은 동화된 유대인과 달리 세레나와 아우구스트 레더러는 그리스도교로 개종하지 않았다. 하지만 남편을 저 세상으로 보내고 나치가 오스트리아를 합병하자, 세레나는 어쩔 수 없이 유대교를 포기해야 했다. 아우구스트 레더러는 자주 공격을 받았는데, 반유대주의의 저의가 없지는 않았지만 그가 눈에 띄는 대부호였기 때문이었다. 한때 레더러는 오스트리아 안에서 로스차일드에 이어 버금가는 부호로 명성이 자자했다. 부유한 유대계 고객과의 관계 때문에 클림트와 분리파의 미학에도 이러한 공격이 전가되었다. 1900년에 신랄한 유대인 논객 카를 크라우스는 유대인의 자기증오에서 비롯된 요소가 아니라고 할 수 없을만큼 반유대주의와 외설스러운 조롱을 불쾌하게 뒤섞어서 이렇게 적었다. "한때 모든 귀족들이 집안에 유대인 하인을 두었지만, 이제는 모든 자본가들이 집안에 분리파를 둔다. 몰 씨는 범죄적 투자자인 치러와 고리대금업자 베를에게 클림트 씨는 레더러 부인에게 분리파 그림을 가르칠 수 있을 것이다."[3]

요제프슈태터슈트라세에 있던 스튜디오는 레더러의 저택과 걸어서 갈 수 있는 거리에 있었다. 클림트는 레더러 저택에 자주 방문했다. 레더러 부부의 아들 에리히는 목요일이면 클림트가 저녁식사를 함께하려고 들렀다는 기억을 떠올리기도 했다. 세레나는 클림트를 설득해 그녀의 딸인 엘리자베트뿐만 아니라 그녀의 나이 든 어머니 샤를로테 풀리처의 초상화를 그리도록 했다. 자기가 원하는 여성을 그리기 좋아하는 화가에게도 한 집안의 여성 3대를 초상화로 그린다는 건 드문 성공이었고, 클림트에게도 딱 한 번 허락되었던 경우였다. 레더러 부부는 풍경화 대여섯 점과 드로잉 수백 점은 물론 클림트의 빈 대학교 천장화 중 2점, 둠바 남작이 소유했던 슈베르트 그림, 〈베토벤 프리즈〉와 그외 다른 중요한 작품을 손에 넣어 그때까지 클림트의 작품을 가장 광범위하게 수집했던 컬렉션을 만들었다.

아우구스트 레더러는 1936년에 세상을 떠나 임박한 대재난인 전쟁을 피했고, 세레나는 부다페스트로 피신해서 1943년에 세상을 떠났다. 레더러의 두 아들은 엘리자베트를 남겨둔 채 망명에 성공했다. 그녀는 결혼하면서 개신교로 개종했기 때문에 아마 안전하다고 여겼을지도 모르겠다. 하지만 그녀의 남편은 오스트리아와 나치 독일이 합병한 후 몇 개월 지나지 않아 엘리자베트와 갈라섰다. 엘리자베트는 자신의 아버지가 아우구스트 레더러가 아니라 구스타프 클림트라고 공식적으로 증언함으로써 위태로운 상황을 벗어나 살아남았다. 이 증언으로 말미암아 그녀는 유대인이 아니라 나치 용어로 '유대혼혈'이 되었기 때문이다. 엘리자베트의 증언이 그렇게 쉽게 납득되었던 것은 클림트가 바람둥이였다는 평판이 워낙 자자했던 덕분이었다. 엘리자베트 레더러, 바호펜-에흐트 남작부인은 1944년에 지병으로 세상을 떠났다.

클림트의 작품을 모은 레더러 컬렉션의 대부분은 나치에게 몰수당했고 전쟁이 끝날 즈음 임멘도르프 성이 방화로 불타면서 소실되고 말았다. 이 사건은 제2차 세계대전 당시 벌어졌던 예술품 파괴 사건 중에서도 손가락으로 꼽힐 정도로 규모가 컸다. 클림트 급으로 지명도가 높은 화가 중에서 제2차 세계대전 동안 그처럼 수많은 작품이 유실된 화가는 분명 없었다.

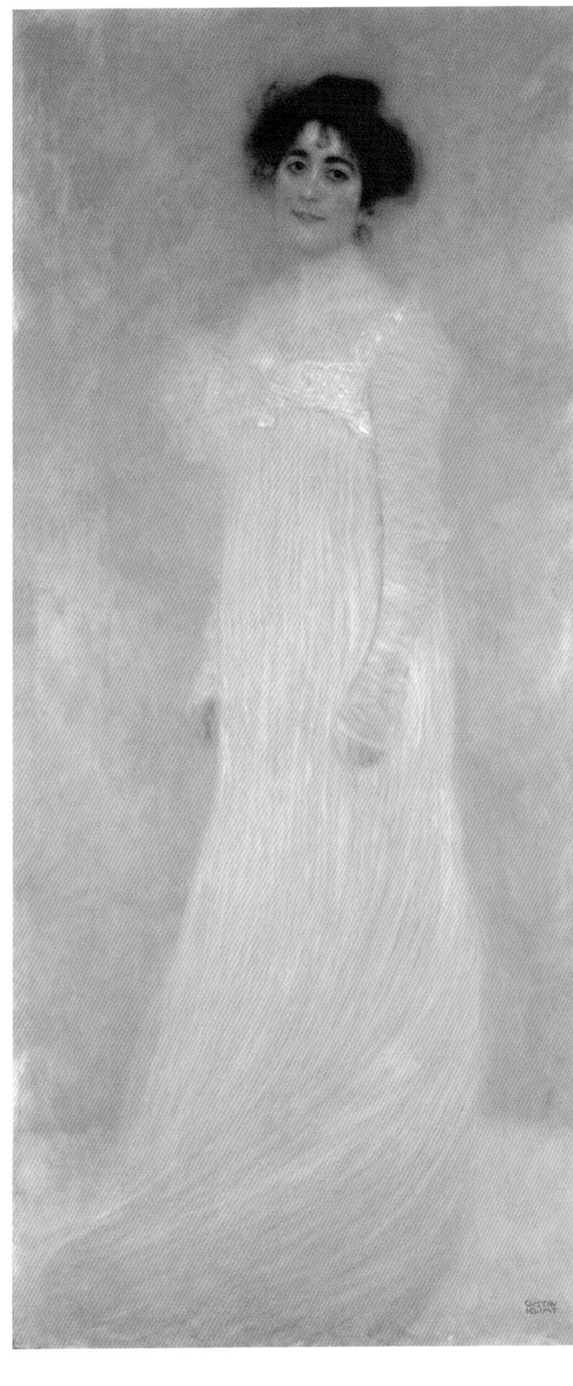

〈세레나 풀리처 레더러(*Serena Pulitzer Lederer*)〉,
1899년, 캔버스에 유채, 190.8×85.4cm,
메트로폴리탄 미술관, 뉴욕

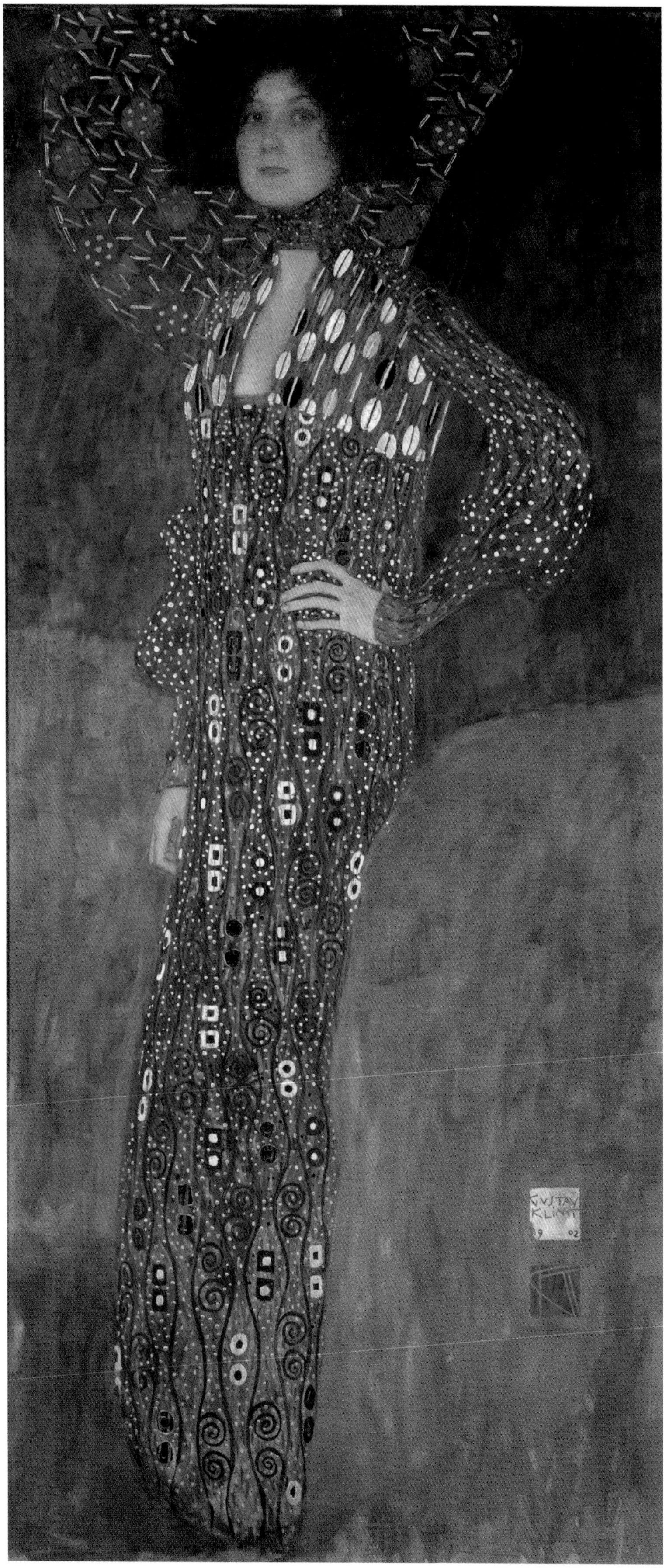

(좌측) 〈에밀리 플뢰게의 초상(*Portrait of Emilie Flöge*)〉, 1902년, 캔버스에 유채, 178×80cm, 빈 박물관, 빈

(맞은편) 에밀리 플뢰게, 클림트 촬영, 아터, 1906년

초상화

PORTRAITS

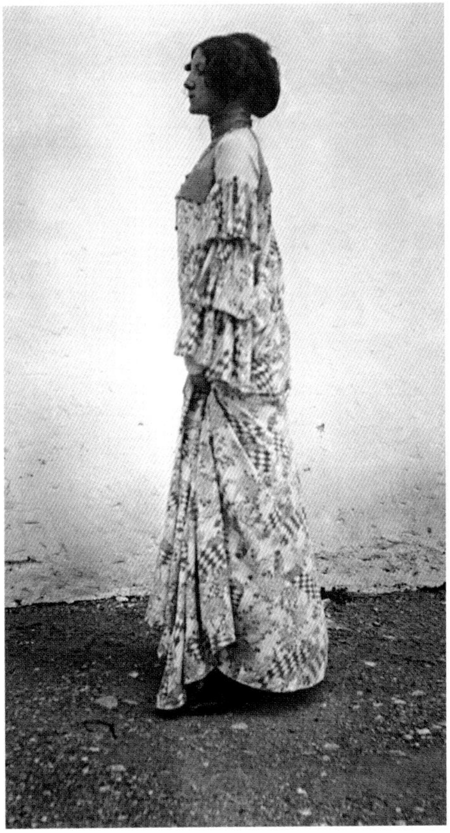

벨 에포크는 화가가 의뢰받은 초상화를 전문 분야로 삼을 수 있었고 비평적으로도 존중 받았던 상류사회 초상화 최후의 위대한 시대였다. 클림트는 이런 유형의 초상화 중에서도 가장 사랑스럽고 유명한 작품들을 몇 점 그렸지만, 그를 동시대 화가 존 싱어 사전트와 조반니 볼도니처럼 초상화가라고 지정할 수는 없다. 서양의 초상화가를 사실에 더 초점을 맞춘 화가(판에이크, 홀바인, 벨라스케스, 렘브란트, 고야)와 아름다움에 더 초점을 맞춘 화가(브론치노, 반다이크, 앵그르)로 나눈다면, 클림트는 후자 쪽에 속한다. 그의 모델이 되어준 이들의 사진은 클림트가 모델과 꼭 닮게 그릴 수 있었다는 것을 보여준다. 그러나 그의 초상화는 심리적 통찰이 없었던 게 아니다. 그러나 클림트는 모델의 외모에 요모조모를 따지거나 그 또는 그녀(대부분은 그녀였지만)의 성격을 분석하기보다 대체로 우아하고 아름다운 이미지를 창조하는 데 관심이 많았다.

클림트가 극장과 공공건축물에 대규모 장식화를 그리던 화가생활 초기에 그가 초상화에 이토록 열중하게 될 것이라고 예상했던 사람은 거의 없었다. 우리가 보았듯이 클림트는 가족과 그를 도왔던 벗들의 초상화를 부르크 극장과 미술사박물관 계단 벽화에 그려 넣었다. 그보다도 전에 구스타프와 에른스트가 학생이었을 때에는 집안 살림에 보태기 위해 사진을 보고 축소판 초상화를 그리기도 했다. 생계를 위해서라고 묵살될 수 있는 반면 이 경험을 바탕으로 클림트는 화가생활 내내 유용했던 기법을 발전시킬 수 있었다.

1888년에 의뢰받아 그린 옛 부르크 극장의 정교한 군상화는 그의 모든 작품 중에서 독특하다. 미학적 관점으로 보았을 때 클림트의 가장 만족스러운 작품이라고 할 수는 없지만 그럼에도 이 그림은 대공작부터 저널리스트와 배우에 이르기까지 빈 사회의 단면을 포괄적으로 알려주는 매력적인 기록물이다. 옛 부르크 극장의 객석의 포토그라비어 인쇄물을 보면 작곡가 브람스, 이후 반유대주의를 주창했던 빈 시장 카를 뤼거, 유명한 희극배우이자 오페라 배우였던 알렉산더 지라르디, 늙은 황제 프란츠 요제프에게 위안이 되어주었던 여배우 카타리나 슈라트를 비롯한 다수의 인물들을 알아볼 수 있다. 이 그림의 아주 작게 그려진 인물 대부분은 (전부는 아니지만) 실물이 아니라 사진을 보고 그린 것이 분명하다. 그 효과는 콜라주 같았다. 그리고 클림트만큼 이미 성공한 화가가 그 당시에 인물을 훨씬 더 빼닮게 그린 이 그림으로 성공하지 못했다는 게 이상한 것 같다.

1890년에 클림트는 정감 있지만 잘생긴 것은 아닌 피아니스트 요제프 펨바우어(Joseph Pembaur, 1875~1950)의 작은 초상화를 의뢰받았는데, 이 그림 역시 실물이 아닌 사진을 보고 그렸을 것이다. 이 그림도 클림트의 초상화 중에서 성공작이라고 보기는 어렵다. 이 작품에서 나타나는 이질적인 요소들이 클림트가 후에 전개하는 전문적인 투자로 녹아들지 않았기 때문이다. 하지만 우리는 여기서 처음으로 그의 더욱더 성숙한 스타일의 특징이 되는 여러 가지 요소, 특히 사실적으로 그린 얼굴과 배경을 평평한 패턴으로 만들어 대조하는 것, 화면 전체와 장식으로 꾸민 액자를 통합하려는 시도, 금박 사용과 장식품(이 초상화에서는 그리스 화병)에서 나온 요소의 차용을 발견할 수 있다.

클림트의 작품세계에서 남성 초상화는 매우 드물고 모두 1900년 이전 작품이다. 아마 가장 눈에 띄는 작품은 1896년 무렵에 그린 〈눈이 먼 남자(*The Blind man*)〉이다. 펨바우어의 초상화를 비롯해 다른 1890년대 초반 작품에서 나타나는 치밀하고 매끈하게 붓질과 달리, 이 그림은 보다 자유롭게 그렸다. 늙고 근심걱정으로 초췌해진 모습을 강조하는 극적으로 흘러내리는 빛을 받으면서 모델은 포즈를 취했다. 클림트는 매우 자기 그림답지 않은 이 작품을 제1회 분리파 전시회에서 선보일 정도로 이 작품에 자부심이 넘쳤다.

1894년에 그렸던 흰 드레스를 입고 앉아 있는 소녀의 작은 초상화(109쪽, 우측 사진)는 펨바우어의 초상화처럼 사진을 보고 직접 그린 것으로 보이지만 펨바우어의 초상화보다 결과가 만족스러웠다. 클림트는 평범한 사진을 마치 기적처럼 정교하고 감동적인 예술 작품으로 바꾸어 놓았다. 초상화 왼쪽 귀퉁이에서 소녀가 앉아 있는 의자의 팔걸이 곡선을 잘라낸 모양새는 페르메이르가 사진처럼 카메라 오브스큐라(암상자)에 투사해 얻은 이미지로 그렸을 법한 여러 작품과 한눈에 알아볼 수 있을 만큼 비슷하다. 또한 관객을 끌어들이는 소녀의 솔직한 시선과 이 그림에서 나타난 클림트의 명백한 자연주의는 페르디난트 게오르크 발트뮐러(Ferdinand Georg Waltmülle, 1793~1865)와 프리드리히 폰 아머링(Friedrich von Amerling, 1803~1887)의 비더마이

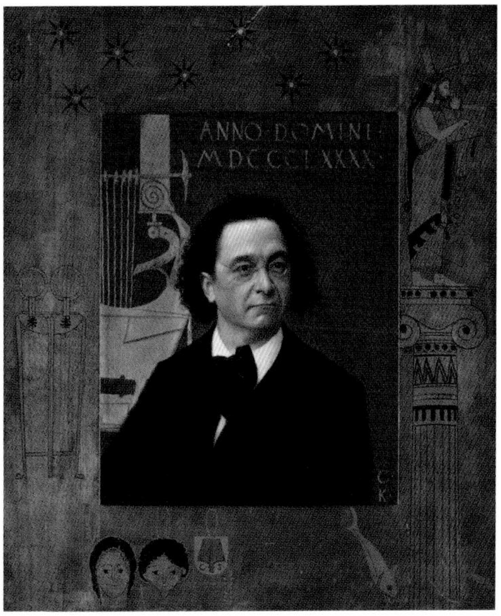

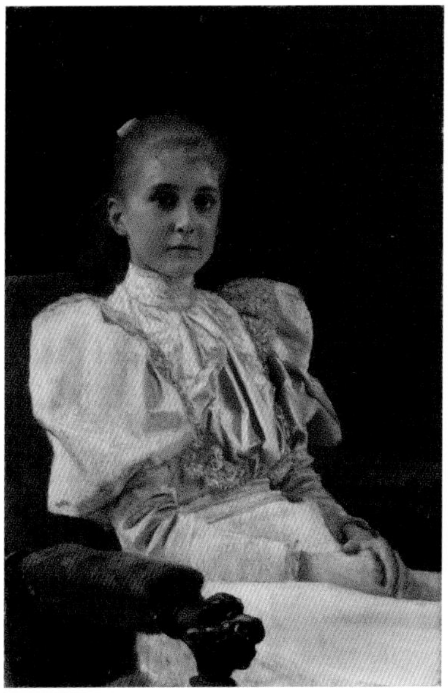

(좌측) 〈요제프 펨바우어의 초상(*Portrait of Joseph Pembauer*)〉, 1890년, 캔버스에 유채, 69×55cm, 티롤 주립 박물관 페르디난데움, 인스부르크

(우측) 〈앉아 있는 소녀(*Seated Young Girl*)〉, 1894년, 나무판에 유채, 14×9.5cm, 레오폴트 미술관, 빈

어 시대 초상화를 연상하게 한다. 클림트가 1899년에 둠바의 음악실에 그린 〈피아노를 연주하는 슈베르트〉도 비더마이어 시대의 안락한 가정을 떠올리게 한다. 그리고 이 작품은 클림트가 19세기 말에는 편협하며 프티 부르주아적이라고 대개 경멸받았던 비더마이어 관해 동시대 화가들보다 앞서 관심을 가졌다는 것을 시사한다.

비더마이어 시대에 관한 관심은 1900년 이후에 추진력을 얻어 부활했다. 비더마이어의 엄격한 장식미술이 꽃무늬가 과한 아르누보에 대항하며 디자이너들에게 매력적으로 비쳤던 것이다. 그리고 젊은 세대 화가들은 직접적으로 모델의 심리를 전하며 진실하게 재현하는 비더마이어 시대 초상화에 매력을 느꼈다. 클림트의 친구이자 동료인 카를 몰이 조직했던 대규모 비더마이어 초상화 전시회가 1905년에 빈의 갈레리 미트케에서 개최되었다. 클림트의 각별한 동료이자 지지자 중 한 명이었던 베르타 주커칸들은 일간지 『비너 알게마이네 자이퉁』에 쓴 기사에 보기 드물게 근대적이며 '깊이 마음 속을 꿰뚫어 보는 듯한' 발트뮐러의 초상화에 열렬할 관심을 표현했다.

1894년 무렵에 클림트가 그렸던 또 다른 매력적인 작품은 〈검은 드레스를 입은 여인의 초상화(*A Lady in Black*)〉이다. 이 작품은 클림트의 작품 경향이 바뀌는 것을 나타내며, 그의 초상화 성숙기 스타일에 나타나는 핵심적인 특징을 예측하게 한다. 흰 드레스를 입은 소녀를 그린 작은 초상화와 스타일 면에서 비슷한 이 작품은 크기가 훨씬 크다(155×75cm). 세심한 마감, 정적인 포즈, 긴 의자

〈헤르미네 갈리아의 초상(*Portrait of Hermine Gallia*)〉, 1904년, 캔버스에 유채, 170.5×96.5cm, 내셔널 갤러리, 런던

머리 부분을 재단한 부분은 사진 같은 분위기를 전한다. 하지만 회화 표면과 나란한 벽에 걸린 동양풍 카펫과 강한 윤곽선, 여백이 나타나며 이후 작품 경향을 미리 보여주고 있다.

4년 후인 1898년에 클림트는 제2회 분리파 전시회에 선보인 소냐 크닙스의 초상화를 통해 초상화가로서 전성기를 맞았다. 또한 소냐 크닙스의 초상은 클림트의 휘슬러의 기법을 집중적으로 이용한 국면이라고 불러도 좋을 시기의 시작으로 기록된다. 제임스 맥닐 휘슬러는 벨 에포크 상류사회 초상화의 필수적인 구성요소, 즉 회화적으로 옛 거장들이 구사했던 고도의 기교, 18세기 영국 초상화의 우아함, 마네와 드가의 근대적 감수성과 일본 디자인을 모두 융합했던 최초의 화가였다. 휘슬러는 상류사회의 초상화가로 성공하기에는 너무 쉽게 발끈하고 화를 벌컥 내는 성격이었다. 그러나 존 싱어 사전트를 비롯한 벨 에포크 시대의 다른 초상화가들은 휘슬러의 공식을 이용해 성공을 거두었다. 클림트는 틀림없이 휘슬러의 작품에서 '예술을 위한 예술'이란 심미주의, 일본풍과 드가가 벨라스케스의 '섬세한 흐림(delicate muddiness)'이라고 불렀던 것들이 조화되는 데에 특히 매력을 느꼈을 것이다. 일찍이 1870년대에 〈회색과 초록의 조화: 세실리 알렉산더 양(*Harmony in Grey and Green: Miss Cecily Alexander*)〉에서 휘슬러는 이런 요소들을 능숙하게 융합해냈다. 그는 벨라스케스의 〈시녀들(*La Meninas*)〉에서 가운데 자리 잡은 어린 공주에서 영감을 얻어 자기 작품 속 어린 소녀를 그렸다. 하지만 알렉산더 양의 포즈(빅토리아 시대의 도덕주의에 젖어 있던 그녀의 부모가 알았더라면 의심의 여지없이 큰 충격을 받았을 것이다)는 마네가 그린 스페인 무용수 롤라 데 발렌스의 초상화에서 직접 차용했다. 영국 비평가들의 혹평, 이를테면 "무례한 꼬마 숙녀가 무뚝뚝할 듯한 예감", "은색과 짜증의 배열"처럼 부정적인 반응을 끌어냈던 이 그림은 빅토리아 시대의 전형적인 상냥함과 감상주의가 전혀 드러나지 않았다. 때문에 프로이트의 이론이 유행하던 빈에서 클림트와 그보다 나이가 어린 동시대 화가들의 어린이 묘사를 예감하게 된다.

또한 휘슬러는 모델이 머리를 빗는 것부터, 입는 옷, 심지어 그녀가 딛고 있는 카펫에 이르기까지 모델의 외모를 강박적으로 통제했다는 점에서 클림트를 예상하게 한다. 클림트가 그린 초상화 대여섯 점에서 그랬듯이, 휘슬러는 꼬마 숙녀의 드레스를 직접 디자인했다. 알렉산더 양의 어머니에게 보낸 편지에서 휘슬러는 자기가 요구하는 흰색 인디언 모슬린 따위를 구입할 곳을 일러주었고 드레스의 디자인을 설명했다. "드레스는 스커트에 프릴이 달려 있어야 하겠습니다. 또한 프릴에 관해서는 그리고 목에는 섬세하고 작은 러플이나 레이스를 붙여주세요. 군데군데 옅은 노란색 리본의 나비 모양이 고리처럼 걸려 있게 하시고요. 이 작은 드레스는 나중에 세탁부에게 풀을 먹여 프릴과 스커트가 빳빳해지도록 준비해 주세요. 물론 푸른빛이 티끌만큼도 보

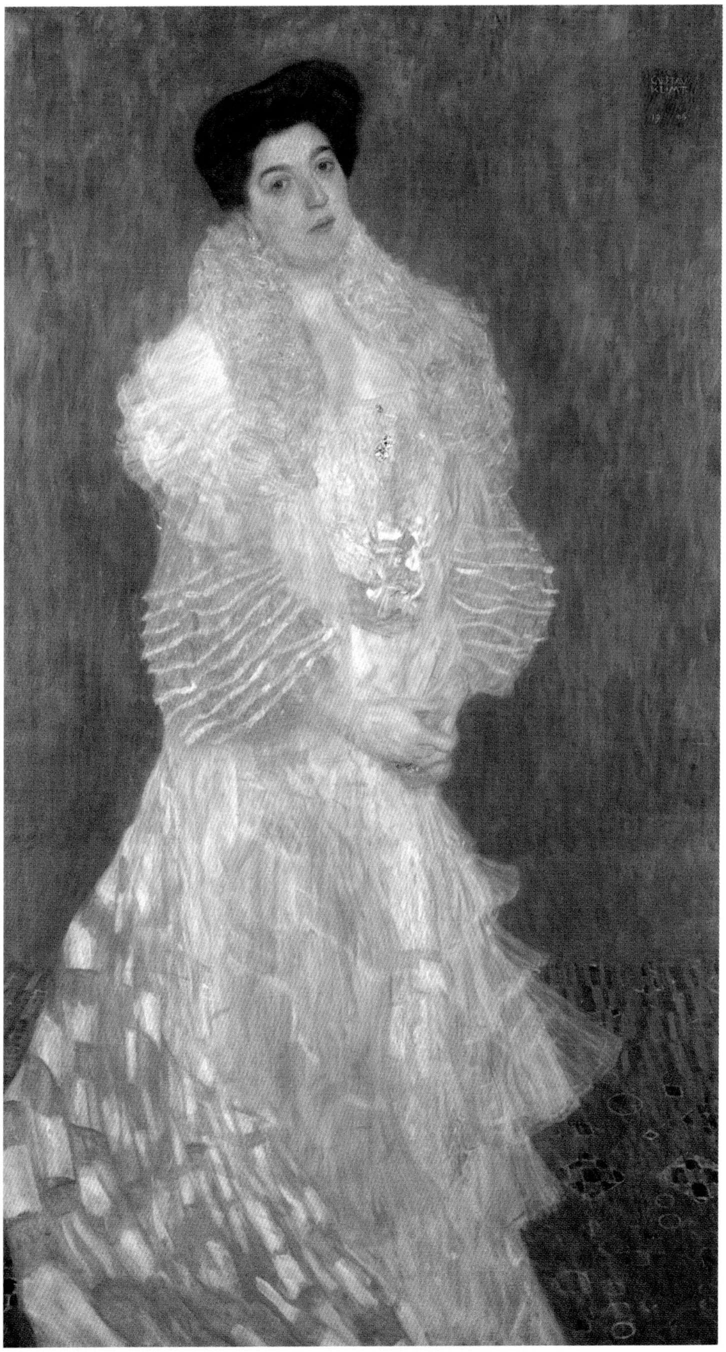

여서는 안 됩니다."[1]

휘슬러가 그림을 위해 조화로운 환경을 만들려고 방을 디자인하기 좋아했다는 점도 클림트와 그의 유행 따르기를 좋아하는 고객들에게 커다란 관심거리였다. 휘슬러는 빈 분리파의 전시에 초대 받았던 최초의 외국 화가 중 한 명이었으므로, 클림트는 휘슬러의 작품을 연구할 기회가 많았을 것이다. 휘슬러의 심미주의로 그 의미를 따지면 소냐 크닙스의 초상화는 은색과 핑크의 조화라고 묘사할 수 있을 것이다. 정교하게 색을 칠한 표면, 흐릿한 초점, 전경과 후경의 구분이 없어지고 일본풍으로 화면 오른쪽에 꽃이 들어와 있는 것은 모두 휘슬러를 떠올리게 한다.

그 외에 휘슬러의 영향을 강하게 보여주는, 클림트의 초상화에는 1899년에 그린 세레나 레더러의 초상화와 1904년 무렵에 그린 헤르미네 갈리아의 초상화가 있다. 1904년이면 클림트가 그의 작품세계에서 이미 새로운 국면으로 들어서고 있던 무렵이었다. 이 두 작품은 크림색과 은색의 섬세한 색조로 이루어진 조화라고 할 수 있을 것이다. 두 작품은 실물 크기이며 모델의 발치 부분을 그리지 않았다. 모호한 공간감을 만들어내긴 해도 세레나 레더러의 경우는 이렇게 함으로써 그녀의 키가 작다는 것을 감추었다. 헤르미네 갈리아는 왼쪽으로 치우쳐 자리를 잡았고, 세레나는 화면 오른쪽으로 치우쳐 있다. 레더러와 갈리아는 고개를 (반대 방향으로) 애교 있게 기울였고, 꿈에서나 볼 듯한 환상적인 옷을 입고 있으며 약간 무표정해 보인다.

헤르미네 갈리아의 초상화는 1903년에 클림트의 회고전 형식으로 개최된 분리파 전시회에서 완성되지 않은 상태로 선보였다. 잡지 『디 쿤스트(*Die Kunst*)』에 게재된 사진을 보면 이 작품에 사용된 액자는 19세기에 관례적으로 쓰였던 금박을 입힌 굵은 액자와는 전혀 다르게 단순하고 가늘었다. 그리고 헤르미네 갈리아의 초상화는 다른 그림에게 방해받지 않는 널찍한 흰 벽 앞에 놓인 근대적인 의자 두 개 사이에 걸려 있었으며, 의자에는 기하학적 무늬의 쿠션이 놓여 있었다. 1913년에 요제프 호프만이 디자인했던 헤르미네와 그녀의 남편 모리스의 우아한 아파트를 촬영한 사진의 후경에서도 갈리아의 초상화를 볼 수 있다. 결국 클림트에게 초상화를 의뢰했던 것이 갈리아 집안 같은 동화된 유대인 신흥 부호를 위한 생활양식을 구입하는 수단이었음을 알게 된다.

헤르미네 갈리아의 초상화는 이미 클림트의 그림 스타일에서 다음 단계에 등장하는 특징을 보여준다. 이제 '섬세한 흐림' 기법이 사라지면서 확고하며 보다 예리한 윤곽선을 앞세우게 된다. 헤르미네가 걸친 보석은 회화 표면에서 도드라지는 탄탄한 임파스토로 그려져서 거의 콜라주 같은 효과를 낸다. 한편 〈마리 헤네베르크(Marie Henneberg)의 초상〉(1901~1902)과 〈게르타 펠소바니(Gertha Felsovanyi)의 초상〉(1902)에서 클림트는 조르주 쇠라가 창안한 점묘법을 매우 특이한 방식으로 이용했다. 또한 클림트는 분리파 전시회를 통해 역시 점묘파 화가인 테오 반 리셀베르그와 폴 시냐크(Paul Signac)를 빈에 소개했다. 〈펠소바니(Felsovanyi)의 초상〉은 일본 판화와 궁극적으로는 중국의 족자 그림에서 비롯된 세로로 긴 형식을 이용했다.

클림트를 가장 유명하게 만든 새로운 초상화 스타일은 1902년에 실물 크기로 그린 에밀리 플뢰게의 초상화에서 드러났는데, 이 작품은 헤르미네 갈리아의 초상화보다 1년 이상 앞서서 완성되었다. 클림트는 부유한 고객이라기보다 절친한 친구로서 에밀리를 그렸기 때문에 아마도 자유롭게 실험할 수 있다고 느꼈을 것이다. 그는 플뢰게의 얼굴, 손, 드러난 목과 가슴은 자연주의적으로 그렸고, 금박과 은박을 이용한 장식적인 추상으로 상반신 주위를 감쌌다. 이 형식은 클림트가 1890년에 요제프 펨바우어의 초상을 그릴 때 시도했던 것이다. 물론 결과물은 훨씬 투박했지만 말이다. 에밀리의 초상화는 게르타 펠소바니의 초상화만큼 세로를 길게 늘이지는 않았지만, 그럼에도 긴 화면에서 일본풍이 느껴진다. 클림트는 일본풍을 따라 정사각형 금박 안에 서명해서 눈에 띄는 여백을 회화 표면으로 보이게 했다. 클림트가 강조한 플뢰게의 가늘고 물처럼 흐르는 실루엣은 1908년에 있었던 폴 푸아레(Paul Poiret, 1879~1944)의 의복 개혁 이전에 코르셋을 착용해 만들었던

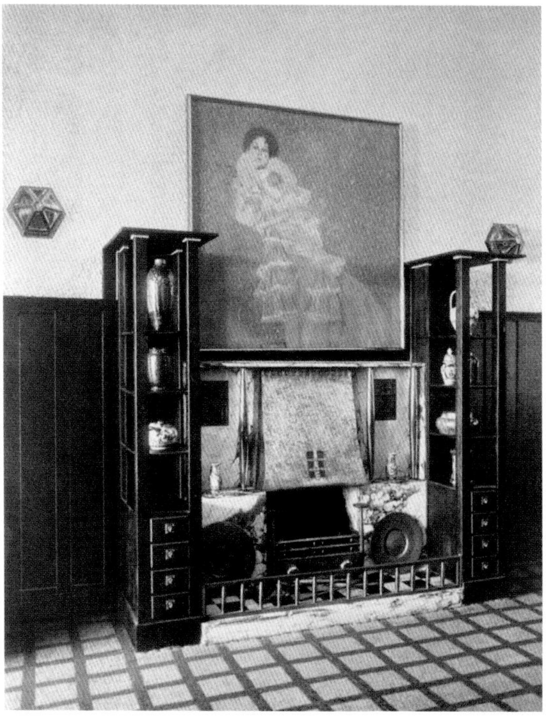

클림트가 그린 마리 헤네베르크의 초상, 헤네베르크의 별장 응접실에 걸려 있다, 빈 호헤 바르테, 1903년 무렵

모래시계 같은 형태와 뚜렷하게 대비된다. 그림에서 플뢰게는 자신이 만들었던 단순하며 몸에 꼭 맞지 않는 '개혁' 드레스를 입지 않았다. 화려하게 장식된 이 드레스는 그녀의 몸매에 달라붙어 있다. 머리와 몸을 거의 분리하는 것처럼 보이는 초커는 벨기에의 상징주의 화가 페르낭 크노프의 작품에서 차용했는데, 클림트가 여성을 그릴 때 자주 이용했던 것이다.

플뢰게는 이 초상화를 분명 좋아하지 않았을 것이다. 이는 모든 초상화가들에게 닥칠 수 있는 위험이지만, 화가가 부자 고객의 처분에 휘둘리지 않아도 될 때는 그리 심각한 일이 아니다. 1908년에 클림트가 고객이 마다한 이 초상화를 니더외스터라이히* 주립박물관에 12,000크로네라는 상당한 금액을 받고 팔 수 있었던 것은 바로 클림트가 누렸던 특권 같은 것이었다고들 한다. 클림트는 플뢰게에게 "당신(그림)이 '팔렸소', 아니 오늘 '현금화'되었지."라고 알려주었다.

베르타 주커칸들은 『비너 알게마이네 자이퉁』에 실은 글에서 이 초상화를 열렬히 지지했다. "섬세하고 미려하게 형상화된 매력적인 얼굴이 색다르게 주위를 둘러싼 장치 덕분에 더욱 두드러진다. 광환(光環)이 녹색, 파란색의 꽃으로 그녀의 머리를 둘러싸고 있으며, 그 배경은 비잔틴의 색채 신비주의를 보여준다."[2] 클림트와 절친했던 친구인 주커칸들은 분명 그가 이탈리아 라벤나를 방문했으며, 그곳에서 비잔틴 모자이크를 다시 발견하고 열광했다는 것을 알고 있었다. 비잔틴 모자이크는 클림트 작품의 다음 단계에서 매우 중요한 역할을 맡게 된다.

에밀리 플뢰게의 초상화에서 나타났던 새로운 스타일의 특징은 이후 몇 년 동안 잇달아 그렸던 여성 초상화에서 전개되었으며 클림트에게 명성과 인기를 안겨준 아델레 블로흐-바우어의 '황금빛' 초상화에서 정점을 이루었다. 이 시기에 완성된 작품에는 〈마르가레테 스톤보로-비트겐슈타인의 초상〉(1905)과 〈프리차 리들러의 초상〉(1906)이 있다.

마르가레테 스톤보로-비트겐슈타인은 클림트의 초상화에 만족하지 않았던 또 다른 모델이었다. 그보다 2년 후에 사전트는 모델이 만족하지 못했던 초상화 그리기 포기하면서 씁쓸하게 "초상화는 '입이 꼭 맞지 않는' 누군가를 그린 그림일 뿐[3]"이라고 말했다. 클림트는 아마도 마르가레테의 지적인 면을 감안해서 이 시기의 다른 초상화와 달리 스톤보로-비트겐슈타인의 초상화에 지나친 장식을 피하고 배경을 수수하게 기하학적으로 구성했을 것이다. 이 같은 수수함이 훗날 그녀의 남동생인 철학자 루트비히 비트겐슈타인이 누이를 위해 디자인했던 근대적인 주택의 특징이었다.

마르카레트 스톤보로-비트겐슈타인과 프리차 리들러의 초상화에서 공통된 흥미로운 특징은 그들의 머리 뒤쪽 벽에 나타난 반원형이다. 이것은 공간이 평평해졌기 때문에 모델이 걸치고 있는 머리쓰개 같은 인상을 준다. 이것은 벨라스케스가 그렸던 유명한 합스부르크 공주의 초상화

* Niederösterreich, 오스트리아 북동부에 위치한 주로 낮은 오스트리아(Lower Austria)라는 뜻이다.

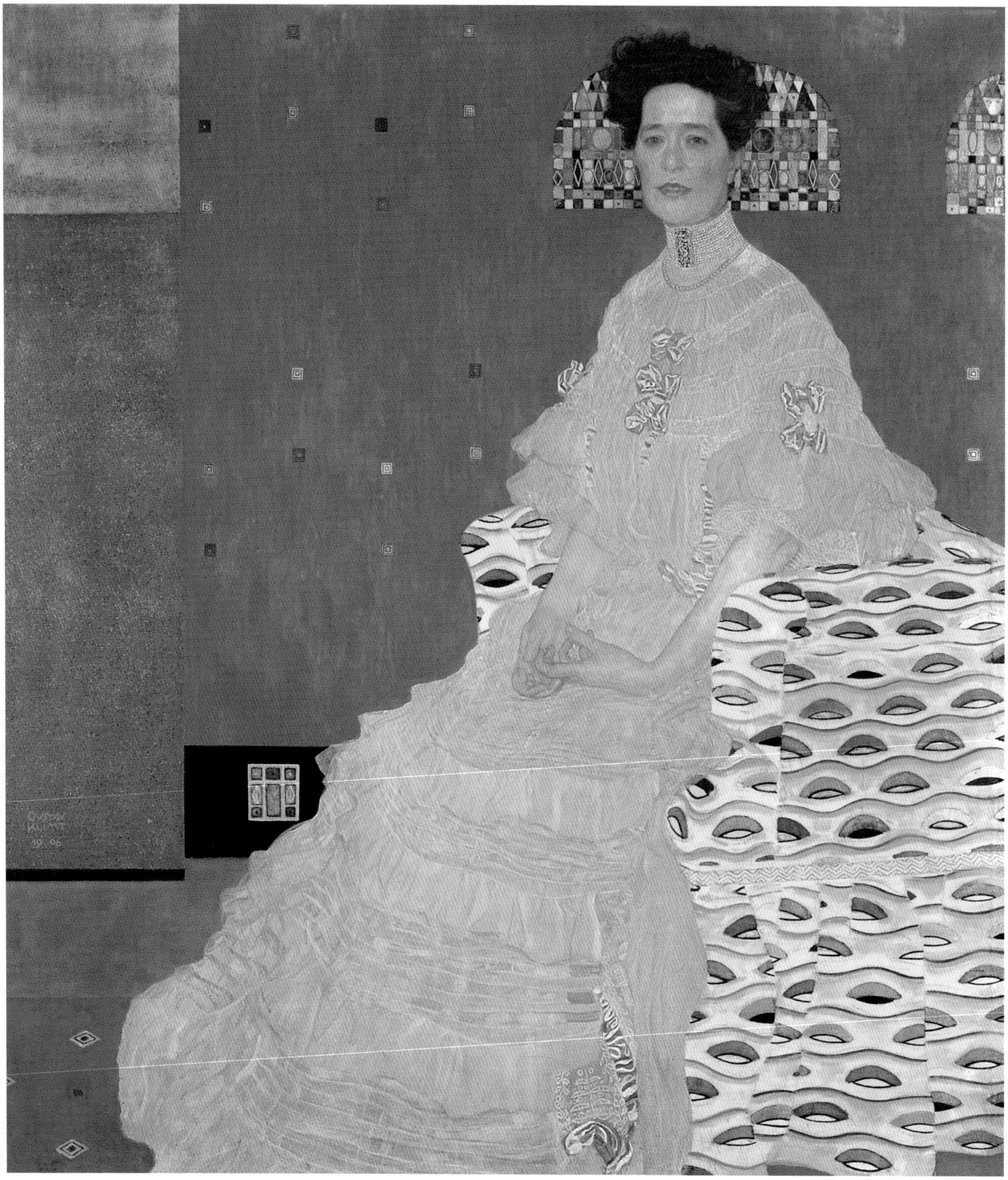

(좌측)
〈프리차 리들러의 초상
(*Portrait of Fritza Riedle*
1906년, 캔버스에 유채,
153×133cm,
오스트리아
벨베데레 미술관,
빈

(맞은편)
〈마르가레트 스톤보로-
비트겐슈타인의 초상
(*Portrait of Margaret
Stonborough-
Wittgenstein*)〉,
1905년, 캔버스에 유채,
179×90.5cm,
노이에 피나코테크,
뮌헨

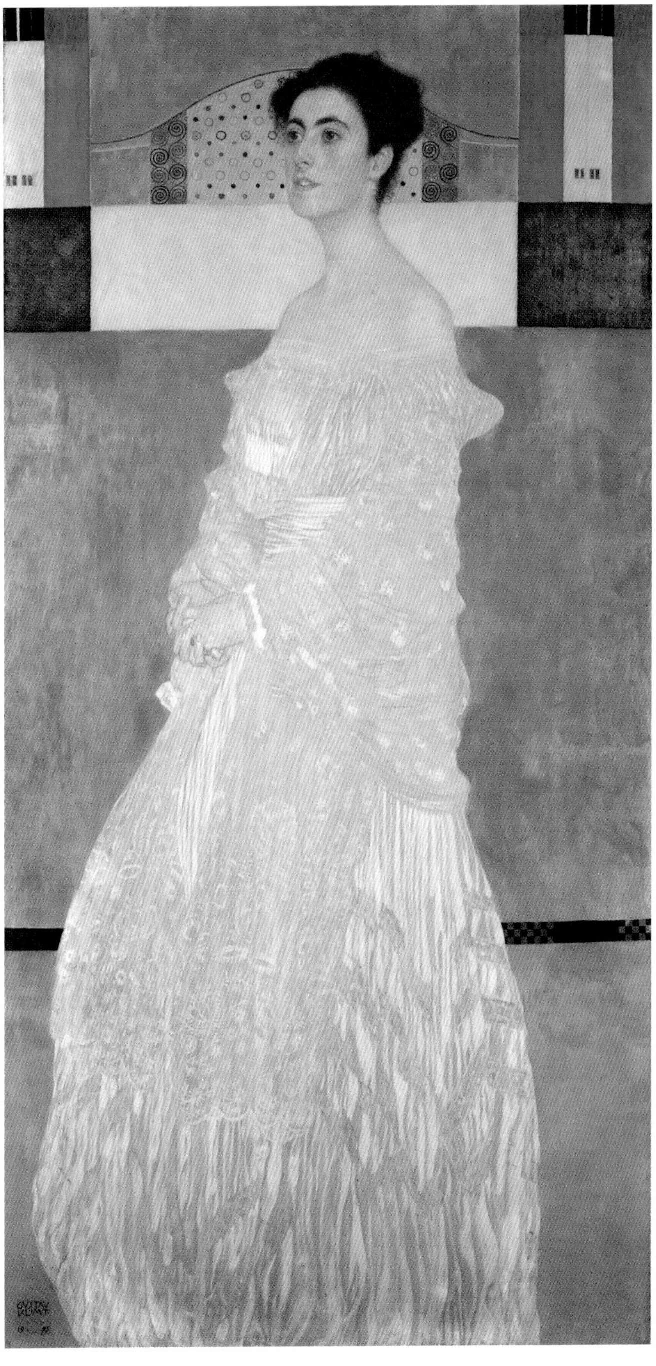

(빈 미술사박물관 소장)에서 그녀가 걸쳤던 비슷한 모양의 정교한 머리쓰개를 가리킨다.

프리차 리들러의 초상화는 클림트 스타일의 절충주의 양상을 보여준다. 일본풍, 스페인 궁정 초상화, 비잔틴 모자이크, 고대 그리스의 장식 요소가 뒤섞여 함께 틀림없는 클림트의 스타일을 만들어낸다.

클림트의 작품세계에서는 이 당시가 아델레 블로흐-바우어의 초상화로 정점에 도달했던 단계였다. 이 작품으로 클림트는 찬란한 성공을 거두었지만, 그것은 더 이상 밀고나갈 수 없는 방향이라는 게 분명했다. 그는 프랑스의 근대 회화에 의지해 이 난관을 넘어 더 진전하는 추진력을 얻고자 했다. 클림트는 인생에서 마지막 10년 동안 보다 자유롭고 회화적인 기법을 추구했다. 1903년에는 분리파 전시에서는 프랑스 회화를 탐구했고, 그 덕분에 클림트는 인상주의와 후기인상주의를 주도한 화가들과 친숙하게 되었다. 클림트는 다시 한 번 프랑스 회화의 영향을 흡수해 온전히 자신의 것으로 만들었다.

1909년과 1910년에는 의뢰받지 않고 초상화 2점을 그리면서 클림트는 자유롭고 회화적인 방향을 실험하게 되었다. 회화적 감각이 넘치는 〈모자와 깃털 목도리를 한 여인(*Lady with Hat and Feather Boa*)〉은 클림트의 작품 세계에서는 완전히 새로운 작품이었다. 그녀는 얼굴 아랫부분을 가리는 검정색 깃털목도리 위로 얼굴 주위를 빛의 고리처럼 감싸는 강렬한 빨간색 머리카락과 핏빛 윗입술을 슬쩍 보이며 옆으로 흘거린다. 근대 도시의 팜 파탈을 그렸다. 모호하며 어둠에서 빛나는 밤 배경은 더 이상 평평하지도 양식화된 것도 아니지만 너무 느슨하게 칠해져 무엇을 재현하고자 했는지 정확히 알아보는 것은 불가능하다.

〈모자와 깃털 목도리를 한 여인〉에서는 붓을 소묘하듯 놀려서 건조하고 물감을 얇게 펴 바른 듯 그린 화면이 앙리 드 툴루즈-로트레크의 작품을 떠올리게 한다. 의뢰받은 초상화에서는 이 작품처럼 대담하게 그릴 수 없었을 것이다. 상류사회 인사들을 그린 후기 초상화에서 클림트는 회화적 풍요로움을 표현하는 다른 방식을 찾아냈다.

1912년에 이런 새로운 방식으로 그린 아델레 블로흐-바우어의 초상화는 5년 전에 그린 '황금빛' 초상화와 대조되는 매력이 넘친다. 클림트가 블로흐-바우어의 개성적인 외모를 나타낸 부분은 놀라울 정도로 일관성을 유지하고 있다. 반쯤 감긴 눈과 벌어진 입, 세상살이에 시들한 나른한 분위기, 갈고리처럼 보이는 손은 5년 전 초상화와 같지만, 두 번째 초상화에서 손은 그녀의 양 옆구리 쪽에서 보인다. 하지만 첫 번째 초상화와 달리 두 번째 초상화는 다채로운 색이 축제를 벌이는 것 같다. 첫 번째 초상화에서 금박을 입힌 추상적인 장식은 동양 자기의 무늬에서 비롯된 기마병으로 바뀌었는데, 기마병의 힘찬 움직임은 나른해 보이는 모델과 대조를 이룬다.

클림트는 1916년에 그린 프리데리케 마리아 베어(Friederike Maria Beer)의 초상화에서도 아델레-블로흐 바우어의 두 번째 초상화와 같은 수법을 이용했다. 배경에 그려진 동양의 전사들은 격정적으로 칼을 휘두르면서 수동적으로 보이는 평범한 젊은 여성의 몸으로 뛰어들 것처럼 보인다. 프리데리케 마리아 베어는 유일하게 클림트와 에곤 실레 모두에게 실물 크기 초상화를 의뢰하는 선견지명을 발휘했던 여성이었다. 그래서 우리는 20세기 초 빈이 낳은 걸출한 두 초상화가의 작품을 직접 비교해 볼 수 있다. 실레는 베어에게 바닥에서 태아와 비슷한 포즈를 취하게 했다. 클림트의 마치 공백공포(horror-vacui)가 있는 듯 터져나갈 듯 꽉 채운 화면과 달리 실레는 베어의 주위를 여백으로 남겼다. 당시 촬영했던 베어의 사진을 보면 클림트의 초상화가 보기 좋게 살이 오른 젊은 여인을 훨씬 정확하게 나타낸 반면, 실레는 그녀에게 자신의 불안과 신경증, 심지어 깡마른 몸매까지 투사한 것 같다.

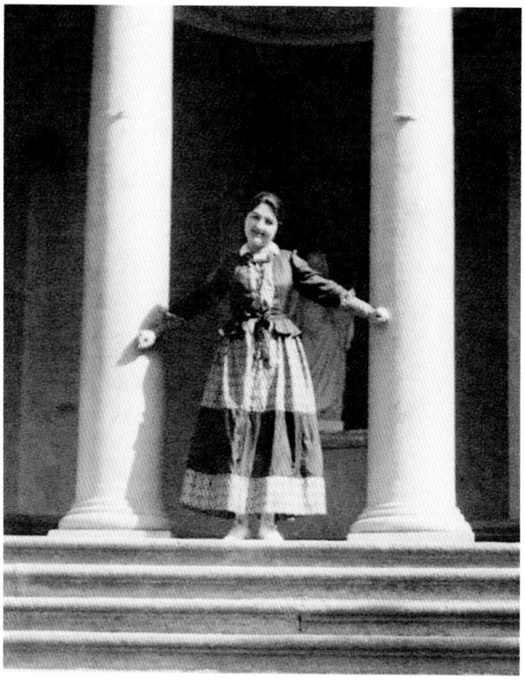

빈 공방에서 제작한 드레스를 입고 있는 프리데리케 마리아 베어.
에곤 실레는 이 드레스를 입은 베어를 그렸다. 1914년

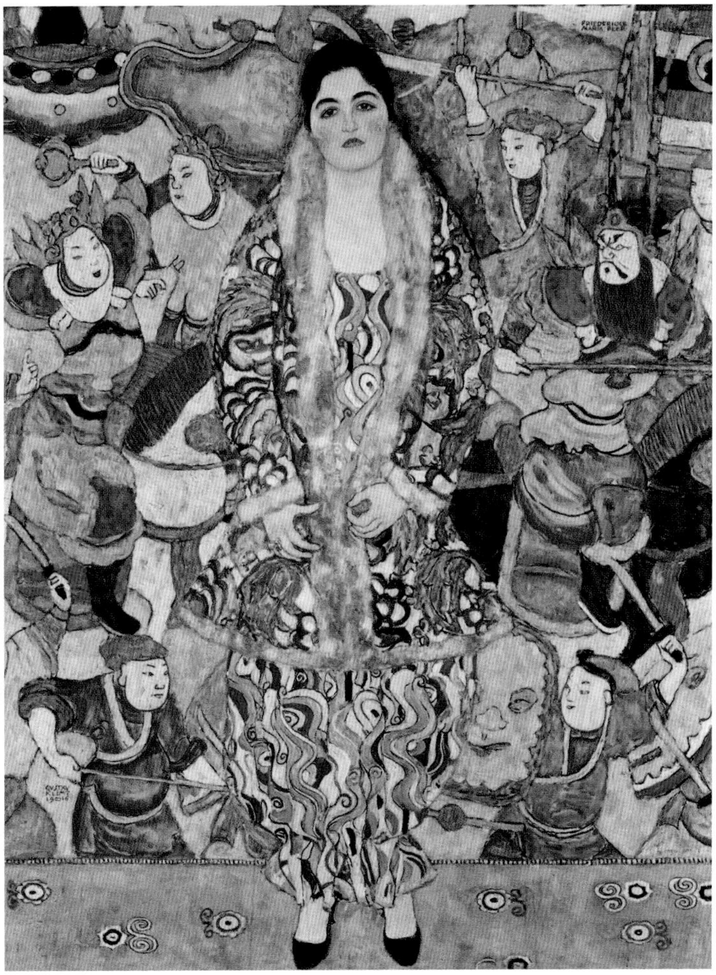

〈프리데리케 마리아 베어의 초상(*Portrait of Friederike Maria Beer*)〉, 1916년,
캔버스에 유채, 168×130cm,
미츠네 블루멘탈 컬렉션, 텔아비브 미술관, 텔아비브

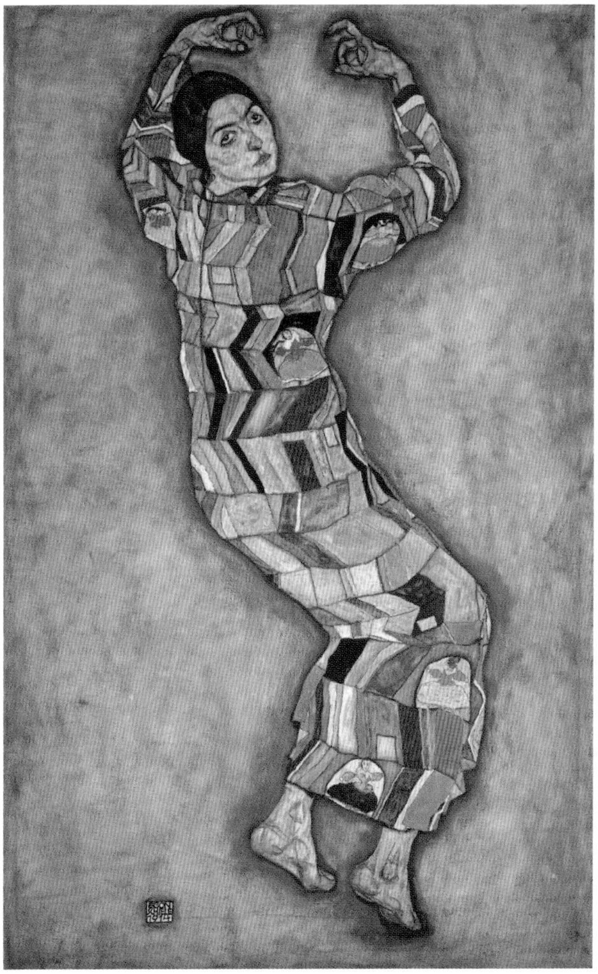

에곤 실레, 〈프리데리케 마리아 베어의 초상(*Portrait of Friederike Maria Beer*)〉,
1914년, 캔버스에 유채, 190×120.5cm,
미츠네 블루멘탈 컬렉션, 텔아비브 미술관, 텔아비브

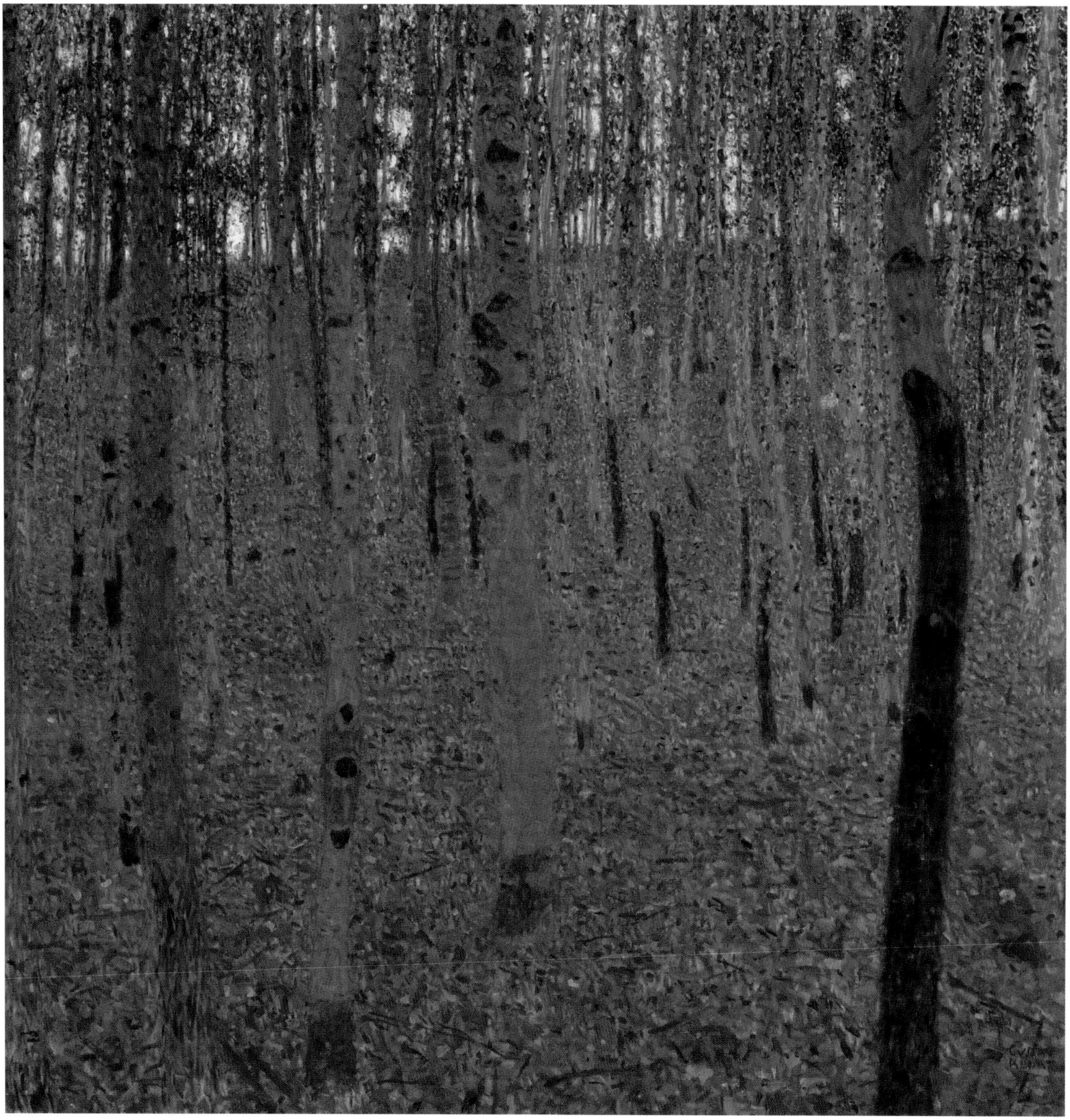

(상단) 〈너도밤나무 숲 Ⅰ(*Beech Forest* Ⅰ)〉, 1902년, 캔버스에 유채, 100×100cm, 근대거장미술관(Galerie Neue meister), 주립미술컬렉션, 드레스덴

(맞은편) 카머 성 공원의 오솔길, 아터 호수

풍경화

LANDSCAPES

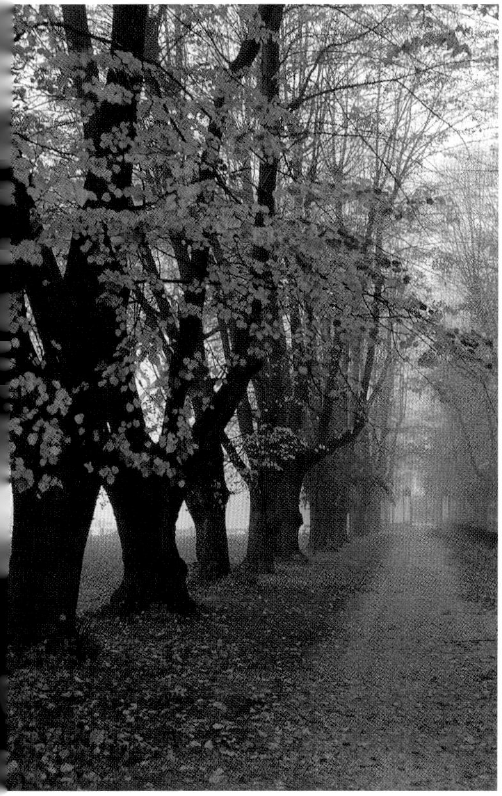

19세기 후반, 빈이 빠르게 성장하고 도시화가 되면서 빈의 많은 사람들은 여름철 동안 이 도시의 끈적이는 대륙성 기후를 벗어나고자 했다. 유럽 곳곳을 연결하는 철도 체계가 갖춰지면서 철새들과 같은 빈 사람들의 연례 이동을 도왔다. 부유한 부르주아지는 오스트리아에 내린 축복이라고 할 만큼 많은 호수 주변에 두세 달 동안 집을 빌리거나 아니면 별장을 지었다. 고지 오스트리아(Upper Austria)에서 많은 호수들로 유명한 잘츠캄머구트 지역에 있고 특히 상쾌한 산들바람과 깨끗한 물로 사랑받은 곳이다. 클림트는 이곳에서 보트타기와 수영을 즐기며 여름 한 철을 보냈다.

1890년대부터 세상을 떠날 때까지 클림트는 매년 꾸준히 풍경화를 그렸는데, 대개는 플뢰게 집안 자매들과 아터 호수에서 여름휴가를 보내면서 그린 것이었다. 아터 호수 근처에는 황제와 은퇴한 그의 측근들이 여름에 드나들던 유명한 바트 이슐의 리조트가 있었다. 그러나 아터 호수는 훼손되지 않은 그대로 남아 있었고 클림트는 이곳에서 그가 사랑했던 고요를 얻을 수 있었다. 아터 호수 주변 지역은 한쪽에는 호수와 야트막한 언덕이, 다른 한쪽에는 가파른 준봉들이 들어서 그림처럼 아름답고도 극적인 풍경을 이뤘다. 하지만 클림트는 아터 호수 주변 풍경 중에서도 보다 극적이며 그림같이 아름다운 측면을 분명 무시했다. 그가 그린 풍경화는 블록처럼 보이는 소박한 시골집들을 중요한 요소로 다루어 낭만적이라기보다 가정적이다. 심지어 클림트가 몇 번 그린 카머 성도 외관이 집과 다를 바 없다.

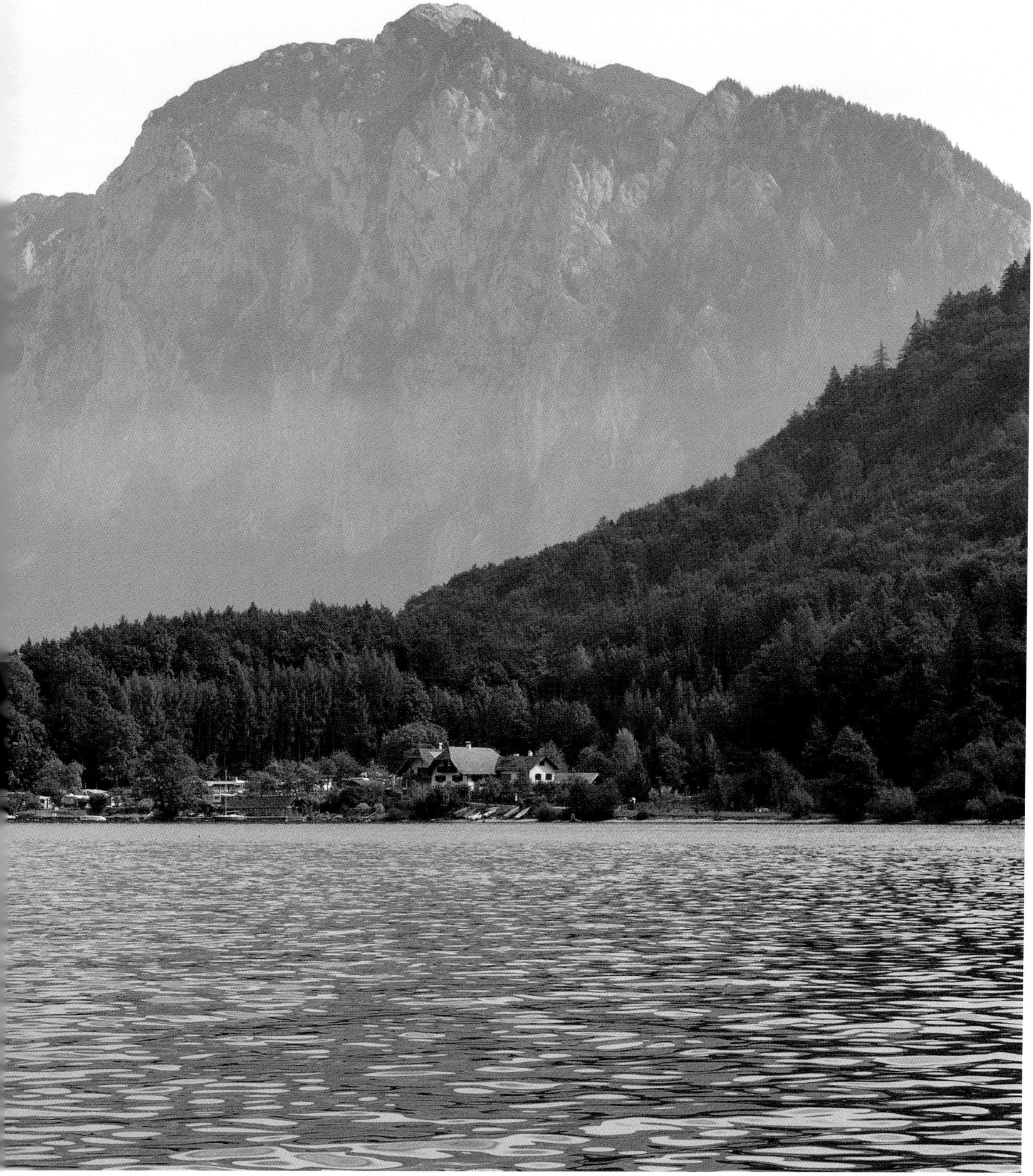

클림트의 초기 풍경화에 깊은 영향을 끼친 그림은 1898년에 빈 분리파 제1회 전시회 때 전시되었던 페르낭 크노프의 〈고요한 물(*still water*)〉이다. 크노프의 그림은 인상주의의 방식으로 시간과 장소를 기록하면서, 프랑스어로 '정신의 상태(état d'âme)'로 불릴 만한 '분위기'를 불러일으킨다. 클림트의 친구이며 그를 옹호했던 헤르만 바르는 크노프의 작품과 '벨기에의 셰익스피어' 모리스 마테를링크(Maurice Maeterlinck)의 저술을 이렇게 비교했다. "크노프는 마테를링크가 쓴 것을 그린다. 그는 내적인 삶을 그리는 화가다. …… 마테를링크는 우리가 말하거나 행동하는 것은 중요하지 않다는 말을 좋아했다. 그것은 우리의 진정한 삶 너머에 있는 감춰진 것의 겉모습에 불과하다. …… 크노프가 그리고자 하는 것은 말로 표현할 수가 없다."[1]

〈고요한 연못(*Still Pond*)〉, 〈비 온 후(*After the Rain*)〉처럼 1890년대 말에 클림트가 그렸던 풍경화는 (구체적인) 장소보다는 분위기를 불러일으키는 작품이며, 크노프의 작품이 그랬던 것처럼 색채를 제한하고 있다. 크노프의 〈고요한 물〉은 시점이 높은 곳에 위치해 화면 위쪽에서 나무 윗부분이 잘리고 물에 비친 나무의 물그림자가 화면 아랫부분에서 잘려 있다. 클림트의 〈고요한 연못〉은 크노프의 〈고요한 물〉과 흡사한 구도를 이용했다. 이 두 작품은 위아래를 바꿔서도 그릴 수 있을 것이다. 사실 크노프의 작품은 1980년대 초에 미술사박물관 19세기 전시실에 위아래가 뒤집어져 걸려 있었지만 누구도 알아보지 못했다.

아주 높거나 또는 낮은 시점, 공간의 평면화, 비대칭, 중요한 요소 재단처럼 클림트의 풍경화에서 나타나는 다수의 특징은 일본 목판화에서 비롯된 것이다. 1900년대 이후 클림트가 풍경화를 그릴 때 이용했던 색채는 인상주의의 영향을 받아 환해졌다. 비록 어떤 면에서 클림트는 모네와 인상주의 화가들과는 매우 다른 경로를 추구했지만, 클림트가 이용한 색채와 짧은 붓 자국을 화면에 성글게 엮었던 방식은 클림트가 모네를 면밀히 연구했음을 보여준다. 〈아터 호수의 섬(*Island in the Attersee*)〉(1901) 같은 그림을 처음 보면 화면에 담긴 빛과 수평으로 짧은 붓 자국을 찍어 반짝이는 물의 표면을 나타낸 방식이 모네의 작품과 눈에 띄게 비슷하다. 모네 역시 높은 시점과 화면을 재단하는 것 같은 일본풍에서 차용한 화면 구성의 장치를 이용했다. 그럼에도 그의 작품은 클림트의 그림만큼 평면적인 적이 없었으며, 그림 표면을 패턴화하지 않았다. 인상주의

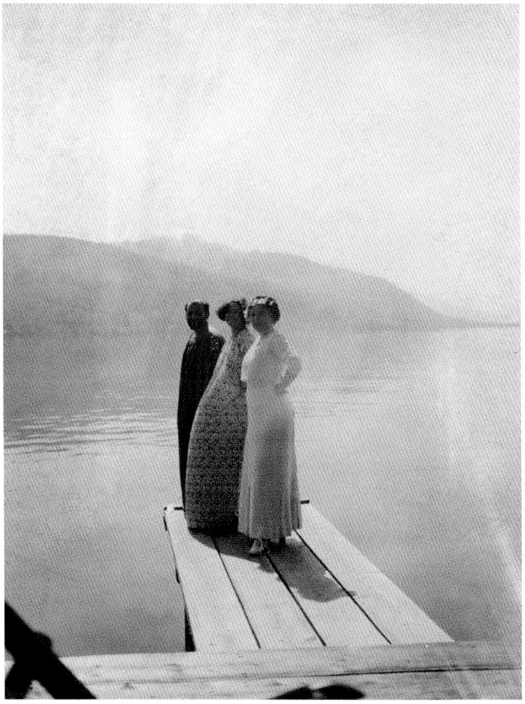

(상단) 에밀리와 헬레네 플뢰게와 함께 선 클림트,
아터 호수, 1910년 무렵

(맞은편) 〈아터 호수(*Attersee*)〉, 1901년, 캔버스에 유채,
80×80cm, 레오폴트 미술관, 빈

(120~121쪽) 오스트리아 알프스에 자리 잡은 아터 호수와 마을

GVSTAV
KLIMT

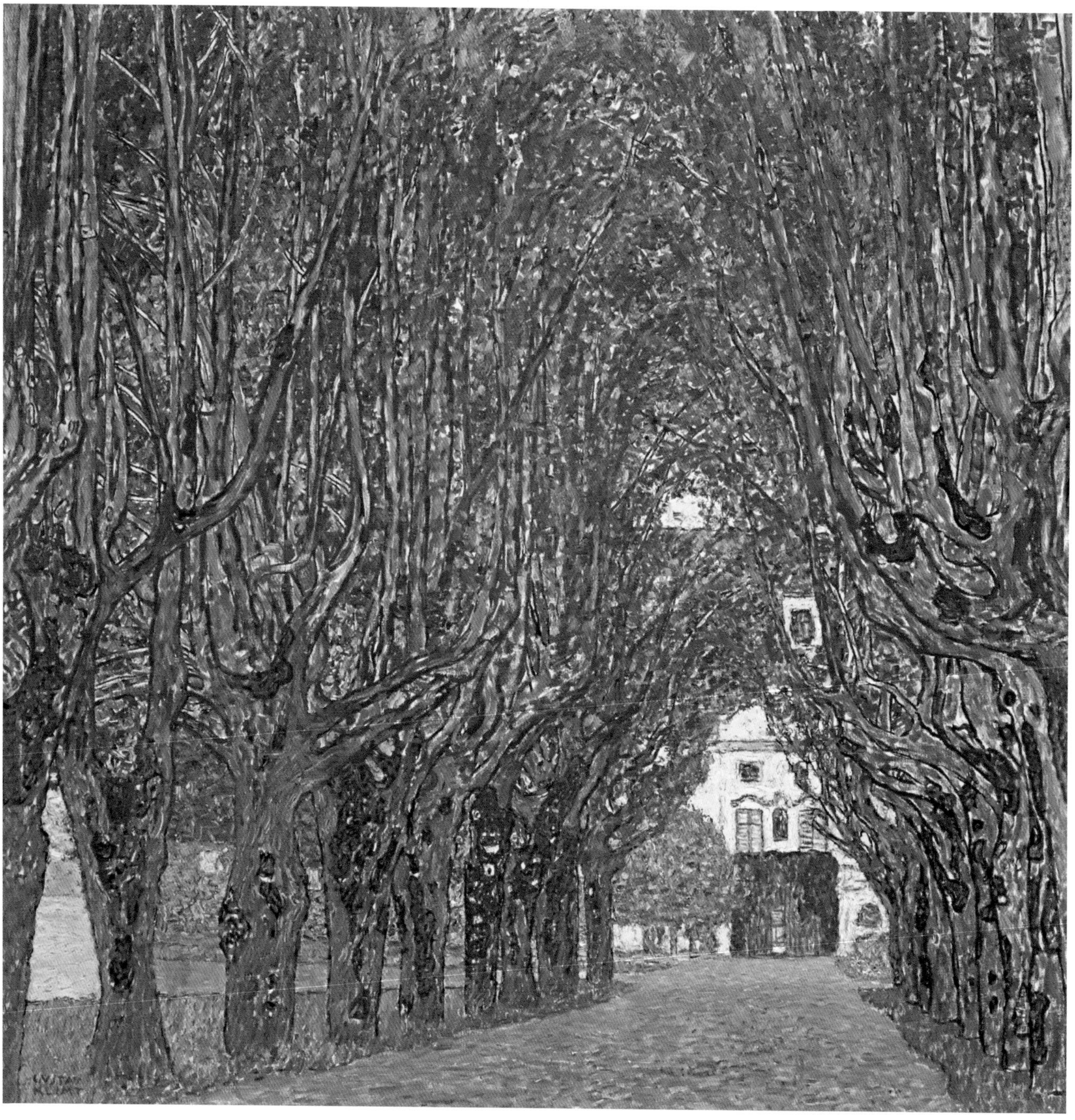

(맞은편) 〈카머 성 공원의 오솔길(*The Avenue in the Schloss Kammer Park*)〉, 1912년, 캔버스에 유채, 110×110cm, 오스트리아 벨베데레 미술관, 빈

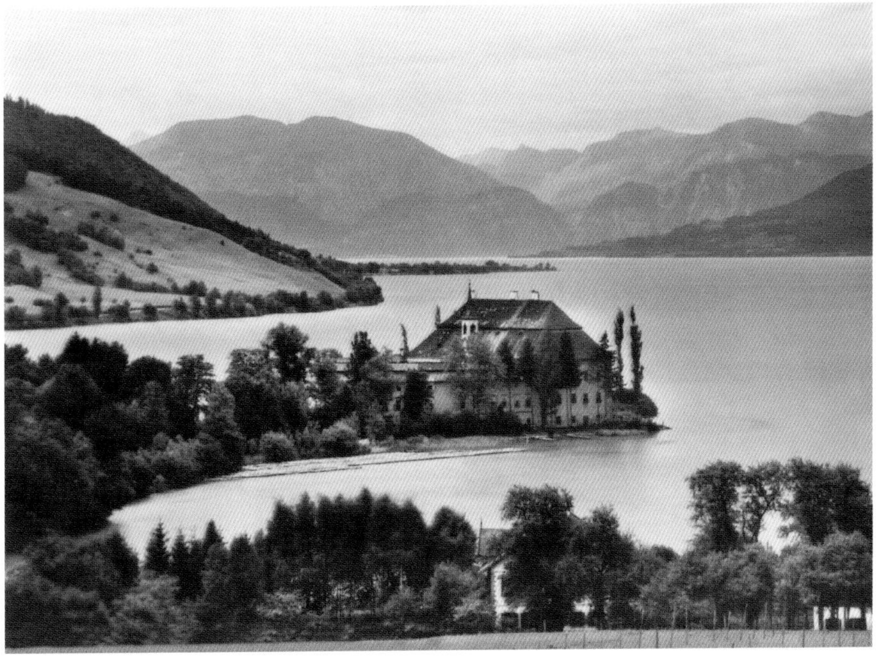

(우측) 아터 호수에 있는 카머 성, 1930년 무렵

화가들의 풍경화와 물이 있는 풍경화와 달리 클림트의 풍경화에는 심지어 건물이 들어가더라도 사람들이 거주하거나 활동한 흔적이 없다. 어떤 작품에서는 햇빛이 빛나지만 클림트는 날씨나 하루의 특정 시간대를 기록하는 데 특별히 관심이 없었다. 〈카머 성 공원의 오솔길〉 같은 후기 풍경화에서는 더욱 강력해지고 표현적인 붓질로 윤곽선을 강조하면서 클림트는 모네를 넘어서 고흐의 후기인상주의에 이르렀다. 물론 클림트의 후기 풍경화는 불안보다는 기쁨과 풍요로움을 나타내는 경향이긴 하지만 말이다.

플뢰게 자매들과 휴가를 즐길 때 클림트의 회화 작업에 관해 가장 상세하게 알려주는 정보는 미치 침머만과 주고받은 서신에서 나타나는데, 이는 클림트의 이중생활을 나타내는 전형적인 예이다. 미치 침머만은 오랜 동안 클림트의 모델이었고 정부였으며 아버지가 클림트인 두 아이의 어머니였다. "이른 아침 6시를 전후해서 일어나지. 날씨가 좋으면 근처에 있는 숲으로 가. 소나무 몇 그루가 있는 너도밤나무 숲을 (햇볕이 좋을 때) 8시까지 그리지. 그러면 아침식사를 하고 그 다음엔 호수에서 가능한 한 조심하며 수영을 하지. 그 후에 다시 그림을 그리는데, 날이 좋으면 호수를 그리고, 날이 흐리면 내 방에서 창으로 내다보며 그리지. 어떤 때는 아침에 그림 그리지 않고 대신 집 밖에서 일본

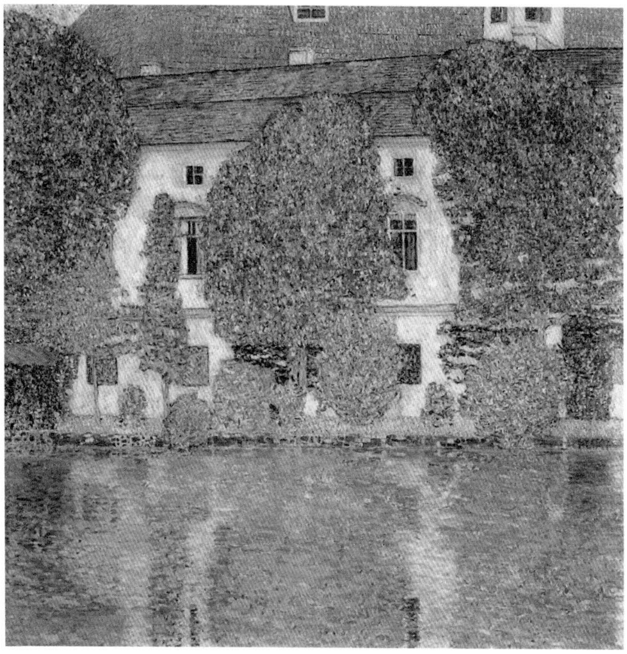

〈아터 호수에 있는 카머 성 Ⅲ(*The Schloss Kammer on the Attersee Ⅲ*)〉, 1910년, 캔버스에 유채, 110×110cm, 개인 소장

화집을 연구해. 그렇게 시간을 보내다 정오가 되면 점심을 먹고 잠깐 졸거나 (간식 시간까지) 책을 읽어. 간식 시간을 전후해서 다시 수영하러 가고. 매일은 아니지만 대부분 가는 편이야. 간식 시간 이후에는 그림을 그려. 지금은 폭풍이 몰려오는 해질녘을 배경으로 큰 미루나무를 그리는 중이지. 가끔 저녁에 그림을 그리는 대신 가까운 마을에 나가 볼링 경기를 하기도 해. 하지만 그건 매우 드문 일이고 해가 지면 저녁식사를 한 후 일찍 잠자리에 들어. 그리고 다음날 아침 일찍 일어나지. 때때로 이 시간표에 보트타기가 들어가서 근육을 강화하는 정도랄까."[2]

클림트의 풍경화는 상상보다 그가 다른 작품에 관해 생각하던 것과 직접적으로 연결되어 있다. 후기 풍경화에서 그를 매혹했던 것은 걷잡을 수 없이 자라나는 자연의 생명력이었다. 공원과 정원을 그린 작품에도 클림트는 초상화나 알레고리 그림처럼 에로틱한 상징을 담았다. 1917년 7월 10일에 클림트가 적은 짧은 시로 자연을 대하는 그의 태도를 정리할 수 있다.

호숫가에 자라는 수련
활짝 피었네
멋진 남자를 향한 선망이
그녀의 마음속에 있네

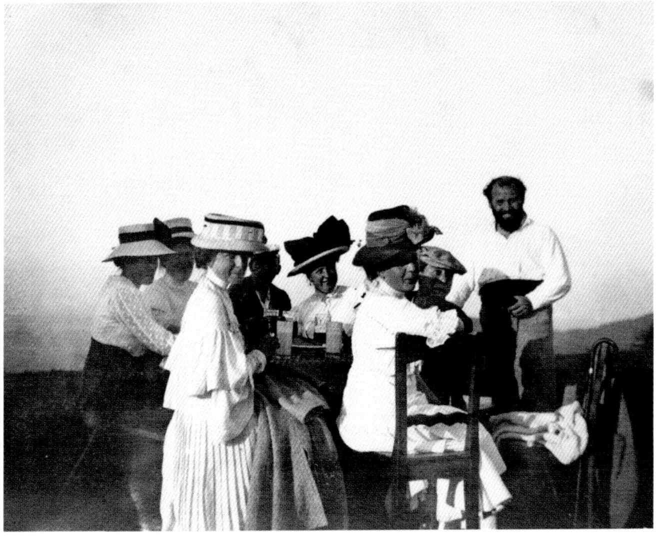

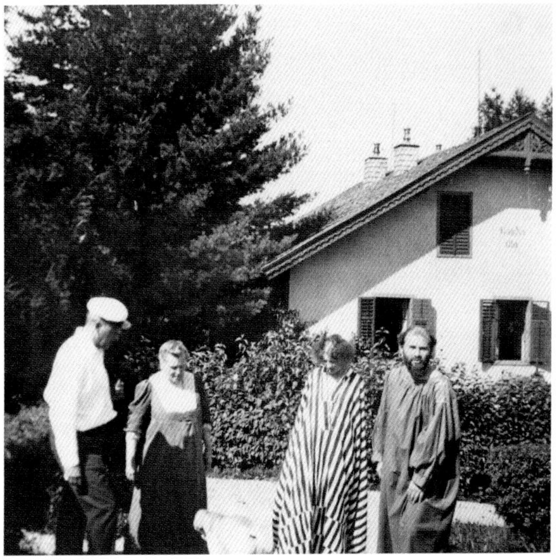

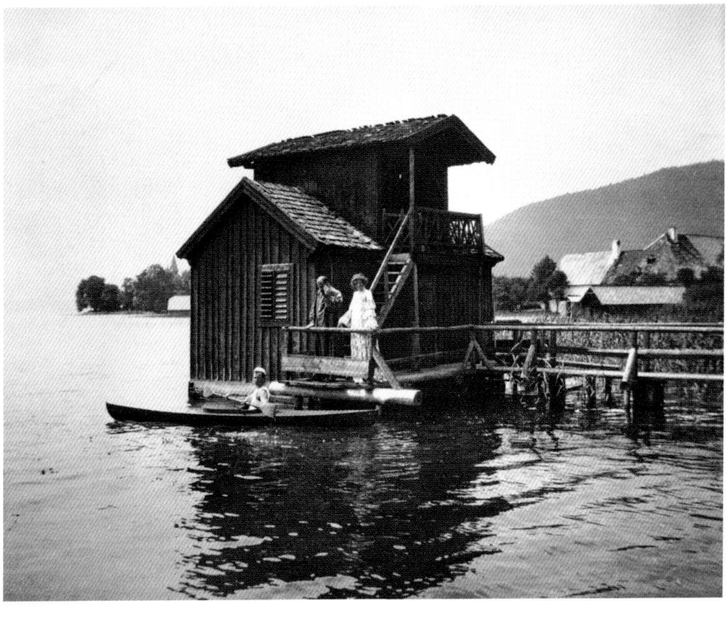

(상단좌측) 아터 호숫가 가베르크 마을로 친구들과 나들이 나온 클림트가 탁자 옆에 서 있다. 1908년

(상단우측) 헤르만, 바르바라 플뢰게와 함께한 클림트와 에밀리 플뢰게.
카머 성 안에 자리한 올레안더 빌라 앞. 1908년

(하단)
보트창고 앞에 서 있는 긴 겉옷을 입은 클림트와 에밀리 플뢰게.
카누에 앉아 있는 사람은 프리츠 파우리크* 이다.
아터 호숫가 리츨베르크 마을. 1904년

* 그의 별장은 빈에서 온 수많은 예술가들과 지식인이 만나는 장소여서 클림트도 이곳에 들르곤 했다. 현재 아터 호숫가에 조성된 '클림트의 길'은 제발헨(Seewalchen) 마을에 있는 프리츠 파우리크의 별장까지 이어진다. _옮긴이

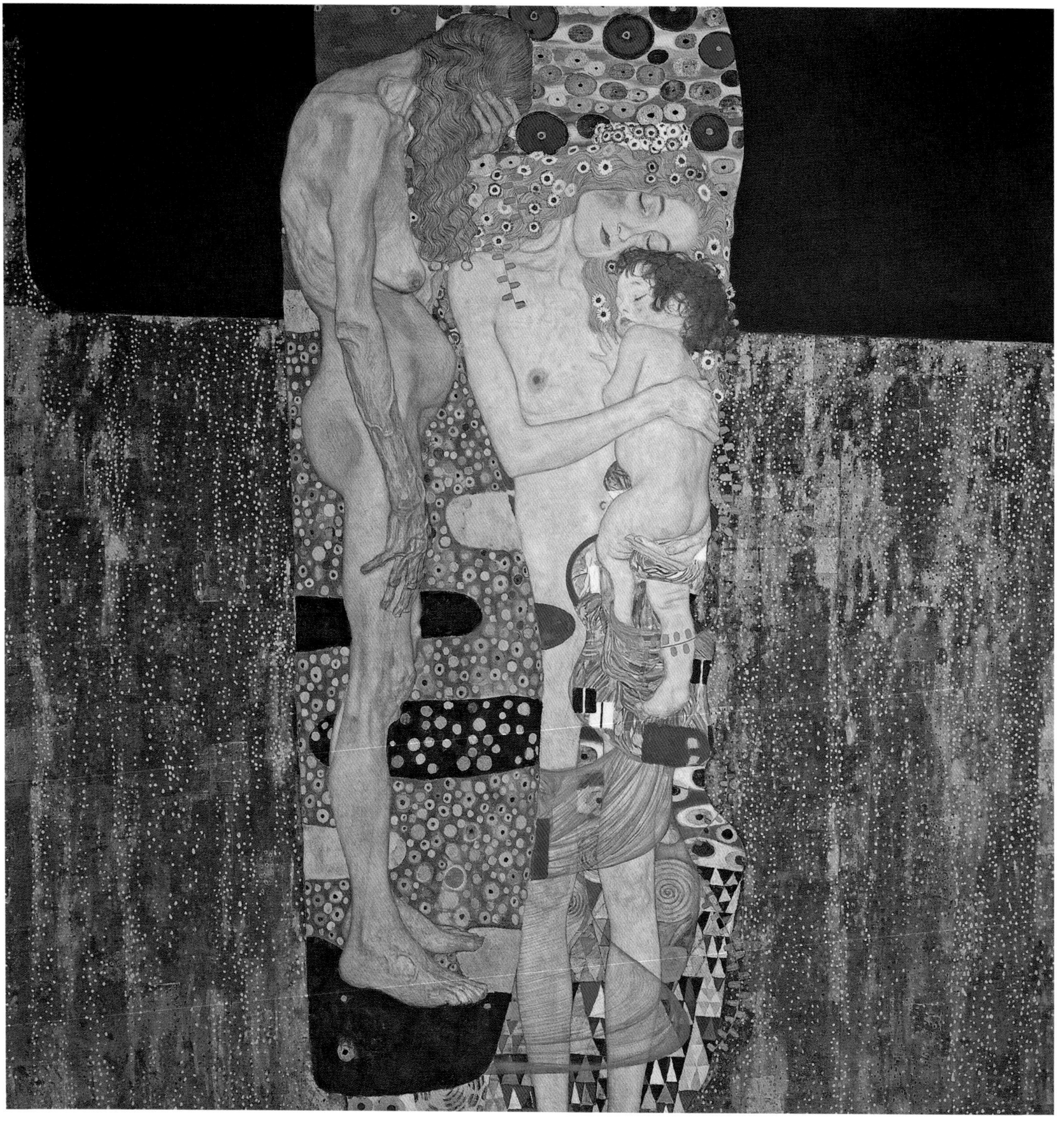

알레고리와 상징

ALLEGORIES & SYMBOLS

〈여성의 세 시기(*The Three Ages of Woman*)〉, 1905년, 캔버스에 유채, 180×180cm, 국립 근대미술관, 로마

시간, 취향, 불운한 전쟁, 이 모든 요인으로 클림트의 야심작이나 철학적인 작품보다 그의 초상화와 풍경화로 관심이 집중되는 경향이다. 그렇지만 클림트 자신은 스스로를 초상화가와 풍경화가라고 생각했을 것 같지는 않다. 스타일로 보면 클림트는 아르누보, 유겐트슈틸 또는 분리파 스타일(이런 맥락에서 보면 이 세 용어는 거의 바꿔 써도 무방하다)과 연결될 것이다. 하지만 보다 광범위한 미술사조에서 클림트의 자리를 찾고자 한다면, 그가 속하는 자리는 에드바르 뭉크, 페르디난트 호들러, 프란츠 폰 슈투크, 페르낭 크노프와 함께 상징주의일 것이다.

문학과 시각예술에서 상징주의는 진보를 의심 없이 신뢰하며 사상계를 지배했던 19세기 중엽의 유물론과 실증주의 철학에 대항해 1880년대와 1890년대에 번성했다. 시각예술에서 상징주의는 사실주의와 인상주의, 그리고 이 두 사조가 실제 세계를 감각으로 인식하는 데 전념했던 것에 대항했다. 태도의 변화는 사실주의의 대표인 귀스타브 쿠르베와 상징주의 화가 귀스타브 모로의 대비되는 발언에서 분명히 나타난다. 쿠르베는 누군가 추한 사람들을 그리면서 천사를 그리지 않는 이유를 묻자, 천사를 자기 스튜디오에 데리고 오면 기꺼이 천사를 그리겠다고 대답했다. 반면 모로는 물질세계에서 자기 주위에 있으나 볼 수 없는 것을 그리는 것에만 흥미가 있다고 대답했다.

1892년에 데카당스(퇴폐주의 문학) 작가 조제팽 펠라당(Josephin Peladan, 1859~1918)은 장미십자회의 살롱이란 이름 아래 상징주의 전시회를 개최했다. 펠라당에 따르면 상징주의자는 "전설, 신화, 알레고리, 꿈, 위대한 시를 바꾸어 표현하는 것, 궁극적으로 모든 서정적 표현을 좋아한다. 장미십자회는 우월한 본질을 벽화처럼 인물로 형상화한 작품을 선호한다." 상징주의는 클림

트에게 잘 들어맞는 지침이었다. 그리고 장미십자회 전시에 출품했던 화가들 중에서 클림트가 가장 친밀감을 느꼈던 화가는 페르디난트 호들러였다는 사실이 중요하다.

1895년에 스웨덴의 극작가 아우구스트 스트린드베리(August Strindberg)가 폴 고갱에게 보낸 유명한 편지(고갱의 작품이 포함된 전시 도록에 동봉했던)는 1880년대 중반 파리의 문화적 흐름이 완전히 변했고 특히 아방가르드들이 추종하는 화가가 마네에서 퓌비 드 샤반으로 바뀌었다는 내용을 담고 있었다. 1884년은 이러한 변화에서 중요한 해일 것이다. 그해에 이제껏 무시되었고 오해를 받아왔던 퓌비 드 샤반이 벽화 〈성스러운 숲(*The Sacred Forest*)〉으로 살롱에 전시하고 찬사를 받았다. 이 작품에 등장했던 천으로 몸을 감싸고, 마치 이상화된 시립 공원으로 보이는 곳에서 휴식 중인 듯 보이는 뮤즈 같은 인물의 이미지는 19세기 말에 가장 영향력이 컸고 광범위하게 모방되었다. 또한 같은 해에 오스카 와일드(Oscar Wilde)가 '데카당스의 백과사전'이 될 것이라고 말한 조리스-카를 위스망스의 소설 『거꾸로』의 출간이 사실주의 진영의 작가들에게서 돌아서는 신호가 되었다. 『거꾸로(*À rebours*)』는 상징주의에서 중요한 화가 귀스타브 모로에게 명성과 오명을 모두 안겼다. 위스망스는 모로의 살로메 그림들을 연상하게 하는 놀라운 암시적 글쓰기로 이 화가의 세기말 데카당스를 강조했을 뿐만 아니라 20세기 초 클림트가 그린 유디트인 동시에 살로메를 예견하는 듯하다.

"귀스타브 모로의 작품은 신약성경의 내용을 훨씬 뛰어넘는 개념이며, 그(모로)의 작품에서 데제상트(『거꾸로』의 주인공)는 마침내 그의 꿈에 등장했던 기이하고 초인적인 살로메의 실현을 목격했다. 여기서 살로메는 더 이상 단순히 춤추는 여인이 아니다. 살로메는 욕정에 찬 비명을 지르며 엉덩이를 유혹하듯 흔들면서 나이든 남자의 바람기를 쥐어짜낸다. 그녀는 사기를 꺾고, 왕의 의지를 풍만한 가슴으로, 씰룩거리는 배로, 떨리는 허벅지로 무너뜨린다. 그녀는 말하자면 꺼지지 않는 욕정의 화신, 불멸하는 광란의 여신, 모든 미인들 중에서도 칭송 받았지만 그녀의 살과 근육이 굳어버리는 저주 받는 미인, 고대 신화의 헬레네처럼 그녀에게 다가가는 모든 것, 그녀가 보는 모든 것, 그녀가 만지는 모든 것을 무관심하고, 책임 없고, 개념 없고, 죽음으로 이끈다."[1]

모로 자신이 자기 예술의 본질이라고 했던 두 가지 성격 즉, '필수적 풍부함(a richesse necessaire)' '아름다운 나태(a belle inertie)'로 세기말의 개념을 정의 할 수 있다. '아름다운 나태'는 에드워드 번-존스부터 클림트까지, 이 시기 많은 화가들의 그림에 등장하는 나른함, 약간 병적인 무기력이다. '필수적 풍부함'은 무엇을 재현하는 것과 별개로 이미지는 멋지고 장식적이어야 한다는 뜻이다. 모로의 그림은 보석과 견주어졌고, 번-존스의 어떤 작품들은 양각으로 새긴 값

비싼 벽지 위에 그린 것처럼 보였다. 번 존스는 "나는 금세공업자가 보석을 다루듯 내 그림을 사랑한다. 나는 표면의 모든 부분이 너무 훌륭해서 좋아하는 것이다. 어느 부분이 긁히기라도 하면 그림을 불태우거나 버린다. 그 그림을 찾은 사람은 이 그림이 무엇을 재현했는지 모르지만 그것은 표면이 아름답고 색채가 훌륭한 예술작품이라고 말할 것이다."[2] 이 말은 클림트의 입에서 흘러나왔을 수도 있다. 분명 '아름다운 나태'와 '필수적 풍부함'이라는 두 가지 성격이 클림트의 아델레 블로흐-바우어의 초상화만큼 극대화된 작품은 없을 것이다.

부르크 극장의 벽화처럼 소소한 일화를 그리는 것은 펠라당이 가장 경멸했던 모든 것을 나타낸다. 클림트는 1890년대가 되어서야 주제에 새롭게 접근하기 시작했다. 그가 1895년에 그린 작은 패널 그림 〈사랑(*Liebe*)〉에서 이러한 이행의 계기를 찾아볼 수 있다. 이 그림의 제목이 보다 보편적인 것을 향한 특정하고 일화적인 접근에서 벗어나고자 하는 바람을 암시한다. 세로로 긴 화면 형식, 평평한 금색 틀에 장미를 비대칭으로 놓은 점에서 일본풍의 영향이 뚜렷하다. 그림 위에서 안개처럼 떠 있는 불길하면서도 에로틱한 인물들은 빈 대학교 천장 그림의 이미지를 예상하게 한다. 하지만 연인은 문학적이고 다소 상투적으로 그려서, 훗날 클림트가 비슷한 주제로 그린 작품 〈키스〉보다 프란체스코 하예즈(Francesco Hayez, 1791~1882)의 대단히 인기 있던 아카데미 화풍의 〈키스(*I l Bacio*)〉에 더 가깝다.

1885년, 같은 해에 그린, 크기는 더 작은 〈음악 I〉(137×44cm)에서는 클림트의 겨우 성숙한 스타일의 이질적 요소들이 훨씬 더 성공적으로 융합된다. 그러나 이 작품과 그보다 더 크고 둠바 저택의 음악실에 설치하려고 3년 뒤에 그린 〈음악 II〉는 중요한 차이점을 보인다. 1895년 작품에서 머리카락을 뒤로 단단히 묶은 소녀는 자기가 연주하는 음악에 완전히 몰두하는 것 같다. 1898년 작 〈음악 II〉에서는 이전에 소박했던 소녀가 머리를 풀고 완전히 성장한 팜 파탈로 변했다. 여인은 왼손으로 여전히 하프를 뜯고 있지만 관람객을 향해 약간 위협적으로 몸을 틀었다. 클림트의 후기 작품에서 매우 중요한 역할을 하는 음험한 성적 상징은 일찍이 〈음악 I〉에서 소녀의 등 뒤에 있는 고대 그리스의 가면으로 암시하듯 나타났다. 〈음악 I〉에서 욕정에 차서 빙긋이 웃는 듯 보이는 이 가면이 〈음악 II〉에서는 더 이상 암시에 그치지 않고 여인의 앞에 당당하게 자리를 잡았다. 〈음악 II〉를 그렸던 1898년에 클림트의 작품에서는 최초로 누드 팜 파탈이 등장했는데 그것은 〈팔라스 아테나〉의 손 위에 서 있던 작은 여인상이었다. 이 작품은 제2회 빈 분리파 전시에 선보여 관객을 경악하게 했다. 흔치 않은 정사각형(75×75cm) 포맷으로 상대적으로 크기가 작은 이 작품은 아마도 클림트의 성숙기 예술뿐만 아니라 고전주의와 세기말 스타일의 융합이 완전히 표현되어 성공을 거둔 첫 그림일 것이다. 아르누보와 세기말 미술은 대개

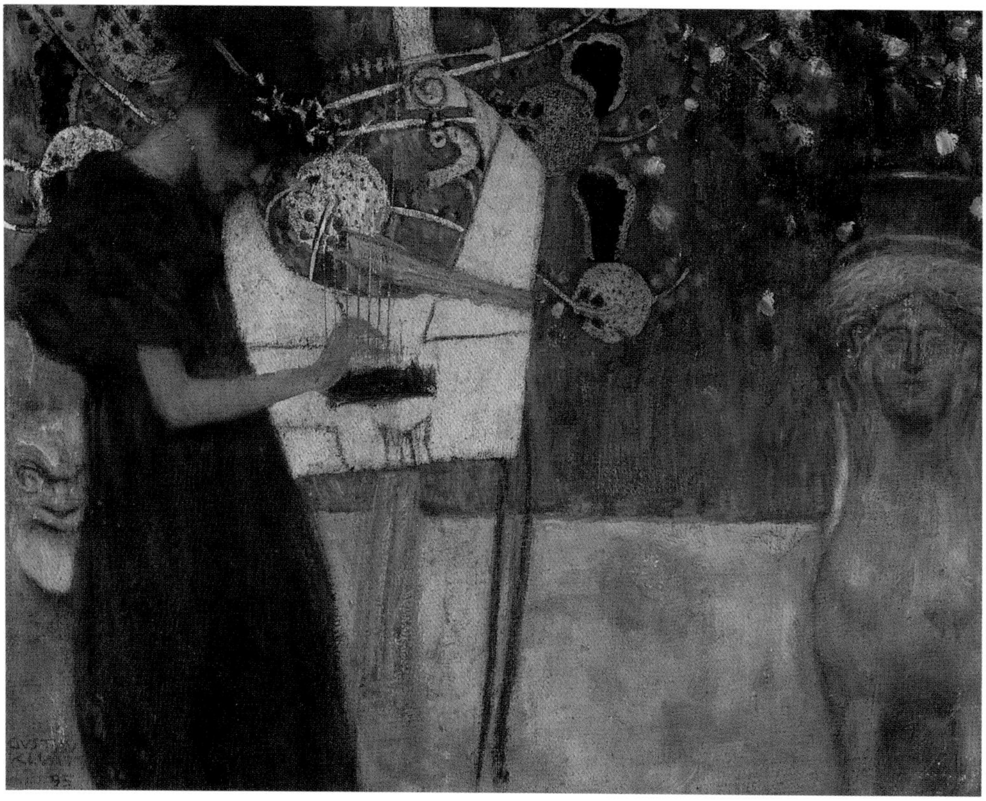

〈음악(*Music*)〉, '스토클레 프리즈'를 위한 습작, 1895년, 캔버스에 유채, 37×44cm, 노이에 피나코테크, 뮌헨

형식에서 강한 반고전주의 경향이었다. 하지만 클림트는 독일 바이에른 지역에서 활동했던 동료 프란츠 폰 슈투크처럼 고전 세계와 신화의 특정 측면(프로이트적 측면이라고 할 수 있겠다)에 관심이 깊었다. 클림트와 슈투크 모두 그들이 살았던 시대 식으로 고전주의를 만들어내는 데 성공했다. 프로이트와 고전 신화의 관련은 프로이트가 서재용으로 선택했던 장서표에서 분명히 나타난다. 이 장서표는 클림트의 테세우스 포스터에서 영향을 받은 게 분명한 분리파 스타일로 오이디푸스와 스핑크스를 그린 것이었다.

〈팔라스 아테나〉(58쪽)에서 왼편에 있는 아주 작은 빨간 머리의 나체인 여성은 1899년에 개최된 제4회 분리파 전시회에서 〈벌거벗은 진실(*Nuda Veritas*)〉이라는 작품(91쪽)에서 실물 크기로 확대되어 다시 등장했다. 누드 여성 이미지는 예부터 진실의 상징으로서, 아카데미즘 화가 장-레옹 제롬의 작품으로 1896년도 살롱에 전시되었던 〈우물에서 나와 부끄러운 인류에게로 다가가는 진실(*Truth Rising from her well to shame Mankind*)〉에도 이용되었다. 클림트는 〈벌거벗은 진실〉의 의미를 프리드리히 실러를 인용하여 설명했는데, 인용구는 화가에게 자기 자신에게 충실할 것을 권고하는 내용으로 그림 위쪽 금색 배경에 새겨졌다. 또한 클림트의 친구인 베르타 주커칸들에 따르면, 이 그림은 당시 프랑스에서 논란이 최고조에 달했던 드레퓌스 사건(Dreyfus Affair)에 대한 발언이었다. 누드 여성의 발치에 있는 뱀처럼 혼동을 주는 몇몇 요소들이 없다면, 이 모든 것이 〈벌거벗은 진실〉을 전통적인 알레고리 회화로 볼 수 있게 했을 것이다. 뱀은 슈투크의 악명 높은 작품 〈죄악(*The Sin*)〉 또는 옛 거장들이 그린 '원죄 없이 잉태된 성모(immaculate Conception)'에서 성모의 발이 이단을 나타내는 뱀을 밟고 있는 것을 차용했을 수도 있다.

서양미술에서는 예부터 상징과 알레고리를 이용했다. 상징주의 그림에서는 과거의 작품과 달리 상징과 알레고리를 특정하게 또는 쉽게 읽을 수 있게끔 그리지 않았다. 이들의 그림에서 의미는 암시, 연상 또는 순수하게 시각적인 수단을 이용해서 전달되었다. 빈 대학의 교수들에게는 클림트가 천장화에서 음모를 노출했고 성애를 명백하게 나타냈다는 것보다 전통적으로 쉽게 이해할 수 있는 알레고리를 떠나 애매한 상징주의 영역으로 들어간 것이 더 문제였다. 당황스러워하는 교수들을 대변한 카를 크라우스는 〈철학〉을 빈정거리며 이렇게 썼다. "내가 말했던 클림트의 원래 스케치는 일어서서 깊이 사색하는 벌거벗은 소년을 보여주었다. 소년이 그림 위쪽에서 포옹하고 있는 두 사람을 바라볼 때 그의 얼굴로 드리워진 긴 머리칼은 미성숙한 소년의 뺨을 물들였을 붉은 기를 감춰주었다. …… 이 스케치를 의뢰했을 때 빈 대학교의 현재 총장은 이것은 철학을 그린 그림이 아니라 아기가 어떻게 태어나는지 궁금해 하는 미숙한 소년을 그린 것이라고 했다."[3]

클림트는 자기 자신에게 진실 되라는 실러의 충고에 주의를 기울이면서 빈 대학 교수들과의 타협을 거절했다. 나아가 〈법학〉과 〈약학〉을 그린 천장화에서 복잡하고 혼동되는 이미지를 그려 그들을 분노하게 했다. 교수들이 확신할 수 있던 한 가지는 이 그림들이 클림트에게 의뢰했을 때 염두에 두었던 인류의 진보에 관해 희망을 주는 설교 따위가 아니라는 점이었다.

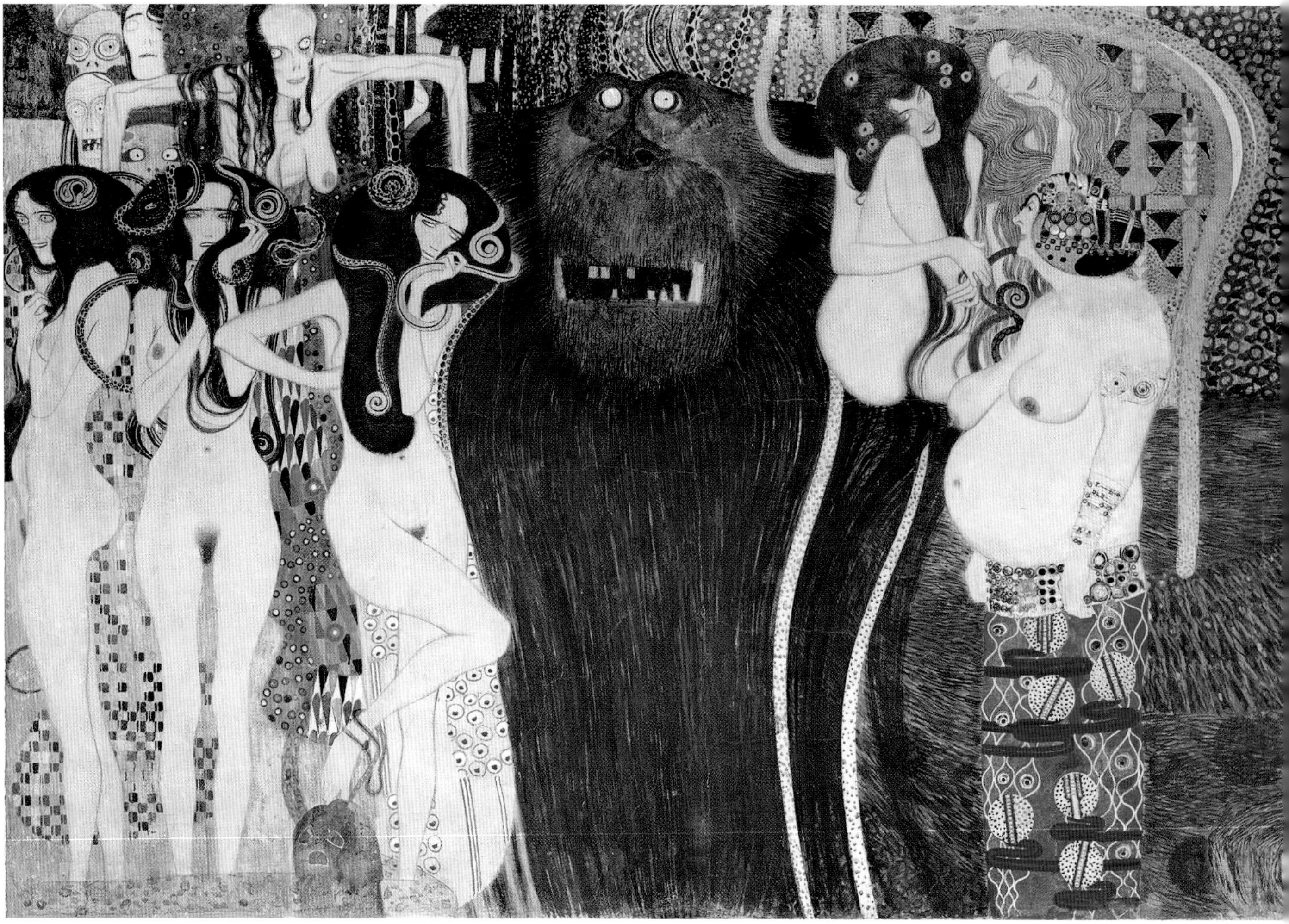

이와 비슷하게 클림트는 1902년 분리파 전시회에서 선보인 〈베토벤 프리즈〉를 통해 베토벤이 실러의 시를 넣어 단호한 낙관주의를 표현했던 것에 반대한다. 전시 도록에 수록된 〈베토벤 프리즈〉에 관한 설명은 다음과 같다. "장식 원칙: 전시실에 설치할 것을 고려하여 플라스터 표면에 그렸다. 벽화 3점은 일관성 있게 연결된다. 첫째 현관 맞은편 긴 벽: 행복을 향한 갈망. 나약한 인간의 고통, 인간은 외부에서 온 갑옷을 입은 기사에게 간청한다. 내적인 동정과 야망, 추진력, 행복을 위한 투쟁에 착수하도록 내적인 것을 움직이게 한다.

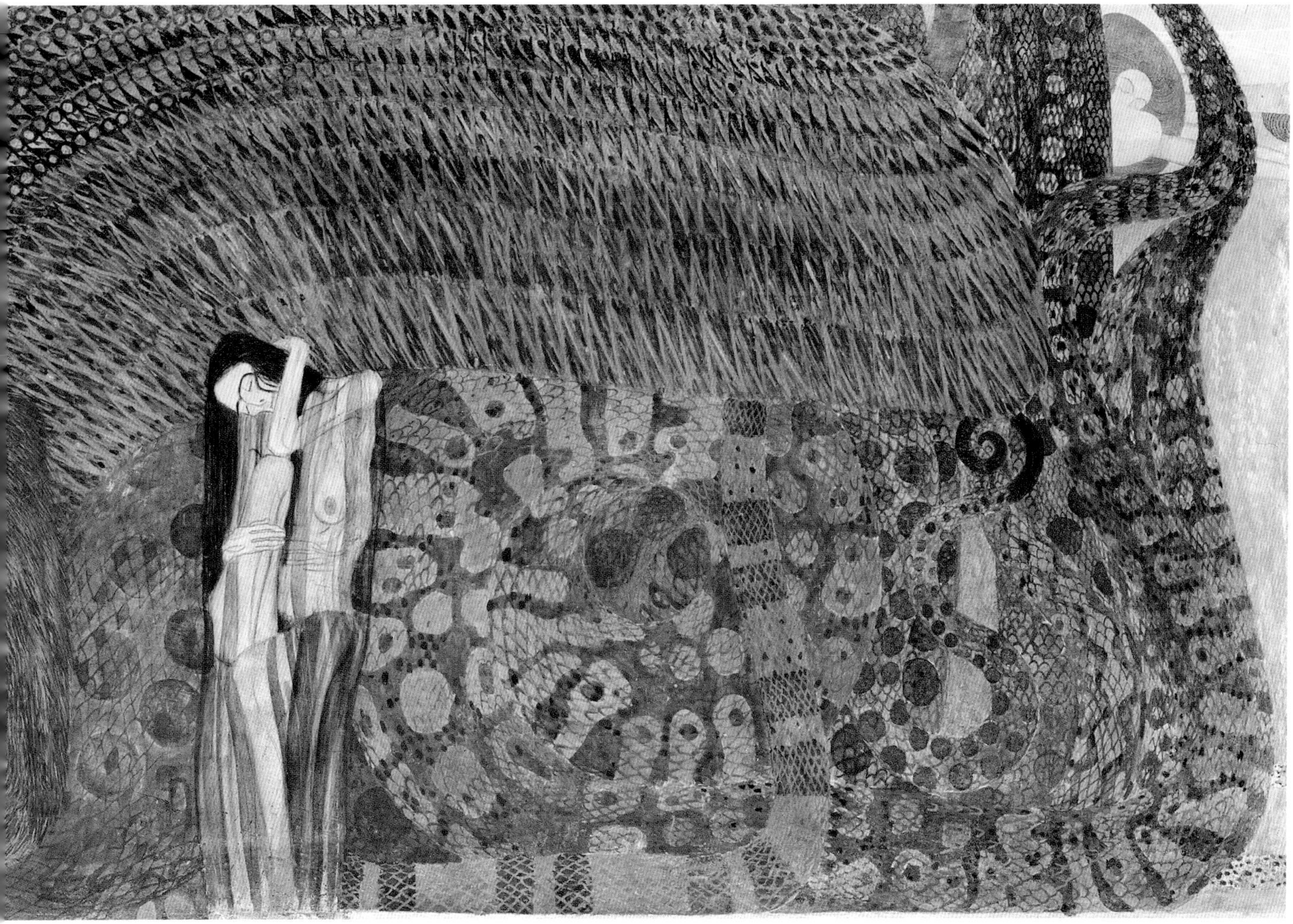

'악의 힘(*The Forces of Evil*)', 〈베토벤 프리즈〉의 세부,
1902년, 스투코 바탕에 카제인 물감, 금박,
준보석, 플라스터, 목탄, 파스텔, 연필,
215×3414cm(긴 벽 각 1392cm, 짧은 벽 630cm),
오스트리아 벨베데레 미술관, 빈

"좁은 벽: 적대적 세력. 거대한 티폰, 그에게 맞서 신들이 전투를 벌였지만 허사였다. 그의 딸들 세 고르곤, 질병, 열광, 죽음. 욕망과 불순함, 과도함. 끊임없는 근심. 인류의 갈망과 욕망은 그것들을 초월해서 비상한다. 두 번째 긴 벽: 행복을 향한 갈망이 시에서 쉴 곳을 찾았다. 예술은 우리를 이상의 왕국으로 인도한다. 그곳에서만 우리는 순수한 기쁨, 순수한 행복, 순수한 사랑을 찾을 수 있다. 천상에 있는 천사들의 합창." 그것은 가식적인 키치를 만드는 것처럼 보이는 계획이었지만, 클림트의 손에서 강렬한 이미지로 태어난다. 여느 때처럼 클림트는 노골적으로 시각 요소를 차용했다. 그는 배른도르퍼 음악실에 마거릿 맥도널드가 젯소로 그렸던 패널과, 과도함을 나타내는 뚱뚱한 인물은 오브리 비어즐리에게서, 키스하며 절정에 오른 두 사람 뒤에 있는 합창단의 양식화되어 반복되는 선은 페르디난트 호들러에게서 차용했다. 호들러는 클림트의 모방을 알아보고 칭찬하면서 1905년에 있었던 인터뷰에서 이렇게 말했다. "근대 화가들 중에서 나는 특별히 클림트를 높이 평가합니다. 특히 그의 벽화를 좋아합니다. 그 안에선 모든 것들이 물 흐르듯 흐르면서도 정지해 있어요. 그 또한 반복을 이용하기 좋아하죠. 반복은 그의 작품에 훌륭한 장식 효과를 내는 원천입니다. ……"[4]

전쟁의 우여곡절을 겪고 스토클레 가문이 끊임없이 소송에 휘말리면서 스토클레 저택의 클림트 벽화에는 대중이 접근하지 못하게 되었다. 한편 약한 스투코 바탕에 즉흥적인 효과를 내는 매체인 카제인 물감으로 그렸고 1902년 분리파 전시 이후에 철거하려 했던 〈베토벤 프리즈〉는 지금까지 남아서 클림트의 성숙기 주요 장식 그림 중에서는 유일하게 현재 볼 수 있는 작품이 되었다는 것은 매우 아이러니하다.

또한 클림트는 1890년대부터 1918년에 세상을 떠날 때까지 알레고리를 주제로 유화와 패널화를 많이 그렸다. 〈흐르는 물(*Moving Water*)〉(1898), 〈금붕어(*Gold Fish*)〉(1901~1902), 〈물뱀 I〉과 〈물뱀 II〉(1904~1907)로 이루어진 그룹은 깊은 바다에서 도취된 듯 부유하는 벌거벗은 여인들을 그렸는데, 이 주제는 프로이트에게서 비롯된 듯하다. 〈금붕어〉에서 웃고 있는 세 여인은 분명 바그너의 《니벨룽의 반지(*Ring Cycle*)》에서 성가시게 굴고 추파를 던지는 라인 강의 인어 아가씨들과 관련된다. 관음증 환자의 욕정에 찬 시선을 던지는 거대한 금붕어는 바그너의 오페라 《라인의 황금(*Rhine Gold*)》뿐만 아니라 클림트이며 동시에 알베리히*를 나타낸다.

〈물뱀 I〉과 〈물뱀 II〉에서 뱀은 당시 사람들의 눈에는 분명 남근을 암시한다. 하지만 클림트의 동시대 사람들이 아마도 그것을 더 잘 알고 있었을 것이다. 여성과 포식동물, 파충류, 특히 뱀의 조합(프로이트의 이론을 떠올릴 수 있다)은 세기말 미술에 상투적으로 등장했다. 가장 악명 높은 예는 프란츠 폰 슈투크가 그린 작품으로, 커다랗고 끈적끈적한 까만색 뱀이 여러 가지 포즈를 취한 벌거벗은 여성을 감고 있는 연작이다. 슈투크는 이 연작의 여러 그림에 관음, 도발, 욕정 등 관련 어휘 목록을 모두 이용한 것처럼 보인다. 그는 훌륭한 설비를 갖춘 뮌헨 스튜디오에서 신성을 모독하듯 〈죄악〉을 중앙에 놓은 제단을 세웠다. 그 시대에 이런 얼토당토않다고 여겨지던 그림을 경배했다는 것이 충격적이다. 심지어 〈죄악〉을 처음으로 전시했을 때 이 작품 앞에 줄지어 좌석을 마련해서 숭배자들이 거기에 앉아 경외하고 명상할 수 있도록 했다.

* 《니벨룽의 반지》에서 니벨룽의 어두운 왕국에 사는 난쟁이_옮긴이

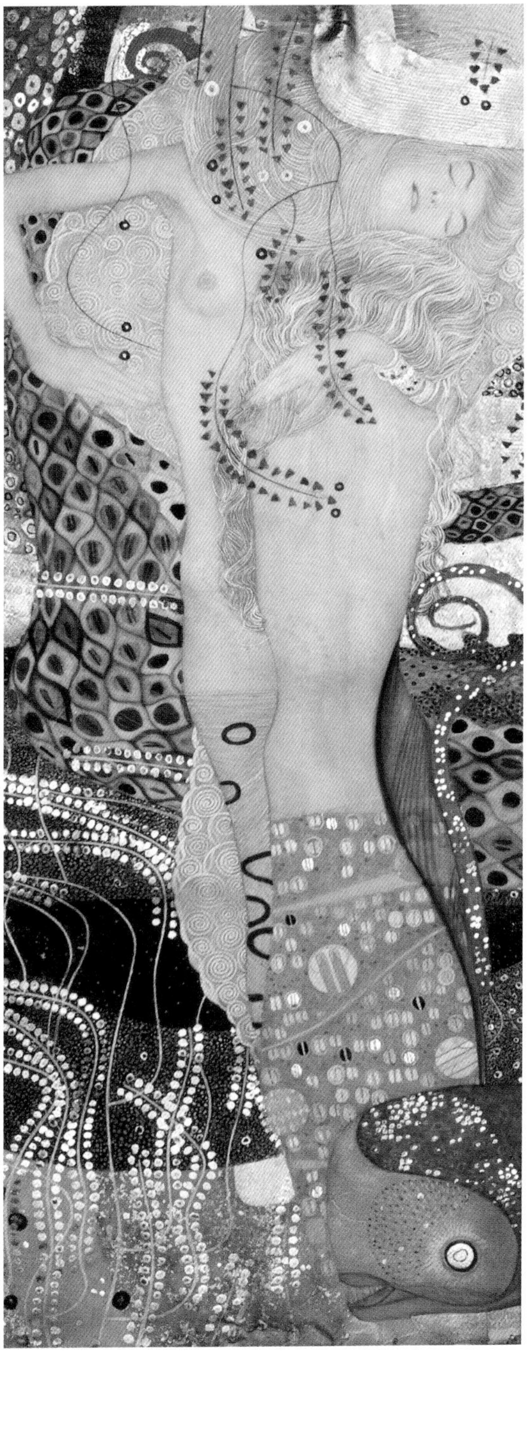

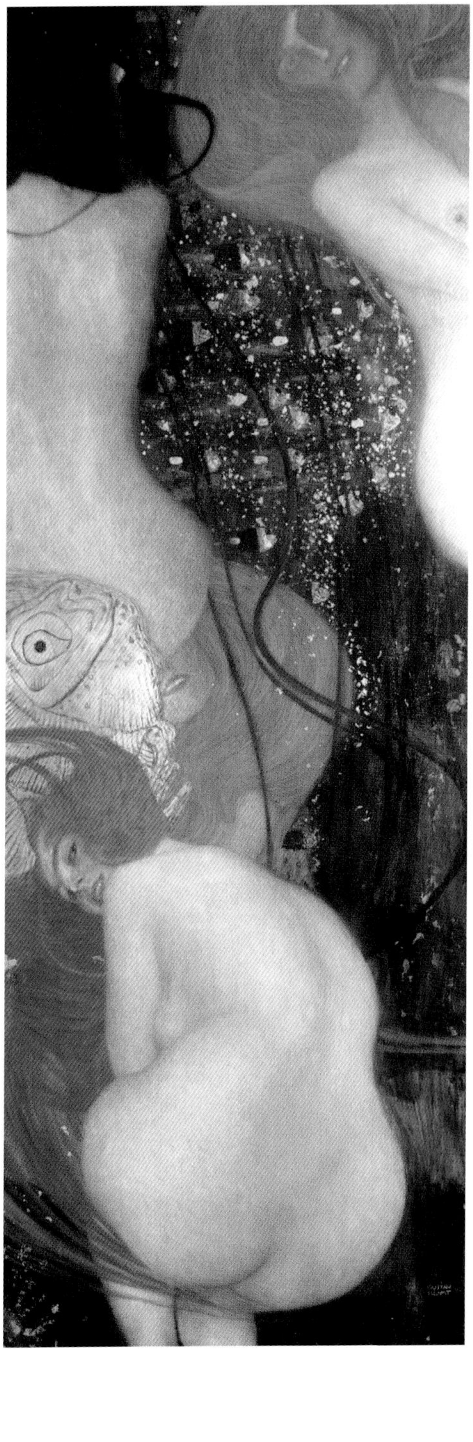

(좌측) 〈물뱀 I (*Water Snakes*)〉, 1904~1907년, 양피지에 혼합매체, 50×20cm, 오스트리아 벨베데레 미술관, 빈

(우측) 〈금붕어(*Gold Fish*)〉, 1901~1902년, 캔버스에 유채, 181×67cm, 개인 소장

클림트의 〈물뱀〉 두 작품이 모두, 피카소가 〈아비뇽의 처녀들〉을 그린 1907년에 완성되었다는 사실은, 국제적인 맥락에서 보면 클림트는 최첨단이 아니었고 선구자라고 묘사될 수 있지도 않았다는 것을 상기시킨다.

한편 소품이지만 중요한 일련의 회화 작품들에서는 성경과 신화의 여주인공을 팜 파탈로 묘사하고 있다. 〈유디트 I〉과 클림트가 유일하게 두 번 그렸던 상류사회 여인 아델레 블로흐-바우어는 외모가 매우 비슷하다. 때문에 그녀가 유디트를 위해 모델이 되었을 뿐만 아니라 클림트와 육체적 관계를 오래 지속했던 사이일 거라고 추측하게 한다. 〈유디트 I〉과 〈유디트 II〉, 심지어 〈유디트 I〉에는 액자에 유디트라고 이름이 표시되는데도 자주 살로메라고 오해를 받는다. 유디트와 살로메는 모두 클림트의 상상속에서 거세하는(남성을 죽이는) 팜 파탈로서 서로 뒤바뀌는 듯 보이기 때문에 이런 오해에 충분히 수긍이 간다. 1900년대 초 무렵에 클림트에게는 살로메가 오래 머무는 것처럼 여겨져서 지나치게 친숙해졌을지도 모른다.

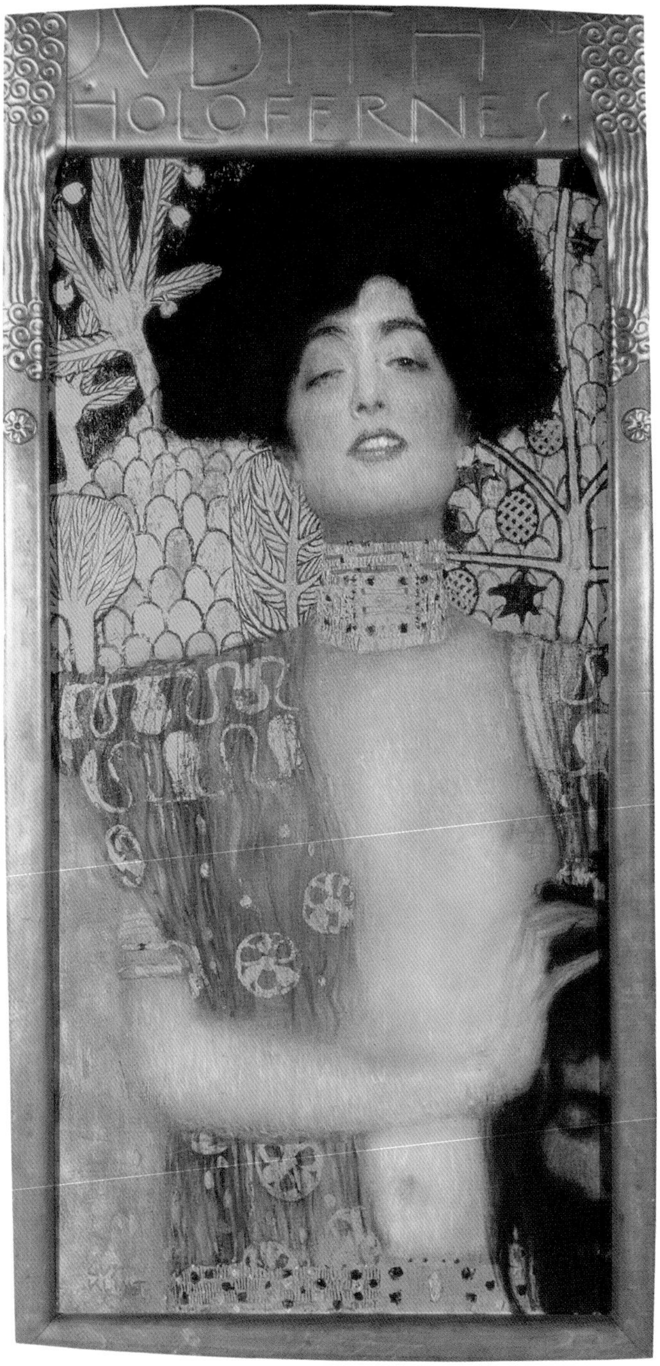

〈유디트 I (*Judith I*)〉, 1901년,
캔버스에 유채, 84×42cm,
오스트리아 벨베데레 미술관, 빈

구약성경에 등장하는 아름다운 여인 유디트는 적장 홀로페르네스를 유혹해 죽이고 유대민족을 구하는 영웅으로, 15~16세기에 여성의 용기와 미덕을 나타내는 예로 자주 그려졌다. 한편 카라바조와 크리스토파노 알로리 같은 17세기 바로크 회화에서는 유디트와 홀로페르네스의 이미지가 이미 에로틱한 암시를 담고 있었다. 그러나 유디트가 악녀에 이름을 올린 것은 19세기 말에 이르러서였다. 클림트 시대에 유디트를 이런 식으로 그린 다른 화가들은 슈투크와 프랑스의 삽화가 귀스타브-아돌프 모사였다. 모사는 유디트를 최신 유행하는 드레스를 입은 현대 여성으로 보여주었다. 또한 클림트의 〈유디트 I〉도 빈의 문필가 펠릭스 잘텐(Felix Salten, 1869~1945) – 이질적이지만 『밤비(*Bambi*)』와 에로틱한 소설로 악명 높은 『조제피네 무첸바허: 빈의 매춘부가 들려주는 인생 이야기』 두 작품의 저자 – 이 지적했듯이 분명히 근대적인 분위기가 난다. "클림트 작품에서 나타나는 근대적 요소는 유디트의 세부 묘사에서 볼 수 있다. 그는 오늘날의 모습, 활기 넘치는, 그를 유혹할 수 있는 피의 온기를 지닌 강렬한 여인을 그렸다. 그래서 이 여인은 살아있는 것처럼 생생한 가운데 더 아름답게 변모하는 듯 보인다. 사람들은 이 유디트를 빈의 링슈트라세에 있는 스튜디오에서 금속으로 장식한 긴 겉옷을 걸친 인물로 본다. 그녀는 어디서나 마주치며, 실크 페티코트를 바스락거릴 때마다 남자들의 눈길을 끄는 아름다운 호스티스 과의 여자다. 날씬하고 나긋나긋하며 유순한 여인의 흘깃 쳐다보는 눈길에는 관능의 불길이 일고, 입술 선에서는 잔인함이 보이며 그녀의 콧구멍은 열정으로 떨린다. 유혹적인 여인 안에 신비한 힘이 잠들어 있는 것처럼 보인다. 만약 부르주아로 생활하며 그녀를 억누르는 것이 폭발해서 불꽃이 된다면, 그 에너지와 잔인함이 충족될 텐데. 화가는 이 여인들이 입고 있는 지금 유행하는 드레스를 벗기고 누드를 입혀서 영원히 우리 앞에 세운다.[5]

〈유디트 I〉은 분명 19세기 후반에 매우 강력하고 영향력이 컸던 이미지 중 하나인 로세티의 〈축복받은 베아트릭스(*Beata Beatrix*)〉(1864~1870)에서 빚지고 있다. 두 그림은 에로스와 타나토스를 강력하게 융합시킨 바그너의 〈사랑의 죽음(*liebestod*)〉*을 주제로 제시한다. 〈축복받은 베아트릭스〉는 단테가 사랑한 연인 베아트리체의 죽음을, 그녀의 몸에서 영혼이 떠나며 무아지경에 빠지는 순간으로 표현한다. 또한 이 작품은 1862년에 약물 과다 복용으로 세상을 떠난 그의 아내 리지 시달을 기리는 사적 오마주이기도 하다. 〈축복받은 베아트릭스〉와 〈유디트 I〉은 마치 마약에 흠뻑 취한 듯한 분위기이다. 뭉크의 〈마돈나〉(1895~1902)와 알퐁스 무하의 담배회사 조브(Job)의 광고(1896)는 로세티의 〈축복받은 베아트릭스〉에서 유래한 수많은 이미지 중 하나이며, 따라서 클림트의 〈유디트〉와 사촌지간이라고 할 수 있다.

벨 에포크의 멋진 숙녀들이 오페라를 보러 갈 때 걸쳤을 법한 무늬 있는 반투명 스카프를 휘

* 바그너의 오페라 《트리스탄과 이졸데》(1859)에서 이졸데는 트리스탄의 죽음을 보고 죽음을 결심하며 결국 이 노래를 부르며 죽음을 택한다._옮긴이

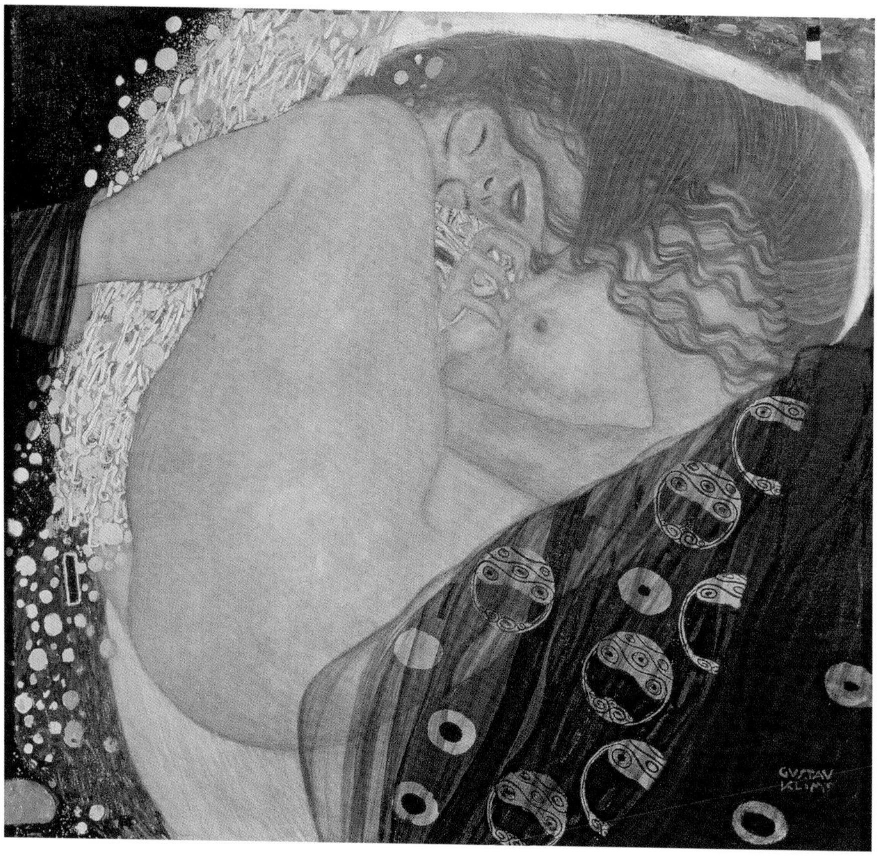

(좌측) 〈다나에(*Danaë*)〉, 1907~1908년,
캔버스에 유채, 77×83cm,
뷔르틀레 화랑, 빈

(맞은편) 〈희망 I (*Hope I*)〉, 1903년,
캔버스에 유채, 81×65cm,
캐나다 국립미술관, 오타와

감고 있는 모습의 다나에를 담은 이 그림은 〈유디트 I 〉에서 성경을 다룬 것 못지 않게 고대 그리스 신화를 다룬다. 클림트의 많은 작품 속 여인들처럼, 그녀는 제우스가 변한 황금비와 교합하면서 황홀경에 빠져 있는 것처럼 보인다. 클림트는 코레조가 에로틱한 이 주제를 좀 더 신중하게 다룬 작품(보르게세 미술관 소장)을 잘 알고 있었을 것이다. 물론 클림트의 〈다나에〉에 보다 직접적으로 본보기가 된 작품은, 빈 미술사박물관에 소장된 걸작 중 하나로 역시 코레조가 그린 〈제우스와 이오(*Jupiter and Io*)〉이지만 말이다.

자신의 모델 중 한 명인 미치 침머만을 임신하게 만든 장본인이 바로 클림트였다. 그는 여기서 영감을 얻어 임산부를 그린 세 작품을 남겼다. 임신은 그가 수없이 그렸던 주제이지만 임신은 서양미술에서는 음모만큼이나 거의 그리지 않는 주제였다. 물론 판에이크의 유명한 〈아르놀피니 부부의 초상*(The Arnolfini Portrait)*⟩(이 그림에서 신부가 실제로 임신한 것으로 그린 것인지 아닌지를 두고 논란이 있다), 고흐가 무척 감동했던 요하네스 페르메이르(Johannes Vermeer)의 '푸른 옷을 입은 임신한 여인(그의 아내로 추정)'이 있지만 말이다. 클림트가 획기적으로 임신을 그린 것은 아마도 그의 제자 에곤 실레에게서 영감을 얻었을 것이다. 에곤 실레는 빈의 산부인과 병동에 허가를 얻고 들어가서 임신부를 그린 습작을 다수 남겼다.

미치 침머만은 1899년에 처음으로 클림트의 아이를 가졌다. 당시 그는 빈 대학 천장화의 ⟨약학⟩을 그리는 중이었는데, 이 그림이 완성되었을 때 그림에 임신부가 포함되어 있어서 많은 논란이 일어났을 듯하다. 1903년 작품 ⟨희망 Ⅰ⟩은 1902년에 미치 침머만이 두 번째로 임신했던 데서 자극을 받아 그렸던 것 같다. 클림트는 자기 정부의 임신한 몸을 그렸을 가능성이 높지만, 아마 신중하게 생각해서 그녀의 이목구비를 알아볼 수 있게 그리지는 않았을 것이다. ⟨희망 Ⅰ⟩의 배경은 그림이 완성되기 전에 많은 변화를 거쳤다. 화면 위쪽에 있는 불길한 죽음을 나타내는 듯한 가면들은 ⟨베토벤 프리즈⟩에서 차용되어 이 작품에 영감을 준 구상인데 아기의 때 이른 죽음에 대한 애도로 그려 넣었다.

미치 침머만이 낳은 둘째 아이의 탄생과 죽음은 클림트의 작품 세계에 깊은 영향을 끼쳤다. 그의 작품에서 또 다른 중요한 주제인 생명의 순환이라는 알레고리는 아이의 탄생과 죽음에서 비롯되었다. 클림트가 이 주제를 가장 통렬하게 표현했던 작품이 ⟨여인의 세 시기⟩이다. 이 작품은 아델레 블로흐-바우어의 황금빛 초상화, ⟨키스⟩와 함께 1908년 쿤스트샤우에 전시되었다. 이 세 작품은 흔하지 않게 정사각형 형식이다. ⟨여인의 세 시기⟩와 ⟨키스⟩는 크기(180×180cm)가 같아서 거의 한 쌍의 작품으로 여겨졌다. 이 세 작품은 에곤 실레, 오스카 코코슈카, 리하르트 게르스틀처럼 당시 부상하고 있던 재능 있는 젊은 화가들의 작품과 비교했을 때 분명 살짝 유행에 뒤떨어진 것처럼 보일 것이다.

⟨여인의 세 시기⟩는 독일의 한스 발둥 그린(Han Baldong Grien, 1484(5)~1545) 그린 매우 유명한 그림을 현대적으로 다시 그린 것이다. 보기에 공간 중에 떠 있는 특별한 배열과 평평한 콜라주 같은 효과는 빈 대학 천장화의 ⟨법학⟩을 떠올리게 한다. 서로 껴안고 있고 꿈속을 헤매는 것 같이 다정하게 그린 젊은 엄마와 아이는 감동적이다. 그러나 이 그림에서는 늙은 여인의 시들어가는 몸을 진실하며 세심하게 그

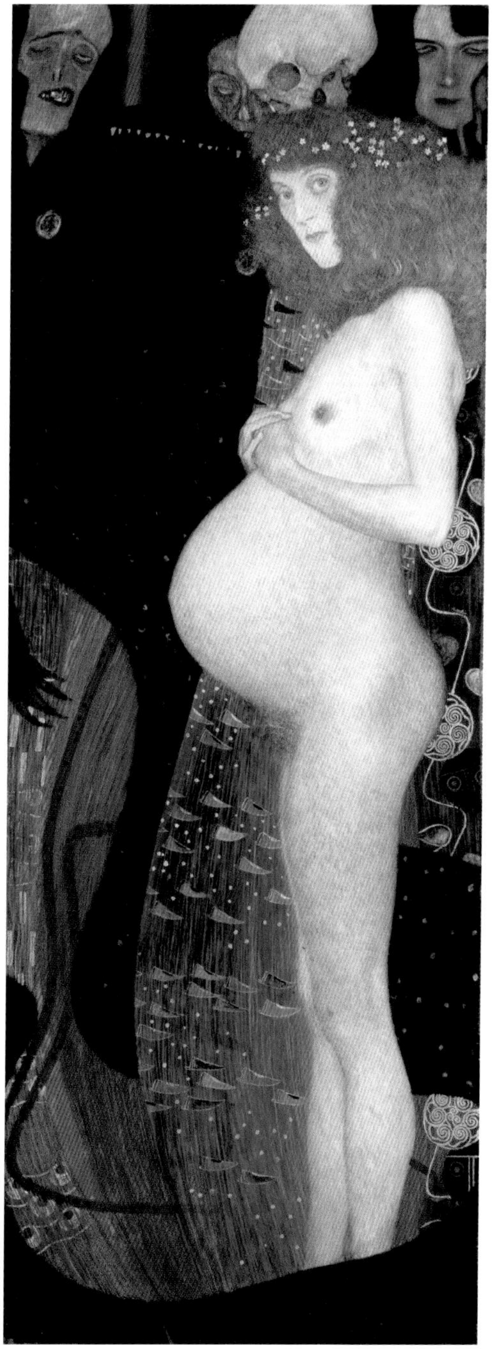

린 점이 가장 눈에 띈다. 클림트는 이 늙은 여인을 그릴 때 로댕이 원래 〈지옥의 문〉 필라스터에 설치하려고 만든 〈투구 제작자의 한때는 아름다웠던 아내〉에서 영감을 얻었을 것이다.

거창한 제목이 붙은 〈죽음과 삶〉은 1911년 이전에 착수했으나 1915년에 다시 그린 작품이다. 이 그림은 평면적인 황금기와 그 뒤를 이은 색채가 다채롭고 회화적인 스타일 사이의 이행기에 위치한다. 처음에는 금색이 배경이었다가 그 위에 어둡고 초록빛이 비치는 파란색을 덧칠했다. 죽음을 검정색 십자가로 장식된 예복으로 감싼 해골로 재현한 점은 개성 없이 진부하며 뻔하다. 오른쪽에 서로 껴안고 있는 인물들이 이루는 탑에서 클림트는 (르누아르에게 몹시 조롱당한) 19세기 아카데미 회화의 관례를 따라 여성보다 남성은 피부색을 어둡게 칠했다. 포옹하는 군상을 다채로운 색채 장식으로 감싸는, 클림트의 방식은 기쁨이 넘치는 〈처녀(*The Virgin*)〉(1913)에서 보다 성공적으로 구현되었다.

클림트의 마지막 작품 〈아기〉, 〈아담과 이브〉, 〈신부〉는 1918년에 그가 세상을 떠나면서 미완성으로 남았다. 이 작품들이 만일 후배인 에곤 실레에게 영감을 얻어, 보다 추상적이며 기하학적인 구조를 도입해서 만약 완성되었다면 클림트 작품의 완전히 새로운 국면을 알렸을 것이다. 전대미문의 끔찍하고 파괴적인 전쟁과 그 결과 합스부르크 제국이 종말을 고했던 끔찍한 고통 속에서 탄생했던 이런 작품들은 클림트가 이제껏 그린 작품 중에서도 가장 기쁨이 넘치며 삶을 긍정한다. 그리고 그토록 자주 클림트의 작품에 등장했던 어둠의 세력은 이제 완전히 사라졌다.

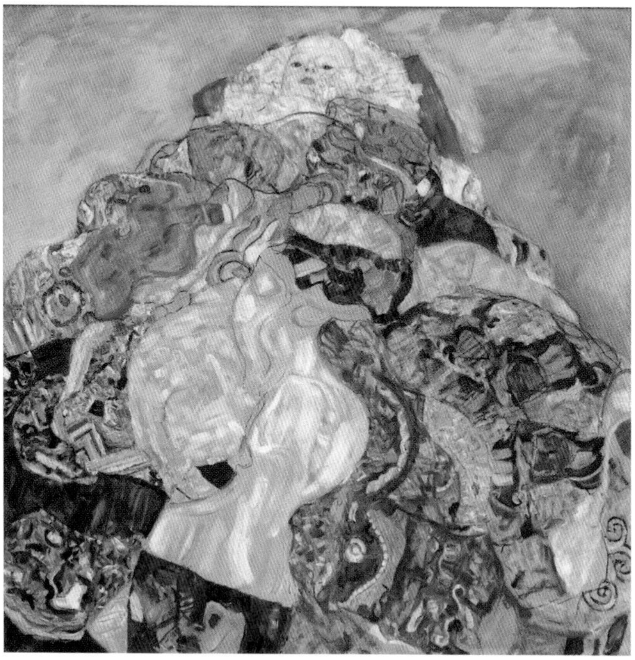

(상단) 〈아기(*Baby*)〉, 1917~1918년, 캔버스에 유채, 110×110cm, 국립미술관, 워싱턴 D. C.

(맞은편) 〈죽음과 삶(*Death and Life*)〉, 1910~1911년, 캔버스에 유채, 178×198cm, 레오폴트 미술관, 빈

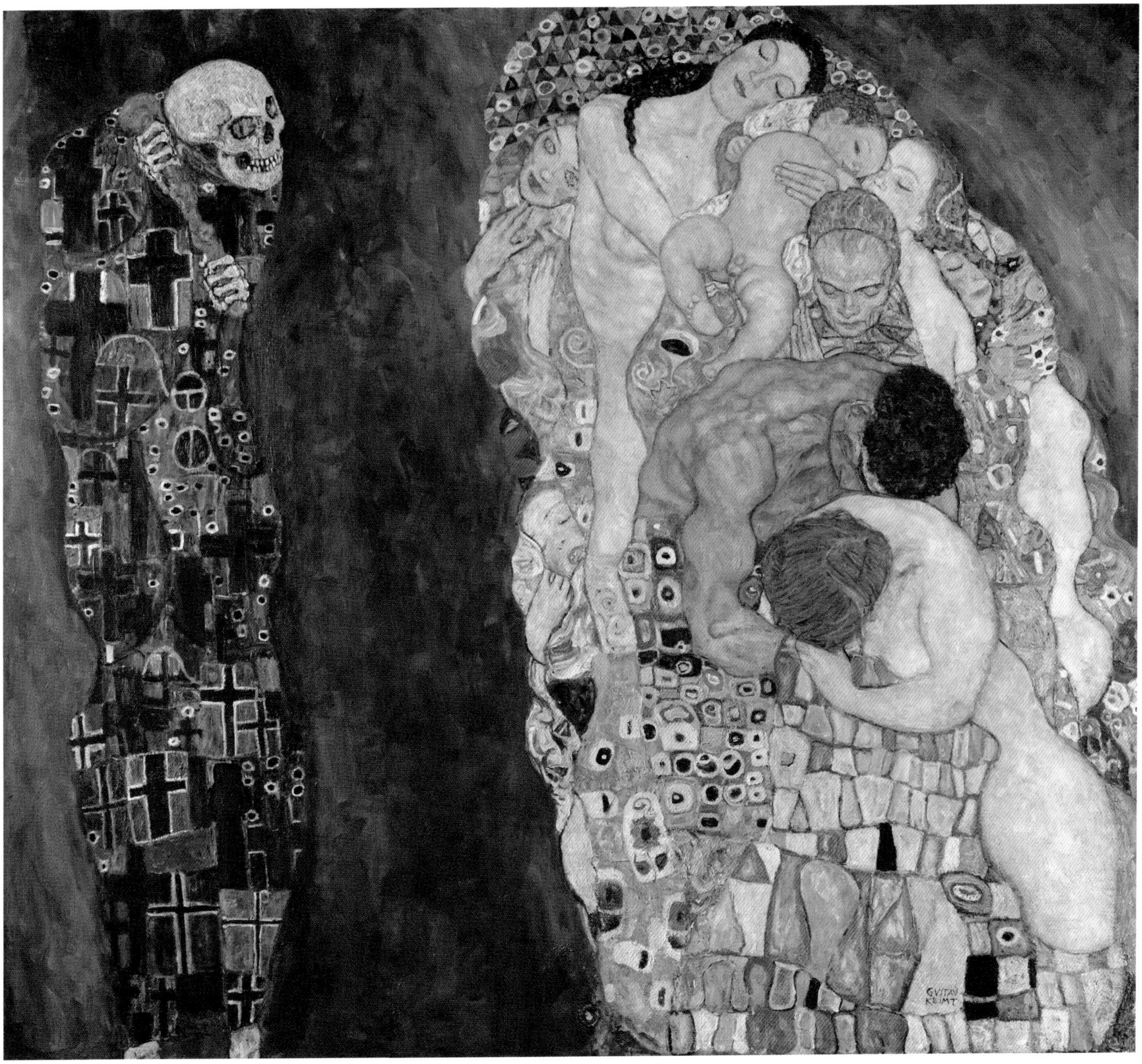
GVSTAV
KLIMT

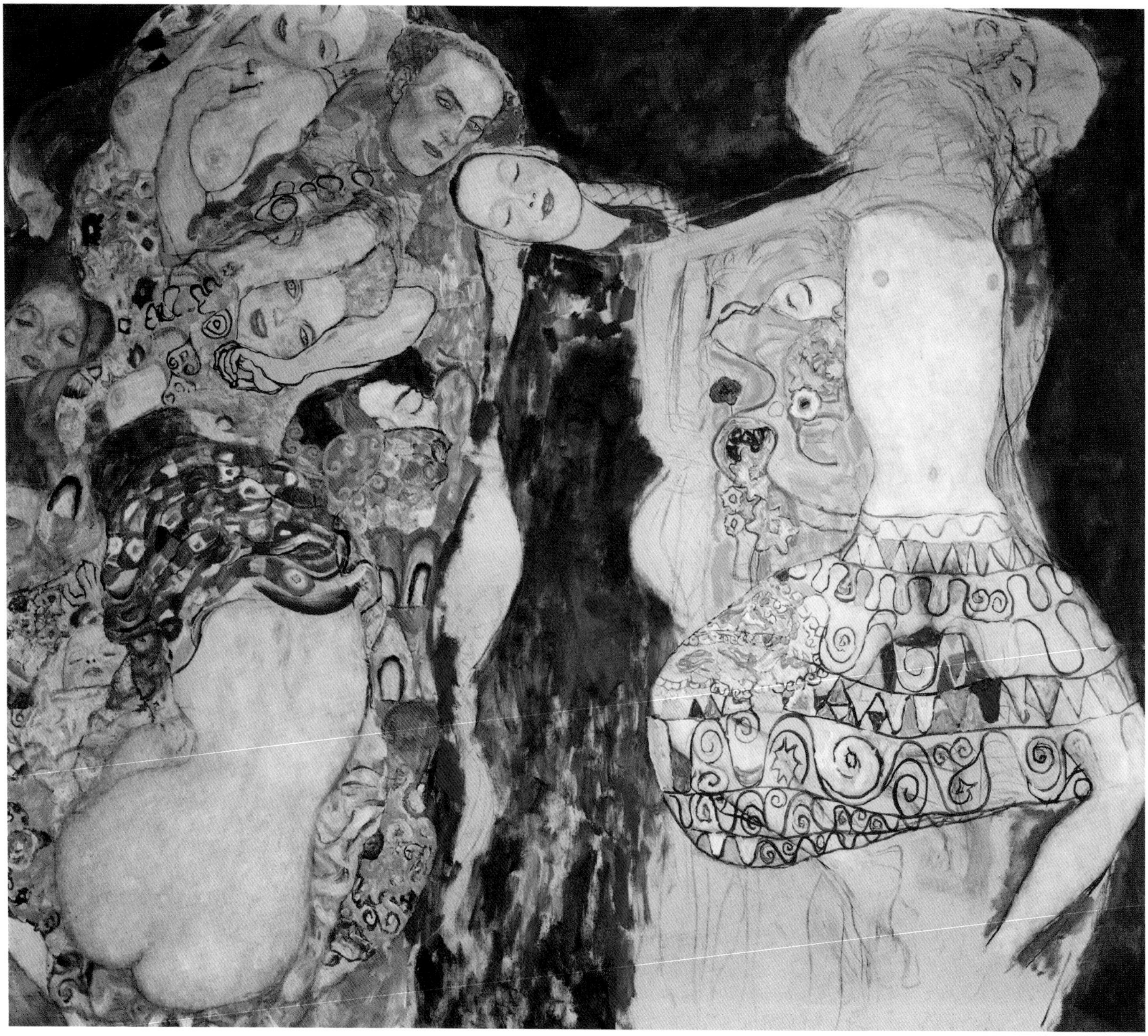

〈신부(*The Bride*)〉, 1917~1918년, 캔버스에 유채,
165×191cm, 개인 소장

클림트, 프로이트, 성

KLIMT, FREUD & SEX

미국의 미술사가 알렉산드라 코미니(Alessandra Comini, 1934~)는 1975년에 클림트의 예술에 관한 저서를 출간했다. 코미니는 머리말 첫 페이지에 클림트가 뇌졸중으로 병원에 입원한 후 그의 스튜디오에 난입한 강도들이 있었다면 이젤에 놓였던 〈신부〉를 발견하고는 얼마나 놀랐을지 상상해 본다. 〈신부〉에서 음모는 여인의 벌어진 다리 사이에서 미처 완성하지 못한 무늬 있는 옷에 가려져서 살짝 드러나 있었다. "무릎은 구부러져 있고 다리는 벌어져서 주의를 기울여 세세하게 그린 음부를 노출한다. 화가는 그 위에 암시적이고 상징적인 모양으로 장식한 '드레스'를 느긋하게 겹쳐그리기 시작한 참이었다. …… 스튜디오에 들어온 미지의 강도들은 우연히도 이 화가의 비밀스럽지만 한편으로 노골적으로 드러난 관음증에 사로잡히고 만다."[1]

19세기에는 여성의 음모란 가장 금기시한 말 중 하나였다. 그럴 필요는 없었지만 이 말이 여성들에게도 비밀이었으리라 짐작된다. 그래서 꽤 괜찮은 집안 출신 여성들은 목욕할 때도 단정한 옷을 입어야 했다. 슈테판 츠바이크에 따르면, "기숙학교와 수녀원에 있던 소녀들은 목욕을 할 때에도 흰색의 긴 로브를 착용해야 해서 자기들이 육체를 가졌다는 감각도 잊기 십상이었다."[2] 물론 당시에는 목욕이 오늘날처럼 일상이 아니긴 했다. 위생, 건강, 청결은 더 진보적인 집단에서나 논의되던 문제였다.

난봉꾼 남자에게 여성의 음모는 탐구되어야 하는 흥미진진한 금기였다. 1883년에 파리를 방문한 섹스 관광객용으로 출간된 『파리의 미인들』 같은 19세기 영국의 창녀 안내서에서는 파리 창녀들의 음모가 가장 흥미롭고 외설스러운 부분으로 묘사되어 있다. 하지만 여성의 몸을 박물관이나 전시회에서 본 그림과, 유럽 전역의 공공건물, 기념물을 장식한 조각으로만 접했던 순진하고 미숙한 남성들에게, 여성의 음모를 본다는 건 충격적이었을 것이다.

19세기에 여성의 음모를 그린 가장 악명 높았던 작품은 쿠르베의 〈세상의 기원(*L' Origine du Monde*)〉이다. 이 그림은 당시 터키 대사이기도 한 터키의 쾌락주의자이자 미술애호가 칼릴 베이가 개인적으로 즐길 목적으로 제작하였으며 20세기 후반까지도 대중에게 공개되지 않았다. 클림트가 활동하던 시기인 1894년에 고갱이 그린 〈자바 여인 안나(*Annah the Javanese*)〉는 모델이 '이국적인' 인물이었으므로 (앞서 언급했던 쿠르베의 작품보다는) 순순히 받아들여졌을 것이다. 빅토리아 시대 영국의 미술평론가이자 미술사가인 존 러스킨(John Ruskin, 1819~1900)은 애석하게도 이런 그림들을 보지 못했다. 아니면 실제로 여성의 음모를 그린 예술 작품을 전혀 보지 못했을 것이다. 그는 자신의 결혼 생활을(잠자리로써) 완성하지 못할 수 밖에 없었던 것은 결혼 첫날밤에 달갑지 않게 아내의 음모를 발견했기 때문이라고 주장했다. 만약 러스킨이 한 세대 뒤에 빈에서 살았더라면 그런 변명을 할 수 없었을 것이다. 프로이트 박사에게 자신이 성인 여성과의 성관계를 두려워한다는 것에 대해 상담할 수 있었을 뿐만 아니라, 분리파 전시관 벽에서, 그리고 만약 클림트가 자기 고집대로 밀고 나갔더라면 빈 대학의 천장화에서 그림에 나타난, 여성의 음모를 보았을 테니 말이다. 하지만 빈이 언제나 이런 문제에 개방적이었던 것은 아니어서 프로이트와 클림트는 힘든 싸움을 벌여야만 했다.

클림트가 프로이트의 저작을 읽었다거나 두 사람이 직접 교제했다는 증거는 없다. 하지만 두 사람 사이에 공통되는 친구나 지인은 틀림없이 많았다. 특히 클림트와 절친했던 에밀, 빅토르, 오토 주커칸들 삼형제는 빈 의료계의 주요 인사였으므로 프로이트와 그의 저작을 잘 알고 있었을 것이다. 알마 말러의 일기에 따르면, 클림트를 여러 번 만났던 구스타프 말러 역시 알마와의 결혼 생활에서 위기를 겪은 후 프로이트에게 상담을 받았다. 이것은 잘 알려져 있는 사실이다. 하지만 더 중요한 점은 프로이트와 클림트가 그 시대의 수많은 예술가, 지식인들과 마찬가지로 유대-그리스도교 신앙 체계에서 벗어나 인간의 성을 보다 솔직하게 탐구하려고 시도했다는 사실이다.

『어제의 세계(*Die Welt von Gestern*)』에서 슈테판 츠바이크는 19세기 빈의 성적 억압과 위선을 섬뜩하게 묘사했다. "…… 소녀들이 모든 자연적인 것에 무지하도록 하기 위해, 좋은 집안의 딸에겐 남성의 몸이 어떻게 생겼는지 전혀 알지 못하게 했다. 그 소녀는 아이가 어떻게 태어나는지 알 수 없었다. 그녀는 천사였으므로 육체적으로 순결한 것에 그치지 않고 결혼할 때 정신적으로도 '순수'해야만 했다. '여성의 모습은 완전히 숨겨져야 했다. 따라서 심지어 결혼식 날 아침까지도 그녀의 신랑은 미래의 동반자가 허리가 곧은지 구부정한지, 살집이 있는지 말랐는지, 다리가 짧은지 긴지 전혀 알 수 없었다. …… 여성이 숙녀처럼 보이기 기대할수록 그녀의 자연스러운 체형은 감춰졌다. 실제로 이러한 패션 뒤에 숨은 원리는 당대의 도덕적 경향을 따랐는데, 그것은 주로 감추고 숨기는 것이었다.' 역설적이게도 이런 모든 내숭은 더 많이 섹스에 몰두하는 것으로 귀결되었다. '성에 눈뜸, 이성과 손쉽게 교제하며 만날 수 있는 형태를 내숭 떨며 거부하던 세대는 궁극적으로 오늘날 젊은이들보다 천 배는 더 성애에 강박관념을 가지고 있었다. …… 특히 빈은 위험하게 전염되는 에로티시즘이 팽배한 분위기였다.'[3]

빈의 젊은 여성들이 펼쳤던 에로틱한 상상이 얼마나 과열되었는지는 머지않아 알마 말러가 될 알마 쉰들러의 일기장에서 볼 수 있다. 젊은 여성들이 섹스에 관심을 갖는 것은 어디나 마찬가지이지만 알마의 일기에서 그것을 좋아한다고 하는 솔직한 표현은 특정한 시간과 장소에 제한되어 있는 듯하다. 고통스럽게 질질 끌다가 결국 미수에 그리고 말았지만, 못생기고 씻지 않은 것처럼 보이는 작곡가 알렉산더 쳄린스키(Alexander Zemlinsky, 1871~1942)와 연애할 당시, 알마는 거의 발작에 가깝게 열정에 사로잡힌 상태를 일기장에 반복적으로 고백했다. "파리 두 마리가 교접하는 것을 보았다. 파리들은 너무나 조용했고 차분했다. 가끔씩 날개에 경련이 일었다. 내가 파리들을 후 불어버리자 그것들은 찰싹 붙어서 무기력하게 날아오르더니 조금 떨어진 곳에 가서 다시 교접을 시작했다. 그것들이 얼마나 부럽던지. 세계의 숨결이 나를 애무했다. 이걸 보고 불쾌하다는 사람은 누굴까? 기쁨이 한 번, 두 번 밀려오고 나는 그것이 아름답다고, '경이롭게' 아름답다는 걸 알게 되었다. 내가 얼마나 그걸 고대하는지. 알렉스, 나의 알렉스, 내가 당신의 성수반(聖水盤)이 되게 해줘요. 나를 당신의 성수로 채워줘요."[4]

19세기에서 20세기로 전환하던 시기 빈에는 분명 섹스가 넘쳐났다. 비단 빈뿐만 아니라 파리, 심지어 런던에서도 그랬다. 구스타프 클림트는 1960년대의 성(性)혁명*보다 용감하고 영웅적인 성혁명에 속해 있었다. 클림트 시대에 활동했던 다른 화가들 중에서 성해방에 많이 몰두했던 이들은 오귀스트 로댕, 펠리시앙 롭스, 오브리 비어즐리, 이들보다 후배인 에곤 실레가 있었다.

이들 모두를 자유롭게 했던 요인은 판화로 된 일본 춘화의 발견이었다. 유대-그리스도교 전통의 제지받지 않았던 일본 판화가들은 내숭 떨지 않고 섹스를 직접 표현하는 이미지를 제작했다. 이것은 19세기 말 서양의 화가들에게 계시나 다름없었다. 순진한 체 하면서 이상화해서 음모를 표현하지 않는 누드에 익숙했던 이들에게, 음부의 주름과 곱슬거리는 음모를 세세하게 그려낸 일본의 춘화는 너무나 충격적이어서 처음에는 보고 이해하지도 못했을 정도였다. 삽화가 오브리 비어즐리(Aubrey Beardsley, 1872~1898)에게는 이런 이미지가 그의 친구인 판화가 윌리엄 로텐스타인(William Rothenstein, 1872~1945)을 통해 소개되었다. 훗날 로텐스타인은

* Sexual revolution, 사회학 용어. 현대 생활의 실정에 알맞게 성에 대한 현실과 태도 따위를 조정하려는 운동

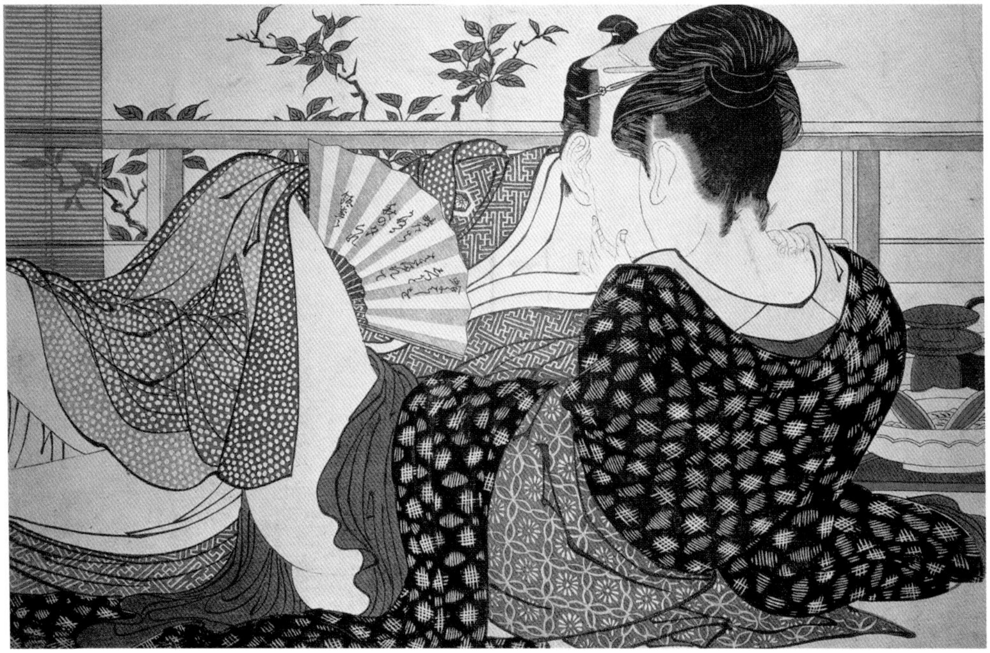

기타카와 우타마로, 〈연인들(*Lovers*)〉,
춘화집 『우타마쿠라(歌枕)』 중에서,
18세기, 채색 목판화,
빅토리아앤드앨버트 박물관, 런던

그때를 이렇게 떠올렸다. "파리에서 너무나 충격적인 그림을 수록한 일본 춘화집을 집어 들고 얼마나 당황했는지 모른다. 그런데 비어즐리가 그것을 좋아해서 나는 그에게 춘화집을 주었다. 다음에 그를 만나러 갔을 때 비어즐리는 그 책에서도 아주 점잖지 않은 판화들을 뽑아서 침실 여기저기에 걸어 놓았다."[5] 1903년에 빈 분리파 전시관에서 프랑스 회화 회고전을 기획했던, 독일의 미술비평가 율리우스 마이어-그레페(Julius Merer-Graefe, 1867~1935)는 이런 판화를 비어즐리의 집에서 보았다는 것을 떠올렸다. "비어즐리의 집에서 사람들은 런던에서 가장 멋지며 가장 노골적으로 에로틱한 일본 판화를 보곤 했다. 단순한 액자에 넣은 이 판화는 섬세한 색조로 칠한 배경에 걸려 있었다. 우타마로가 그렸던 격렬한 성적 환상은 멀리서 보면 충분히 섬세하고 멋있으며 해롭지 않았다. 그러나 일본 춘화 수집가는 드물었는데, 그것들을 공공연하게 전시할 수 없었기 때문이다."[6] 클림트는 화가가 되고 세상을 떠날 때까지 일본의 시각 문화를 열렬히 찬미했고 열정적으로 차용했다. 그는 파리의 화상 지크프리트 빙(Siegfried Bing, 1838~1905)이 발간했던 잡지 『일본 미술(*Le Japon Artistique*)』을 구독했으며, 클림트의 작품에 열광했던 수집가 같은 사람들을 통해 일본 춘화를 분명히 접했을 것이다.

이전에도 언급했지만 클림트는 1900년 이후 알레고리 작품과 소수의 드로잉을 제외하고 거의 남성을 그리지 않았다. 이 시기에는 그가 아주 예외적인 사례는 아니었다. 동시대의 많은 사람들과 마찬가지로 유혹하고 위험한

(상단) 〈오른쪽으로 돌아누운 연인들(*Lovers Turned to the Right*)〉, 1914~1916년, 종이에 연필, 개인 소장

(하단) 〈오른쪽으로 배를 향하고 누워 있는 누드(*Nude Lying on her Stomach Facing to the Right*)〉, 1910년, 연필, 파랑색과 빨강색 펜, 흰색으로 색을 밝게 함, 37×56cm, 개인 소장

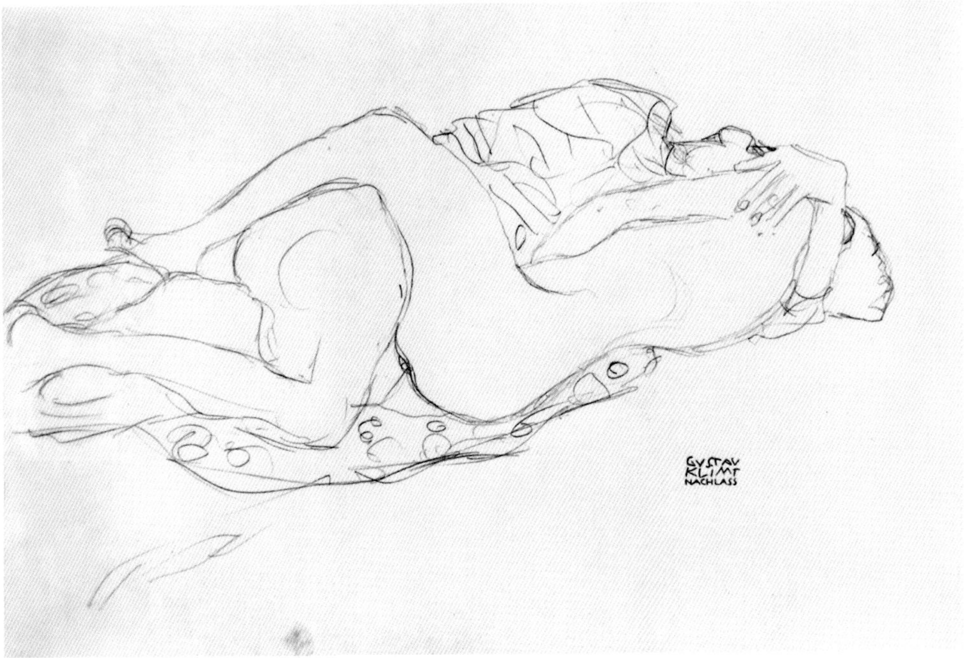

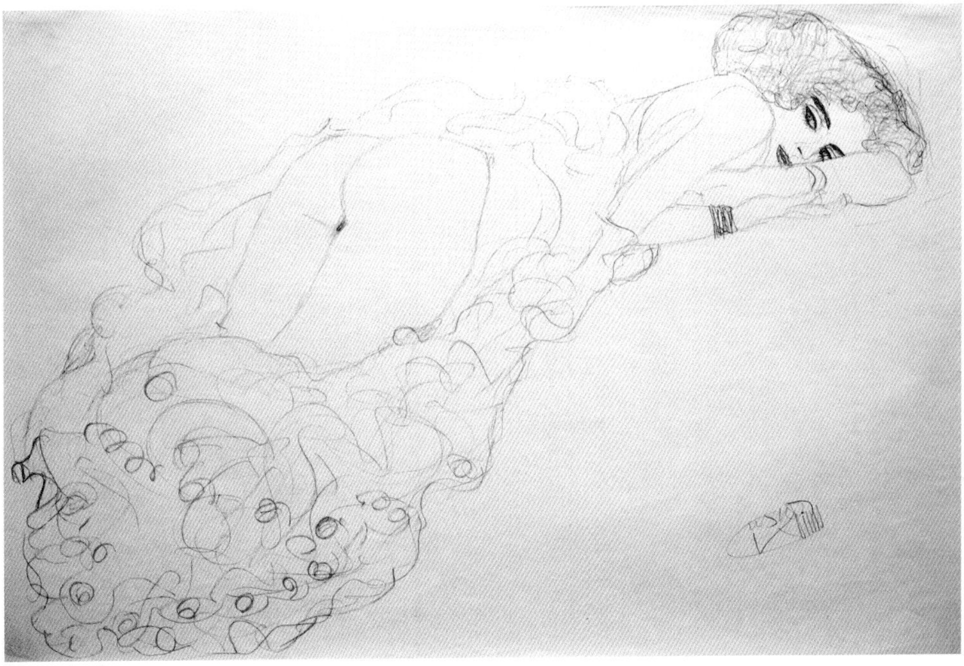

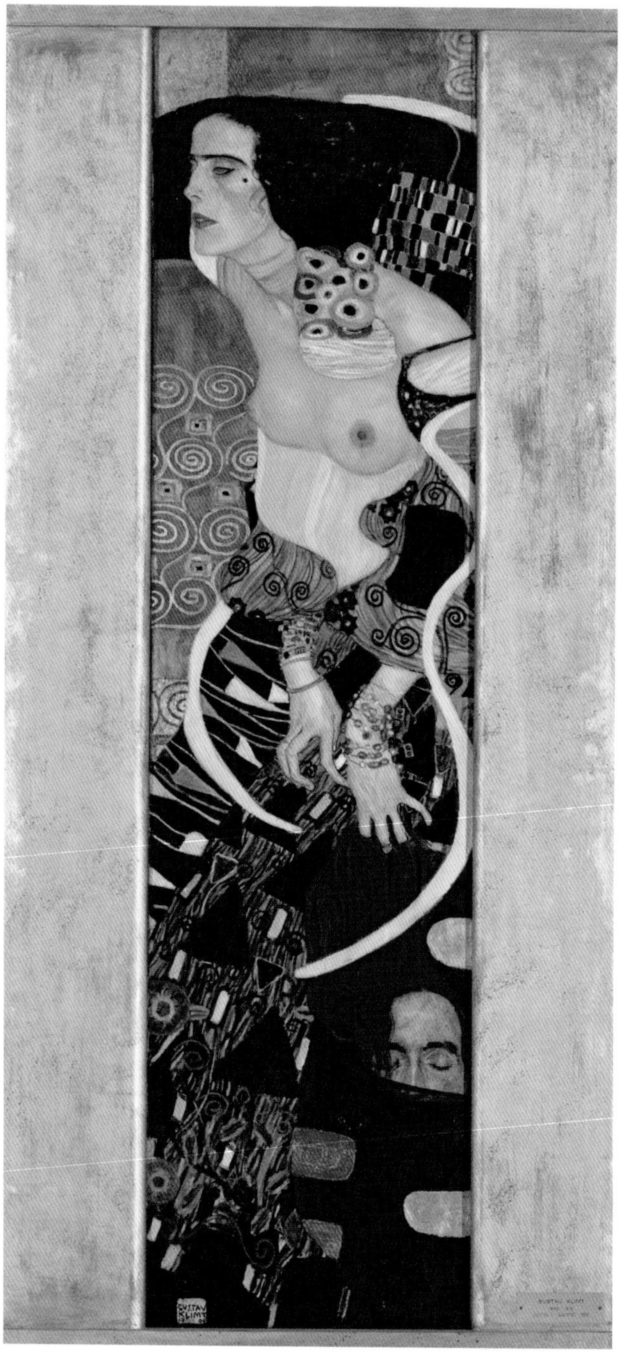

여인인 팜 파탈에 집착하고 있었다. 만약에 클림트가 '유명한' 프로이트의 소파에서 그의 상담을 받았더라면 팜 파탈에 대한 클림트 개인의 집착이 어느 정도이고 어느 정도가 문화적 영향인지 알 수 있었을 것이다. 이 시기 서구 사회에서는 대단치 않았지만 이전 시기보다 여성이 정치 문화적으로 비교적 권리를 얻었다. 이에 맞섰던 19세기 말과 20세기 초 남성들의 집단적 히스테리의 원인은 여전히 구체적으로 규명되지 않고 있다. 살로메, 유디트, 들릴라 외에도 성경에 수없이 등장하는 팜 파탈의 원형은 이 시기의 문학, 오페라, 시각예술을 휘어잡았고 남성 예술가와 지식인 사이에 여성혐오가 팽배했다.

클림트보다 윗세대인 두 화가가 세기말 팜 파탈의 성격과 용모를 결정했는데, 이들은 바로 프랑스의 상징주의 화가 귀스타브 모로와 영국의 라파엘전파 화가 단테 가브리엘 로세티이다. 19세기에 가장 일반적으로 재현된 여성(오직 빅토리아 여왕이 그에 필적할 것이다) 살로메 숭배의 기틀을 마련한 것이 바로 모로였다. 모로에게 살로메는 강박이어서 파리에 있는 귀스타브 모로 미술관에서 보유하고 있는 살로메 그림은 90점이 넘는다. 모로의 재기 넘치는 살로메 그림과 조리스-카를 위스망스가 묘사한 1884년에 소설 『거꾸로』에 등장하는 눈부신 살로메부터 오스카 와일드가 탄생시킨 1891년 희곡 『살로메』 또 이 작품에서 1905년에 리하르트 슈트라우스의 작곡으로 동명(同名)의 걸작 오페라가 나왔다. 훗날 슈트라우스와 콤비를 이뤘던 극작가 후고 폰 호프만슈탈은 클림트의 작품이 프란츠 폰 슈투크의 작품보다 못하다고 여겨서 클림트에게 약간 잘난 체하는 태도를 보였음에도, 슈트라우스는 자기 오페라의 화려한 짜임새와 클림트의 황금시기 회화가 비슷하다는 것을 처음으로 알아보았다. 모로의 많은 살로메 작품에는 개인적인 동시에 프로이트의 이론과 관련된 깊은 의미가 포함되어 있는데, 이는 자신의 수채화 〈정원에 있는 살로메(*Salome in the Garden*)〉의 의미를 설명하려 했던 편지에서 잘 나타난다. "지루해 하는 것처럼 보이는 이 멋진 여인은 천성이 동

〈유디트 II (살로메) / *Judith II (Salome)*〉, 1909년, 캔버스에 유채, 178×46cm, 근대미술관, 베네치아

물적이어서 적이 쓰러지는 것을 보며 즐기지만 특별히 흥미로워하지도 않지요. 자기의 모든 욕망을 충족시키려고 하는 데 지쳤기 때문입니다. 정원이 끔찍한 살인으로 얼룩지는데도 이 여인은 마치 식물, 동물인 것처럼 태연하게 걷고 있죠. 하지만 살인자는 두려워하다가 딴 데로 도망가지요. …… 나는 이것을 섬세한 뉘앙스가 느껴지도록 그리고 싶었지만 이 여인에게서 그것을 찾지는 못했어요. 하지만 실제 생활에서 여인들은 천성적으로 나약하고 건강하지 않은 감정을 추구하고, 심지어 가장 섬뜩한 상황에서 두려움을 이해하지도 못하며 아주 멍청하기 마련이지요."[7]

그러나 팜 파탈에게 외모를 갖춰준 화가는 누구보다도 로세티였다. 당시 클림트와 다른 화가들은 강인한 어깨, 기둥처럼 굳건한 목, 강한 턱, 위협하는 듯한 미소, 나른하게 반쯤 감긴 눈, 후광처럼 얼굴을 감싸는 어두운 색이거나 불타오르는 듯한 붉은 머리카락처럼 로세티가 작품에서 구현했던 팜 파탈의 용모를 차용했다. 클림트는 인쇄물이나 사진을 통해 로세티와, 에드워드 번-존스와 월터 크레인 같은 로세티의 제자들의 작품에 틀림없이 익숙했을 것이다. 하지만 그의 작품에서 라파엘전파의 특징은 빈을 여러 번 방문하고 분리파 전시관에서 여러 번 전시한 페르낭 크노프를 거쳐서 간접적인 영향으로 나타나게 된다.

클림트와 절친했던 예술가 그룹에서 존경 받았던 또 다른 벨기에 출신으로는 그래픽 예술가 펠리시앙 롭스가 있다. 그는 클림트가 팜 파탈에 대한 관념을 전개하는 데 분명히 중요한 역할을 담당했다. 1896년에 잡지『깃털(*La Plume*)』에서 특집으로 롭스의 작품을 다루며 호평했을 때, 시인과 지식인들은 현대 여성의 악마적인 면을 심오하게 이해하고 있다는 점을 애써 강조하려 했다. 벨기에의 소설가 외젠 드몰드(Eugène Demolder, 1862~1919)에 따르면 롭스는 "완강한 다윈처럼, 여성의 흰 날개 아래를 발견해 시인들에게 칭송을 받았다. 숨겨져 있던 익룡의 세포막 화석과 사악한 날아다니는 파충류는 여성이 자연에 가깝고, 악마 같은 동물의 후손임을 설명해 준다." 그리고 위스망스에 따르면 "물질주의를 바탕으로 한 예술 난자 또는 두뇌가 직감으로 움직이는 색정증 여자 환자로 여겨지는 발작하는 여성 그 이상을 볼 수 없다. 이런 시기에 그는 매력을 가장하며 수상쩍은 보석류로 치장한 동시대 여성이나 파리 여성이 아니라, 벌거벗었고, 성병에 걸린 짐승이며, 어두운 그림자가 고용한 용병이고, 악마의 혐오스러운 노예인 여성의 시간을 초월한 본질을 찬미한다."

롭스, 뭉크, 크노프, 슈투크을 비롯해 당대의 많은 화가들처럼 클림트가 여성의 악마 같은 이미지를 자주 선보였다고 해도, 그가 여성 혐오에 지나치게 동의했다고 믿을 근거는 없다. 그는 드가처럼 여성에게 적대적인 발언을 하지도 르누아르처럼 여성을 비하하지도 않았다. 그는 여

〈키스(*The Kiss*)〉, 1907~1908년,
캔버스에 유채, 180×180cm,
오스트리아 벨베데레 미술관, 빈

성을 사랑한다고 주장했던 화가다. 그와 플뢰게 자매의 관계는 클림트가 지적이며 능력 있는 여성을 좋아하고 존경했으며 그들과 교제를 즐겼다는 증거이다.

아마도 클림트의 작품에서 가장 프로이트와 관계되는 측면은 그가 상징적이며 에로틱한 장식을 이용했다는 점일 것이다. 그의 작품에서 수직에, 직선이고, 길게 늘어진 직사각형 장식은 남성을 나타내고 수평선에, 둥글거나 타원형이면 여성을 나타낸다. 클림트는 주제가 있는 그림, 초상화, 심지어 풍경화에서도 이런 의미를 내포한 장식을 이용했다. 그러나 이런 장식이 가장 노골적으로 나타나는 그림은 클림트의 작품 중에서도 가장 유명한 〈키스〉이다. 남성을 나타내는 장식으로 꾸민 옷을 입은 남자, 여성을 나타내는 장식으로 꾸민 옷을 입은 여자가 합쳐져 마치 자궁 같은 공간을 관통하는 남근 모양을 만든다. 오르가슴의 순간에 매우 장식적이고 양식화한 금빛 시냇물이 반짝이면서 그림 아래쪽으로 떨어진다.

결말은 다시 한 번 알렉산드라 코미니의 말로 대신하겠다. "노이로제에 시달리며 방종한 메트로폴리스 빈은 아르투르 슈니츨러의 희곡과 리하르트 슈트라우스의 오페라의 성적 오염(sexual pollution)으로 인해 이미 발화점까지 자극된 상태였다. 이런 빈에서 클림트와 프로이트가 섹스를 생명의 원초적 광경이자 동인으로 강조했다는 건 이상한 일이 아니다. 놀라운 것은 그 시대와 더불어 클림트의 작품이 관능적이며 겉모습이 아름답다는 점 때문에, 이 화가가 면밀하고도 끊임없이 성에 관해 집착하며 노골적이고 열렬하게 성을 표현했다는 것이 모호해진다는 사실이다."[8]

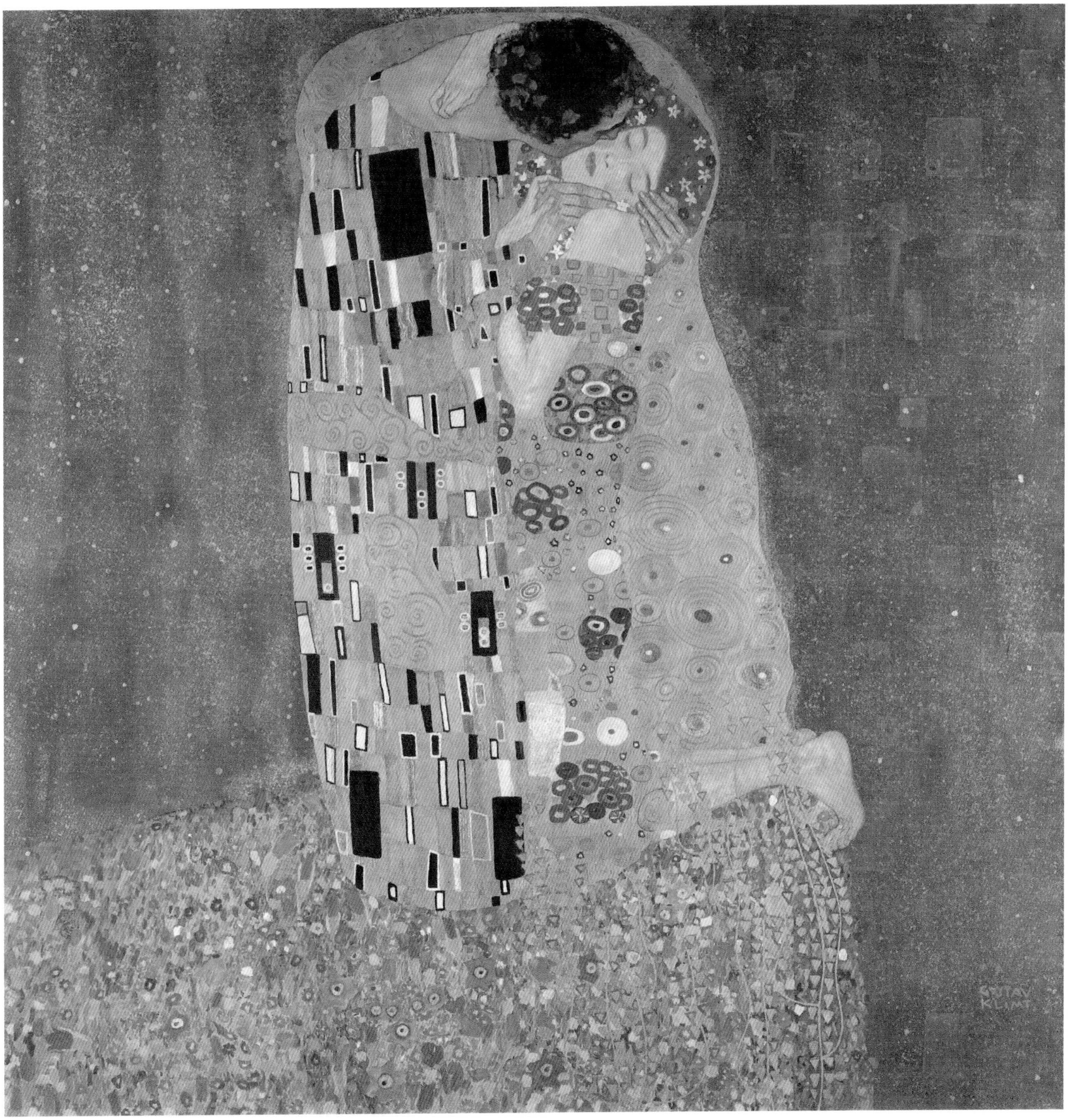
GUSTAV
KLIMT

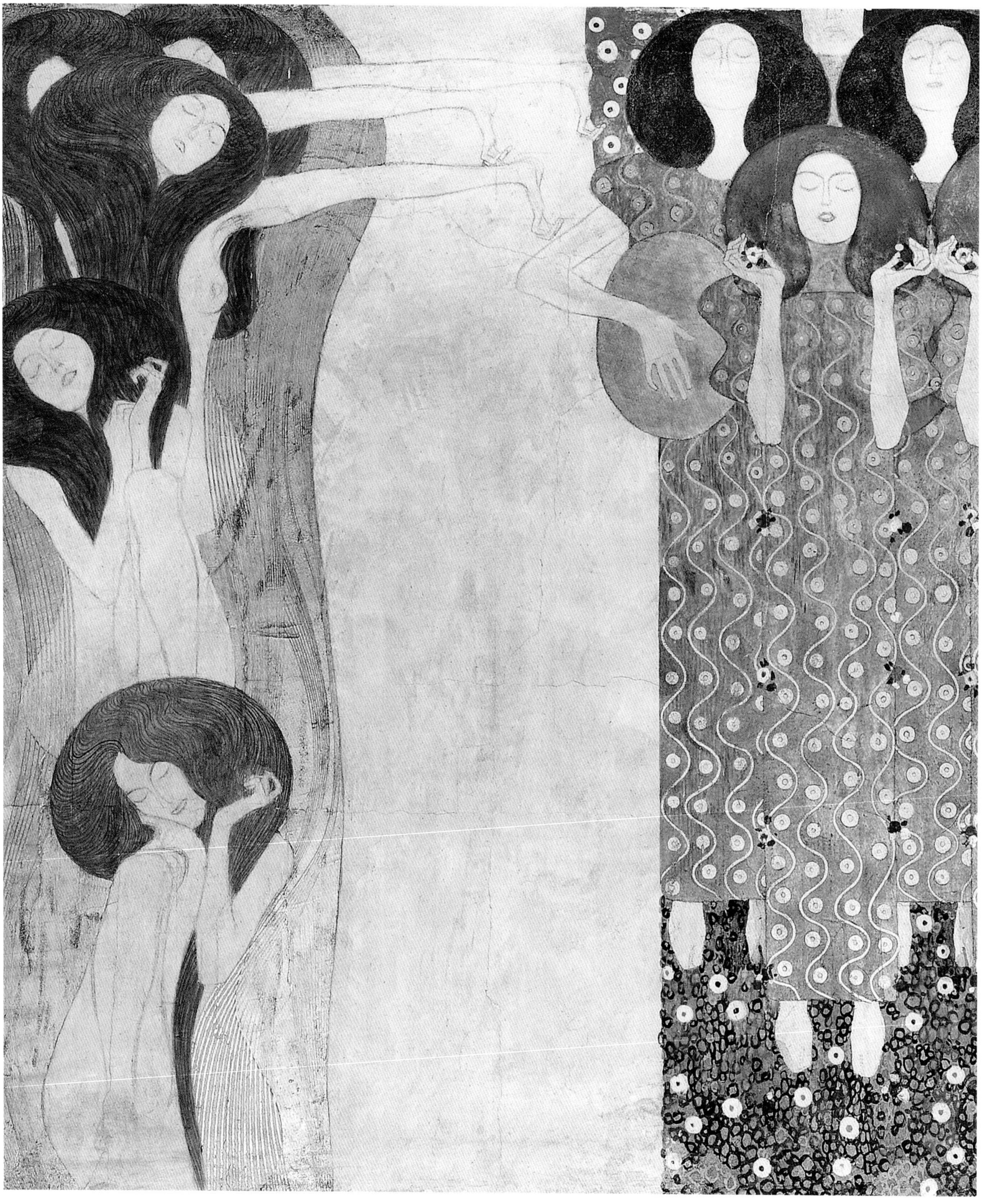

클림트, 말러, 음악

KLIMT, MAHLER & MUSIC

'행복을 향한 욕망(*The Longing for Happiness*)', 〈베토벤 프리즈〉의 세부, 1902년, 스투코 바탕에 카제인 물감, 금박, 준보석, 진주층, 플라스터, 연필, 파스텔, 215×3414cm(긴 벽 각 1392cm, 짧은 벽 630cm), 오스트리아 벨베데레 미술관, 빈

클림트는 빈의 음악생활에 매우 많이 관여하고 있었다. 슈베르트의 음악을 열렬히 좋아했던 클림트는 1870년에 교향악용 대규모 공연장 '황금 홀(Golden Hall)'과 실내악용 소형 공연장 '브람스 홀(Brahmssaal)'을 갖춘 빈 무지크페라인(Musikverein Wien)* 이 문을 열었을 때 충분히 만족했을 것이다. 대중을 위한 실내악 콘서트는 19세기 후반에 발전했으며, 전적으로 가곡을 연주하는 콘서트는 19세기에서 20세기로 전환하는 시기가 되어서야 일반화 되었다. 빈 최초의 직업적인 현악 사중주단은 1849년에 결성된 헬메스베르거 콰르텟(Hellmesberger Quartet)이었다. 한편 클림트가 활동하던 시기에 빈에서 가장 중요한 현악4중주단은 빈 필하모닉 오케스트라의 악장 아르놀트 로제(Arnold Rose, 1863~1946)가 1882년에 창설했던 로제 콰르텟(Rosé Quartet)으로, 이 단체는 계속 활동을 이어가다가 1938년에 독일 나치와 오스트리아의 합병 이후에 해체되었다. 로제 콰르텟은 브람스의 후기 작품과 쇤베르크의 초기작을 비롯해 많은 중요한 작품들을 초연했다.

아르놀트 로제는 클림트가 어울리던 사람들 중 하나였다. 그는 구스타프 말러의 처남이었는데, 이 두 집안은 겹사돈 관계로, 아르놀트가 말러의 여동생 유스티네와 결혼했고 첼리스트인 그의 동생 에두아르트는 엠마와 결혼했다. 클림트 집안의 자매들처럼 유스티네는 독신인 오빠를 위해 가사를 맡았으므로, 그녀와 로제는 말러와 알마가 결혼할 때까지 혼인을 미뤘다. 아르놀트와 유스티네의 딸, 알마 로제는 외삼촌인 말러의 아내 알마의 이름을 따서 붙였다. 바이올린 연주자로서 탁월한 경력을 쌓은 후, 알마 로제는 아우슈비츠-비르케나우에서 수용소의 여성 오케스트라를 이끌다가 1944년에 그곳에서 세상을 떠났다.

* '무지크페라인'은 원래 음악협회라는 뜻으로, 오스트리아 빈에서 1812년 설립된 고전 음악 단체를 가리키기도 한다. 황금 홀은 빈 필하모닉 관현악단의 주 연주회장이다.

로제 콰르텟이 1920년대에 전기를 이용한 녹음 방식으로 제작한 음반을 통해, 클림트 시대의 음악 스타일과 연주를 엿볼 수 있다. 당시는 거트현을 사용했고 루바토*와 유연한 리듬, 포르타멘토**을 자유롭게 사용하므로 지금 들어보면 낯설고 당황스러울 수도 있다.

클림트가 '황금'시기로 진입하고 있던 1905년 12월 31일에, 프란츠 레하르(Franz Lehar, 1870~1948)의 《유쾌한 미망인(*Die lustige Witwe*)》(메리 위도우)***가 빈의 안데어빈 극장(Theater an der wien)에서 초연하면서 이른바 빈 오페레타의 '은의 시대(Silver Age)'가 출범했다. 그보다 3년 전에는 메테르니히 공주(Pauline von Metternich, 1836~1921)****가 '금과 은 무도회'용 음악 〈금과 은 왈츠(Gold und Silver Waltz)〉을 의뢰했는데, 이 무도회에 참석한 사람들은 모두 금색과 은색을 포함해 귀금속의 색이 나는 무도회복을 입고 금붙이, 은붙이, 각종 보석으로 치장했다고 한다. 초연에서는 화려한 무도회에 묻혔지만 이 작품은 결국 레하르의 가장 유명한 연주회용 음악이 되었다.

오페레타는 1850년대에 파리 사람이 만들어낸 것이다. 오펜바흐가 작곡해 널리 사랑받았던 《아름다운 엘렌(*La Belle Hélène*)》이 1860년대에 빈으로 도입되면서 인기를 얻은 오페레타는 곧 빈 특유의 장르로 자리 잡고 번성하게 되었다. 이 장르에서 가장 위대한 걸작인 요한 슈트라우스의 《박쥐(*Die Fledermaus*)》는 1884년에 안데어빈 극장에서 초연되었고, 뒤이어 1885년에는 《집시 남작(*Der Zigeunerbaron*)》이 초연되었다. 슈트라우스가 세상을 떠난 후에는 그의 후계자로 두각을 나타내는 이가 없다가 1898년에 리하르트 호이베르거(Richard Heuberger, 1850~1914)가 《오페라 무도회(*Der Opernball*)》로 대단한 성공을 거두었다. 오랫동안 인기를 누린 아리아 〈별실(別室)에서(*Im Chambre Separée*)〉는 〈메리 위도우 왈츠〉를 제외하면 다른 어떤 음악보다 클림트가 살았던 시기 빈의 관능적 분위기를 잘 간직하고 있다. 하지만 《오페라 무도회》의 성공이 용두사미였다는 사실이 드러났다. 호이베르거는 《유쾌한 미망인》의 작곡가로 위촉되었으나 오페레타 작곡가에게 일어날 수 있는 나쁜 일이 자기에게 일어났다는 것을 깨달았다. 악상이 떠오르지 않았던 것이다. 프로그램에 한 곡을 급히 채워야 하는 상황에서 안데어빈 극장 운영진은 이 극장 오케스트라의 악장 프란츠 레하르에게 필사적으로 매달렸다. 이때까지 레하르는 작곡가로서 소소한 성공을 거두고 있었을 뿐이었다. 그는 듀엣곡 〈바보 기마병(*Dummer, dummer Reitersmann*)〉의 선율만 작곡해서 운영진에게 전화로 들려주고서 《유쾌한 미망인》의 작곡 의뢰를 받아냈다. 그때까지만 해도 극장 운영진은 레하르를 신뢰하지 못했다. 그에게 작곡 의뢰를 포기하라고 설득했지만 수포로 돌아갔다. 그러고 나서 운영진은 파리 소재 발칸 반도 소국의 대사관을 배경으로 하는 이 《유쾌한 미망인》에 시드니 존스의 오페레타 《게이샤(*The Geisha*)》에 나

* rubato. 문자 그대로의 뜻은 '도둑맞은 시간', 연주자가 나름의 해석으로 템포를 바꾸어 연주하는 것

** portamento. 어떤 음에서, 음정이 다른 다음 음으로 매끄럽게 옮겨가는 것

*** 《메리 위도우(*The Merry widow*)》라는 제목으로 1925년 미국에서 무성영화로 개봉하기도 했다.

**** 주로 빈과 파리에서 활동했던 오스트리아 출신 사교계 명사. 매우 아름답고 우아할뿐 아니라 바그너와 스메타나 같은 작곡가를 후원했고, 오트쿠튀르 산업이 발흥하는 데도 영향을 주었다_옮긴이

안데어빈 극장 내부, 빈

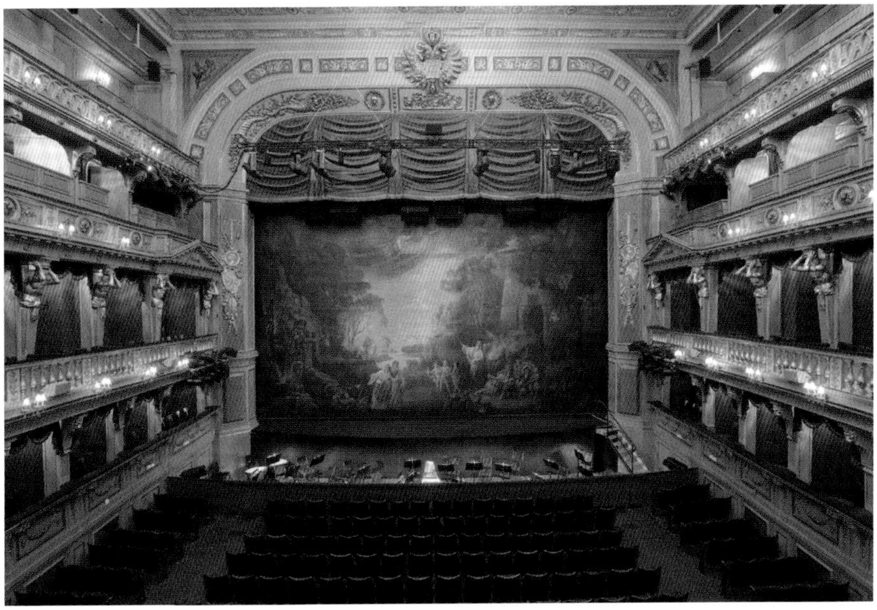

오는 곡을 재활용해서 제작비용을 아꼈다.

《유쾌한 미망인》의 초연은 소박한 성공을 거두었다. 그러나 〈빌야의 노래(*Viljalied*)〉, 〈메리 위도우 왈츠〉, 다닐로의 〈나는 막심으로 가네(*Da geh' ich zu Maxim*)〉가 귓전을 끊임없이 맴도는 곡이 되면서, 관중들이 점점 더 많이 모여들었다. 《유쾌한 미망인》은 급속도로 세계를 제패했으며, 역대 가장 인기 있으며 세계 곳곳에서 공연되는 오페레타가 되었다. 1907년에 이 작품은 아르헨티나의 부에노스아이레스의 5개 극장에서 5개 국어로 동시에 상연되기도 했다.

1902년 4월에 구스타프 말러는 빈 필하모닉 오케스트라의 금관악기 부단원들을 이끌고 분리파 전시관에서 개최된 제14회 빈 분리파 전시회 개막식에 등장해 자신이 편곡한 베토벤의 9번 교향곡의 〈환희의 송가〉를 연주했다. 실러의 시에 베토벤이 곡을 붙인 〈환희의 송가〉를 바그너는 자기가 착안했던 '종합예술작품' 곧 여러 예술의 융합과 통일을 이르는 개념의 전신이라며 환영했다. 이 전시회의 중앙에는 독일의 조각가 막스 클링거가 얼마 전에 완성했던 베토벤 조각상이 자리 잡았는데, 이 작품은 당시 서양미술 굴지의 걸작으로 여겨졌다.

이 다채로운 색으로 이루어진 기념물은 다양한 재료와 기법이 융합되어 그 자체가 '종합예술작품'이었다. 높이가 3미터가 넘는 이 작품은 그리스 산(産) 대리석, 피레네 산 대리석, 설화석고, 마노, 벽옥(碧玉), 진주층, 금박을 재료로 썼다. 클림트가 다소 가공할 만한 이 베토벤 조각상을 정말 좋아했던지 좋아하지 않았던지 상관없이, 이 작품은 확실히 이후 몇 년 동안 클림트가 작품에 값비싼 재료를 이용하도록 고무했을 것이다.

요제프 호프만은 분리파 전시관의 내부를 베토벤과 독일의 조각가이자 판화가 클링거 두 천재를 숭배하는 신전처럼 바꾸어놓았다. 클림트, 롤러, 모저가 이끌었던 분리파 예술가들은 자신을 낮추고 클링거에게 경의를 표한다는 의미로 베토벤 조각상의 배경이 되도록 그들의 작품을 전시했고, 전시가 끝나면 철거할 예정이었다. 다행히 비평가 루트비히 헤베시가 앞장서서 작품 철거에 반대하는 캠페인을 벌인 후 클림트의 〈베토벤 프리즈〉를 없애지 않고 후대를 위해 보존하게 되었다.

〈베토벤 프리즈〉의 첫 패널에는 황금 갑옷을 입은 기사의 모습이 등장하는데, 클림트와 말러의 친구들은 기사가 작곡가이자 지휘자인 말러를 이상화해 그린 것이라고 추측했다. 클림트와 말러는 둘 다 아름다운 알마 쉰들러를 사랑했다는 것뿐만 아니라 '종합예술작품'을 비롯한 예술적 이상도 어느 정도 공유했다. 두 예술가의 경력은 나란히 전개되었고 그들의 삶도 비슷한 리듬을 따랐다. 빈에 있을 때 두 예술가는 엄격하고 거의 바뀌지 않은 작업 일과를 따랐다. 잡담도 거의 하지 않고 사람들과 어울리는 일도 최소한으로 유지했다. 수많은 행정 회의를 지겨워하던 말러는 어쩔 수 없이 회의 자리에 끌려와서는 지루함의 표시로 종잇조각에 낙서를 일삼았다. 이 종잇조각 몇 장을 말러와 클림트 공통의 친구이자 동료인 알프레트 롤러가 보존했다. 말러의 낙서는 클림트의 초상화를 채웠던 상징적인 장식과 아주 비슷했고, 정신분석의 대상이 되기도 했다. 여름 동안에 두 예술가는 빈에서 끈덕지게 그들을 따라붙었던 중상모략과 논쟁을 피해 호숫가에 머물며 창작의 영감을 북돋았다. 클림트는 아터 호수로 가서 풍경화를 그렸고 말러는 뵈르터 호수*로 가서 교향곡을 작곡했다.

1897년은 두 예술가의 삶에서 운명적인 전환점이 된 해였다. 그 해에 말러는 가톨릭으로 개종한 후 그의 경력에서 가장 명망 있는 위치인 빈 궁정오페라의 예술 감독으로 취임했다. 이 시점이 우연치고는 최고의 타이밍이었다. 빈 미술계와 마찬가지로 빈 음악계의 구체제가 해체되는 시점이었던 것이다. 교향곡 작곡가 안톤 부르크너와 요하네스 브람스가 각각 1896년과 1897년에 세상을 떠났고, '왈츠의 왕' 요한 슈트라우스도 1899년에 유명을 달리했다. 당시에 모

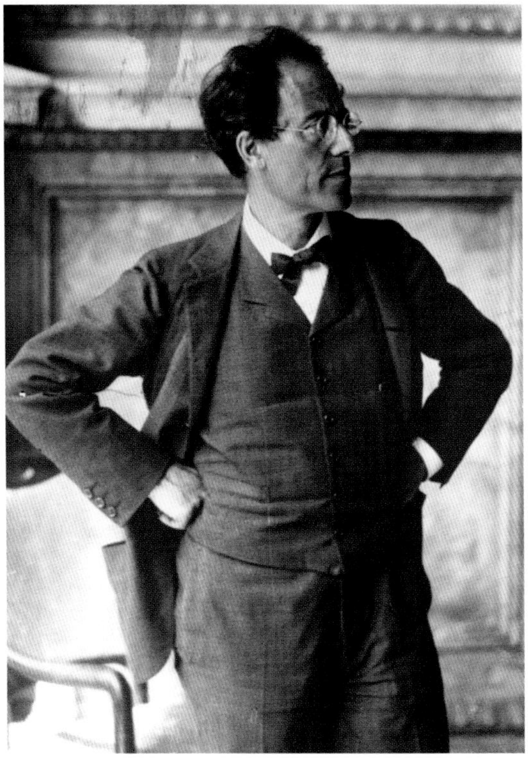

지휘자 구스타프 말러,
빈 궁정오페라 예술감독으로 재임할 당시

* 뵈르터 호수(Wörthersee)는 오스트리아 남부에 자리 잡고 있다. 말러는 1900~1907년 동안 여름에 이 호숫가 마이어니히(Maiernigg) 마을에 머물며 교향곡 4~7번을 완성했으며, 교향곡 8번 일부를 작곡했다. 현재 마이어니히에는 말러가 머물며 작곡했던 오두막집이 말러 기념관이 되어 남아 있다_옮긴이

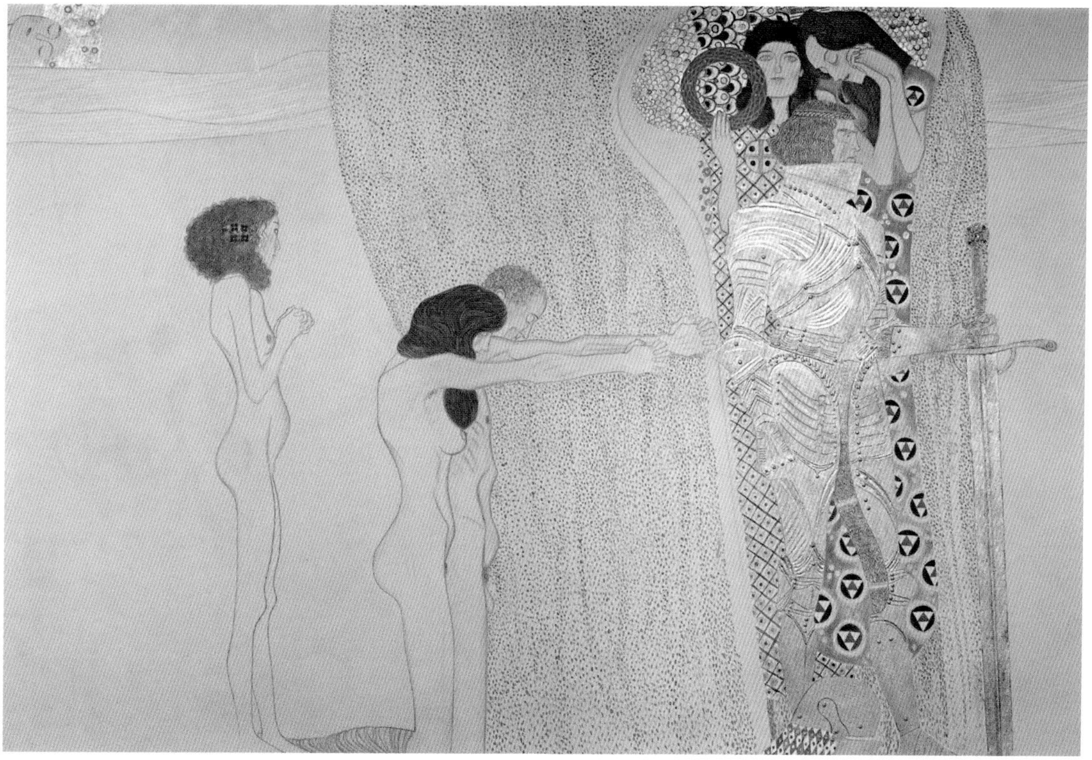

'기사(*The Knight*)',
〈베토벤 프리즈〉의 세부,
1902년, 스투고 바탕에
카제인 물감, 금박, 준보석,
진주층, 플라스터, 연필,
파스텔, 215 X 3414 cm,
(긴벽 각 1392cm, 짧은벽 630cm),
오스트리아 벨베데레 미술관, 빈

든 사람들이 알아차린 건 아니었지만 말러는 브람스를 계승해 빈의 가장 위대한 작곡가가 되었다. 한편 요한 슈트라우스의 사후부터 1905년에 프란츠 레하르가 나타나기까지 빈 오페레타의 왕 자리는 잠시 비어 있었다.

희한하게도 요한 슈트라우스와 요하네스 브람스는 밀접한 사람들끼리 배타적으로 어울리는 도시 빈에서 말년에 처음 만났다. 이 순간이 사진으로 남았는데, 사진에서 두 나이 든 천재 작곡가들은 약간 어색하게 포즈를 취했다. 겸손하게도 '왈츠의 왕'이 위대한 교향곡 작곡가에게 사인을 청했다. 브람스는 〈아름답고 푸른 도나우 강 왈츠〉의 첫 마디를 적고 덧붙여서 '요하네스 브람스의 작곡이 아님, 아쉽게도(Nicht von Johannes Brahms, leider)'라고 적었다. 빈 사람들은 문장 끝에 한숨 쉬듯 'leider'를 붙이는 습관이 있었다. 브람스의 이 사인은 독일 북부 출신인 그가 오랫동안 빈에 거주해서 이 도시 사람이 다 되었다는 것을 알려준다.

1897년부터 1907년까지 빈 궁정오페라의 예술감독이었던 시절에 말러는 오페라를 연이어 무대에 올렸는데, 이 작품들은 모두 탁월해서 이후 20세기 전 세계 오페라 극장의 표준이 되었다. 바그너의 '종합예술작품'이라는 이상을 추구했던 말러는 작곡가의 의도를 완성한다는 목표를 공연의 음악적, 연극적, 시각적인 모든 부분에서 성취하고자 했다. 1903년부터 오페

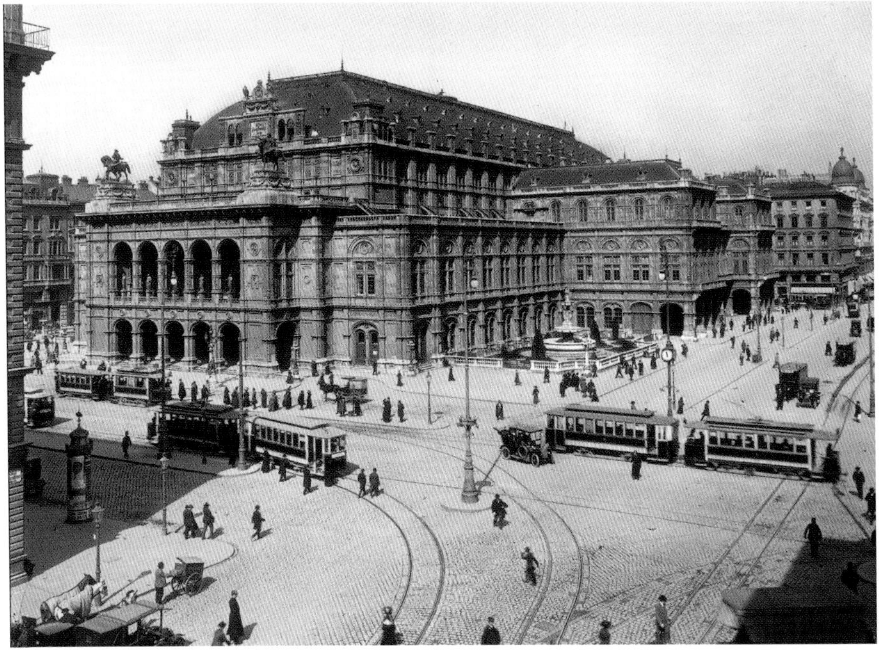

빈 궁정오페라 극장을 보여준,
손으로 채색한 슬라이드,
1910년 무렵

라의 시각적 부문에 관해 말러와 협력했던 예술가는 그의 절친한 친구이면서 분리파에서 활동했던 알프레트 롤러(Alfred Roller, 1864~1935)였다. 20세기 오페라의 표준이 된 이들의 작품 중에서도 손꼽히는 명작은 1903년에 무대에 올린 《트리스탄과 이졸데》인데, 이 공연은 당시 십대이던 아돌프 히틀러에게 몇 년이 지난 후에도 잊지 못할 강렬한 인상을 주었다. 그리고 1906년에 제작된 《돈 조반니》도 명작으로 꼽힌다. 19세기의 번잡한 역사주의적 무대 장치는 보다 정갈하고 경제적인 분리파 스타일에게 자리를 내주었다.

이전 세대의 파가니니와 리스트처럼, 말러는 악마적인 분위기를 풍기는 음악가 중 하나였다. 소프라노 안나 바르-밀덴부르크의 말에 따르면, "그(말러)가 지휘하면 사람들은 그를 악마 같고, 거칠며, 그로테스크하고, 기이하며, 이상하고, 독창적이며 특이하다고 여겼다. 그들은 그의 가공할 힘을 느꼈으며, 약간 위협적인 것이 앞에 있는 것처럼 움츠러들었고 놀라워하고 호기심을 느끼곤 했다."

말러는 혁신가였을 뿐만 아니라 엄격하게 규율을 강조하기도 했다. '전통은 엉망이다(Tradition ist Schlamperei)'와 '정확성이 창조의 영혼(Korrektheit ist die Seele der Kunstleitung)'이라는 모토로 내세워 그는 스타 오페라 가수들의 변덕과 방종에 대항하는 소모전을 치렀다. 다시 한 번 바르-밀덴부르크에 따르면, "'불평하고 욕설을 퍼부으며, 눈물을 흘리고 발악하면서'는 누구도 그와 연습할 수 없었다. 말러는 관중에게도 똑같이 엄격했다. 공연에 늦으면 공연장에 들어올 수 없게 했고 극장에서 고용하는, 유서 깊은 박수부대도 폐지했다.

말러와 함께 일했고 클림트가 정기적으로 공연에서 들었을 오페라 가수들 다수는 음반을 취입했다. 이들이 기록으로 남긴 음반은 지금도 매력적이고 들을 만하다. (지금에 비하면) 그 당시의 원시적인 장비로 녹음되었기 때문에 듣기가 언제나 편안한 경험이 될 수는 없다. 예를 들어, 말러가 가장 선호해서 빈과 나중에 뉴욕에서도 함께 활동했던 에릭 슈메데스(Eric Schmedes)의 음반은 게르만족의 영웅 역할을 주로 했던 헬덴 테너(바그너 테너)의 잠긴 듯하며 힘들여 내는 소리가 거슬리게 들린다. 슈메데스는 빈에서 많은 사랑을 받았지만 뉴욕의 청중들을 즐겁게 해주지는 못했다. 뉴욕에서는 대본을 명확하게 전달하는 것보다 아름다운 목소리를 우선하는 경향이었기 때문이다. 뉴욕의 비평가 중 한 명은 슈메데스의 목소리가 '대포에서 발사된 스위스 치즈 조각' 같다고 묘사했을 정도이다. 말러와 수년 동안 함께 일했고 빈에서 인기가 많았던 또 다른 테너 레오 슬레자크(Leo Slezak)의 목소리는 다양하게 변화하는데, 때로는 아주 감미로워서 오텔로나 지크문트 같이 심각한 역할로 유명한 테너라는 게 놀랍다. 말러는 이 두 테너와 불편한 관계였다. 그 이유는 양측 모두 약간은 악랄한 유머와 잔인하고 기이한 농담과 관계가 있다. 슈메데스는 말러가 그저 지휘자로서 인정받기보다 작곡하고 싶어 한다는 것을 알고 있었다. 그는 어떤 소년에게 돈을 주고는 빈 시내에서 말러의 뒤를 따라다니며 말러의 가곡 〈한밤중에(*Um Mitternacht*)〉의 주선율을 휘파람으로 불라고하고는 자기는 숨어서 말러의 반응을 지켜보았다고 한다.

슬레자크와 말러는 화기애애하게 보내는 날보다 분노에 폭풍처럼 휘말리는 날이 많았다. 아마도 슬레자크가 말러보다 국제적인 명성을 누렸으며 스타로서 매력을 발산했기 때문일 것이다. 슬레자크의 악명 높은 익살에 동요된 말러가 한번은 그의 말을 가로막고 슬레자크에게 이렇게 말했다. "오늘 리허설은 여기서 마칩니다. 다음에는 (리허설에) 적합한 분위기를 유지해 주십시오." 슬레자크는 그 다음 말러와 함께했던 리허설에 상복을 입고 나타났다. 깜짝 놀란 지휘자 말러에게 슬레자크는 '적합한 분위기'를 느끼려고 했을 뿐이라고 했다. 말러와 많이 언쟁을 벌였음에도 슬레자크는 말러가 지휘자로서 연주자의 기량을 북돋는다는 것을 알았다. 그래서 말러가 지휘할 때 가장 높은 음을 더 수월하게 낼 수 있다고도 말하기도 했다.

소프라노 젤마 쿠르츠(Selma Kurz)의 음반은 방종에 빠진 스타 가수들에게 말러가 규율을 요구했던 이유를 설명해준다. 젤마 쿠르츠는 일명 '쿠르츠 트릴(kurz trill, 떤꾸밈음)'로 전 세계적으로 유명했다. '쿠르츠 트릴'은 'kurz'가 독일어로 짧다는 뜻이므로 생겼던 농담이었지만 그녀의 트릴은 지나치게 길었다. 말러는 스톱워치를 이용해 쿠르츠를 훈련시켜서 이런 대단한 기술을 습득하게 했다. 쿠르츠는 숨이 멎기 직전까지 트릴을 구사해 관중들은 즐겁게 했지만 지휘자와 동료 가수들에게는 공분을 샀다. 그녀가 〈숲속의 새(*Der Vogel im Walde*)〉를 노래한 음반을 들어보면 쿠르츠의 트릴이 21초 동안 지속되는데, 요즘 청취자들 대부분은 과연 글자 그대로 숨을 쉴 수 없을 것이다.

쿠르츠는 메조와 리릭 소프라노로 가수 생활을 시작했다. 그녀의 약간 특이한 콜로라투라 기술은 리허설 중에 말러가 그녀에게 더 높게 부르라고 재촉하면서 발견하게 된 것이다. 말러의 도움으로 쿠르츠는 당대에 아주 유명한 콜로라투라 소프라노 중 하나로 거듭났다. 말러와 쿠르츠는 장난삼아 잠시 연애했다가 아마도 불륜을 저질렀고 곧 결별했을 것이다. 1906년에 쿠르츠는 말러와 성격이 맞지 않는다는 이유를 들어 빈 오페라와의 계약을 파기하려고 했다.

알마 말러는 나중에 남편과의 부부관계에서 만족하지 못했다고 불평했다. 둘의 신혼 첫날밤에 말러는 거의 불능이었던 것 같다. 하지만 대단한 알마의 처녀성을 가진다고 생각하면 성적으로 자신감이 있다는 남성이라도 대부분 두려워했을 것이다. 이후 말러는 알마와의 사이에서 두 딸을 두었다. 말러는 알마와 결혼하기 전에 휘하의 여성 가수들에게 마치 클림트가 그의 모델들에게 그랬듯이 일종의 초야권(중세 시대 영주가 부하의 신부와 첫날밤 보내던 권리)을 행사했던 것처럼 보인다. 1895년부터 1897년 사이에 말러는 유명한 드라마틱 소프라노 안나 폰 밀덴부르크(클림트의 열렬한 옹호자 헤르만 바르와 결혼한 후에는 안나 바르–밀덴부르크로 알려짐)와 연인이었다. 말러는 1897년에 함부르크에서 빈으로 자리를 옮기면서 그녀와 결별했으나, 그녀 역시 빈 궁정오페라의 초대를 받았다는 사실에 깜짝 놀랐다. 말러는 그녀에게 잔인한 편지를 보냈다. "만약 궁정오페라의 제안을 받아들이면 '우리는 둘의 사적인 교제를 최소한으로 해야 할 것이오…… 우리가 의심의 빌미를 주게 된다면, 내 자리는 당장에 사라질 테니까." 사실 바르–밀덴부르크는 말러가 예술감독직에 있었던 10년 동안은 물론 더 오랫동안 빈 궁정오페라가 내세우는 간판 가수였다. 그녀의 목소리는 베버의 《오베론(*Oberon*)》 2막에서 등장하는 〈바다의 아리아〉 도입 레치타티보를 시

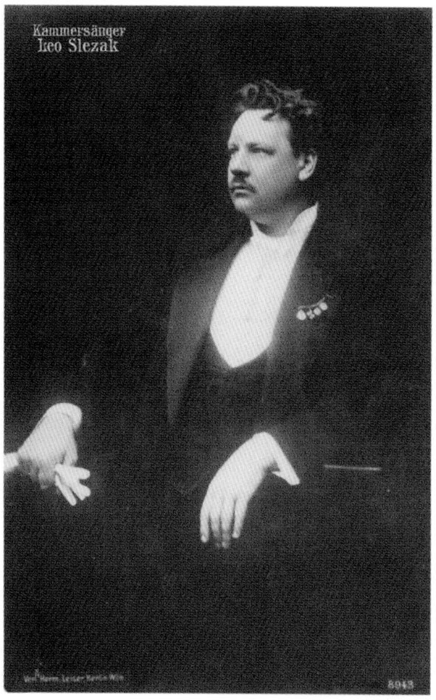

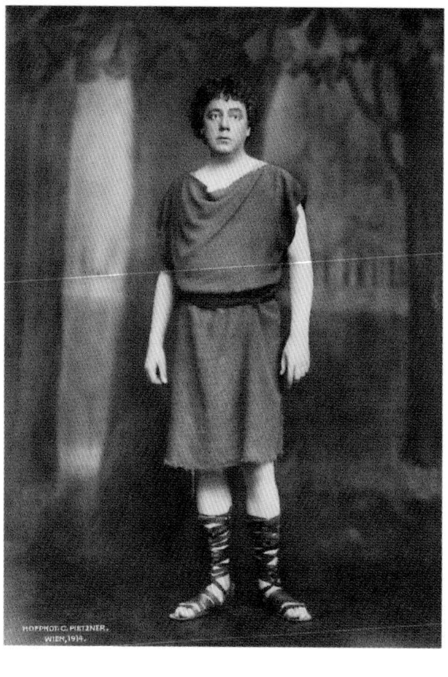

(상단) 테너 레오 슬레자크(1983~1946)

(하단) 테너 에릭 슈메데스(1868~1931)

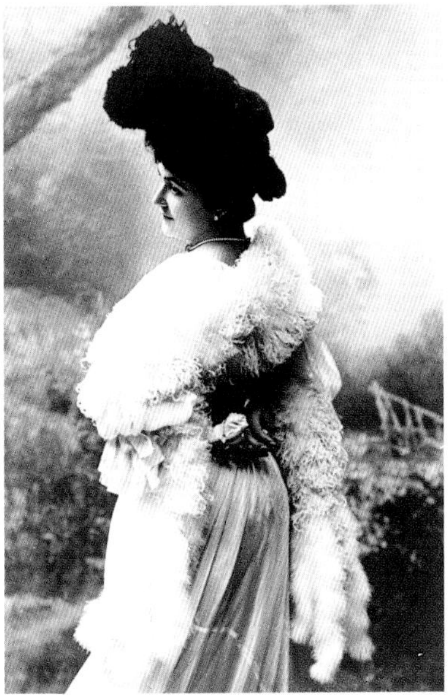

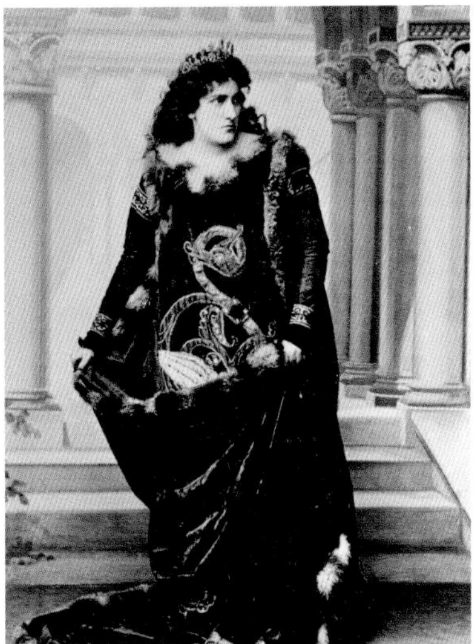

(상단) 소프라노 젤마 쿠르츠(1874~1933)

(하단) 소프라노
안나 바르-밀덴부르크(1872~1947)

험 녹음한 싱글 음반에 남아 있다.

처음부터 말러는 빈의 반유대주의 언론과 껄끄러운 관계였다. "4월 10일자에 새로 임명된 궁정오페라 지휘자 말러에 관한 기사를 실었다. 그때 우리는 이미 이 유명인사가 (유대인이라는 것을) 눈치챘고 따라서 이 순수한 유대인에 관해 사실 이외에는 기사에 다루는 것을 피해왔다. 우리는 그가 부다페스트 언론에서 찬사를 받았다는 사실을 통해 의혹을 확인했다. 지나치게 서두르는 판단은 자제하겠다. 지금 유대 언론은 그들의 우상인 말러에게 보내는 찬사로 도배하고 있지만, 말러 씨가 지휘자 단상에서 유대인의 기벽을 시작하자마자 (그런 찬사가) 현실이라는 비에 씻겨 사라질 것인지 아닌지 유대 언론은 지켜봐야 할 것이다."[1]

파벌주의와 중상모략으로 악명 높은 도시 빈에서 아방가르드의 리더로 눈에 띄었던 말러와 클림트는 20세기 초에 점점 공격받는 일이 많아졌다. 바르는 이 두 예술가가 매우 유사하다는 점을 지적했다. "다시 한 번 말러는 시달리고 시달렸다! 그들은 왜 그토록 말러를 증오하는가? 왜 그토록 클림트를 증오하는가? 그들은 자기 자신에게 충실하려고 하는 모두를 증오한다."[2] 말러는 악의적인 공격에 휩싸여 1907년에 궁정오페라 예술 감독직을 그만두고 뉴욕으로 가서 메트로폴리탄 오페라의 예술 감독으로 취임했다. 그가 빈 기차역에서 떠나는 장면을 지켜본 많은 사람들 중에는 테너 에릭 슈메데스와 마리 구타일-쇼더, 바이올린 연주자 아르놀트 로제, 작곡가 아르놀트 쇤베르크, 알렉산더 쳄린스키, 알반 베르크, 미술가 알프레트 롤러와 구스타프 클림트가 있었다. 기차가 역을 빠져나가자, 베르크는 클림트가 하는 말을 들었다. "끝이군!(Vorbei!)"

클림트의 이 말은 최소 하나 이상의 의미에서 들어맞았다. 이듬해인 1908년은 빈 문화계에서 커다란 분수령이 되었다. 말러와 클림트가 여전히 전성기였고 왕성하게 창작했지만 1908년과 1909년 사이에 새로운 세대의 작곡가와 화가들이 등장해 말러와 클림트를 역사 속으로 밀어냈다. 쇤베르크의 〈현악4중주 2번〉의 거친 불협화음이 1908년 12월에 초연되었고, 화가 코코슈카(Oskar Kokoschka)와 실레의 통렬한 표현주의 회화가 1908년과 1909년 쿤스트샤우 전시회에서 선보이면서 말러와 클림트는 갑자기 거장(old master)처럼 보이게 되었던 것이다.

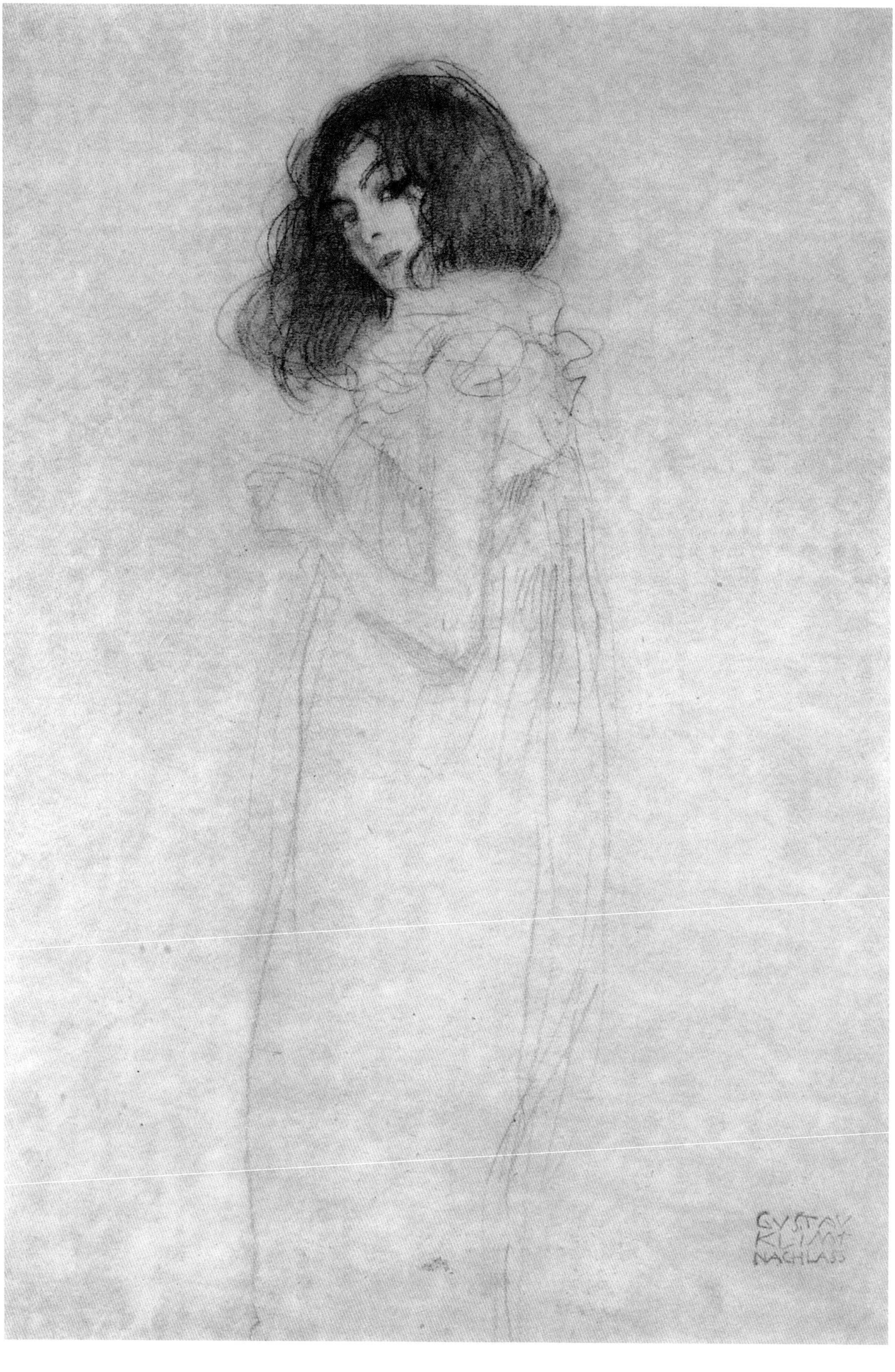
GUSTAV
KLIMT
NACHLASS

드로잉

DRAWINGS

〈소녀의 초상(*Portrait of a Young Woman*)〉, 1896~1897년, 종이에 목탄, 개인 소장

클림트는 작품 활동을 하는 동안 셀 수 없이 많은 드로잉을 그렸다. 유화는 천천히 꼼꼼하게 그렸기 때문에 그 작품 수가 200점 남짓이지만, 지금까지 남아 있는 것만 헤아려도 수천 점이다. 에곤 실레는 펠드뮐 거리에 있는 클림트의 마지막 스튜디오로 그를 찾아갔던 때를 떠올리며, 이렇게 말했다. "드로잉 수백 점이 이곳저곳에 널려 있었는데…… 그것 중 몇 점만 전시회에서 보게 될 게 확실하다."[1] 클림트의 친구이며 클림트의 전기 작가이기도 한 에밀 피르한은 클림트의 친구들이 그의 드로잉을 보존하기 위해서 요제프슈태터슈트라세 스튜디오의 정원과 스튜디오 내부를 어슬렁거리는 수많은 고양이들을 몰래 없앨 수밖에 없었다고 했다. 이것이 클림트가 드로잉 자체로는 큰 가치를 부여하지 않았다는 것을 의미한다면, 드로잉은 분명 그의 창작 과정에서 중요했을 것이다. 수많은 예비 드로잉은 그가 유화를 착수하기 전에 그려졌을 것이고, 미완성 유화는 가장 호화롭고 회화적인 작품이라도 밑그림인 드로잉을 보여주고 있다.

실레와 달리 클림트는 거의 드로잉 자체를 목적으로 또는 판매용으로 그리지 않았으며, 친구들에게 주거나 또는 파는 게 아닐 경우 사인을 하거나 날짜를 적는 일이 극히 드물었다. 그럼에도 실레가 말했듯이, 클림트 생전에는 드로잉이 때때로 전시되었다. 일부는 『베르 사크룸』에 수록되어 출판되기도 했고, 파렴치한 화상에 의해 진품이라고 할 정도로 질 높은 복제품이 자주 제작되기도 했다. 클림트는 빨간색 표지로 장정한 소형 수첩에 스케치를 많이 남겼다. 그가 스케치를 남긴 빨간색 수첩은 소냐 크닙스가 초상화에서 들고 있던 것과 비슷하다. 이 스케치북은 레더러 가문에서 구입했는데, 1945년에 임멘도르프 성 화재 때 이들의 수집품 대다수와 함께 소실되었다.

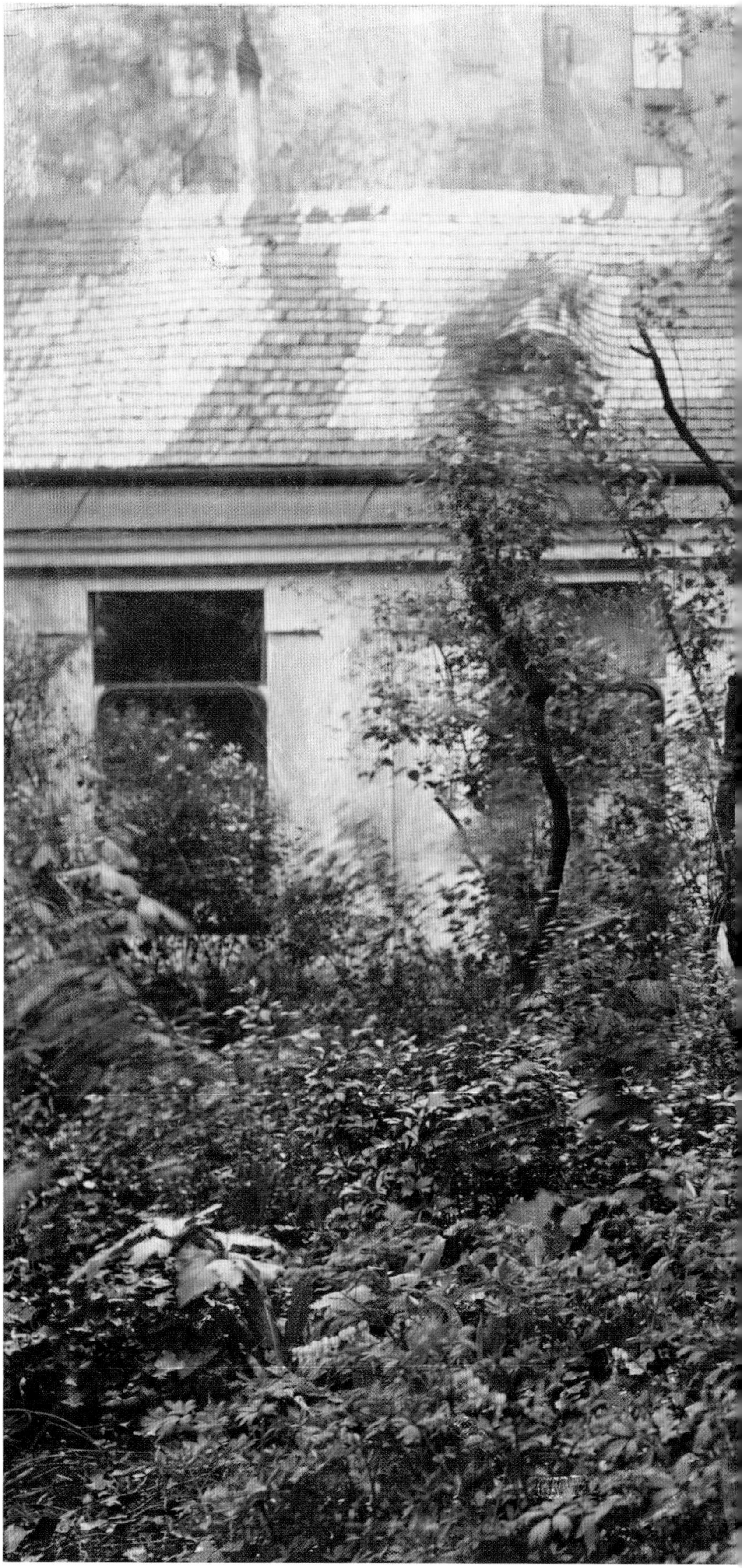

빈 제8구 요제프슈태터슈트라세 21번지
스튜디오의 정원에 있는 클림트,
1910년 무렵.

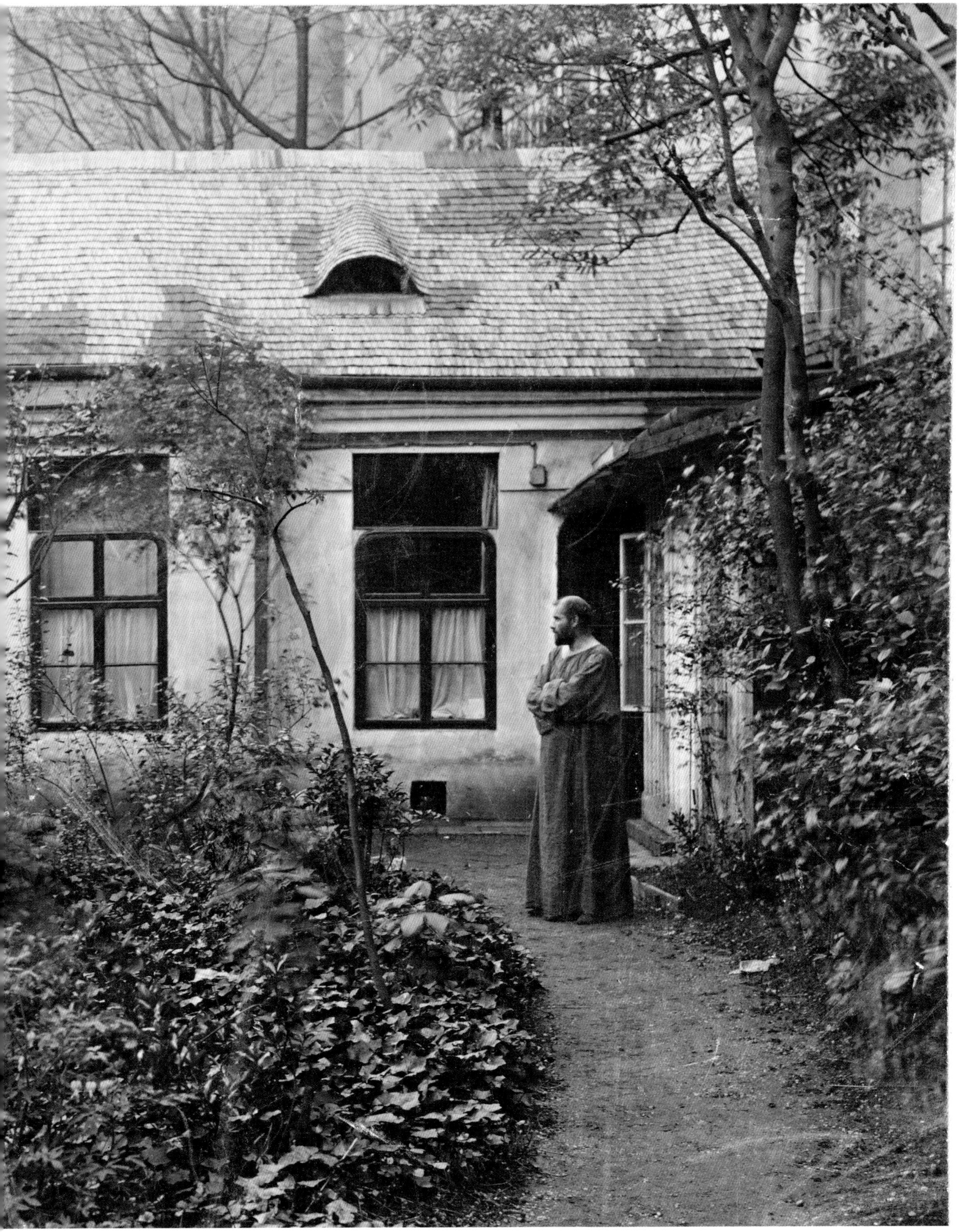

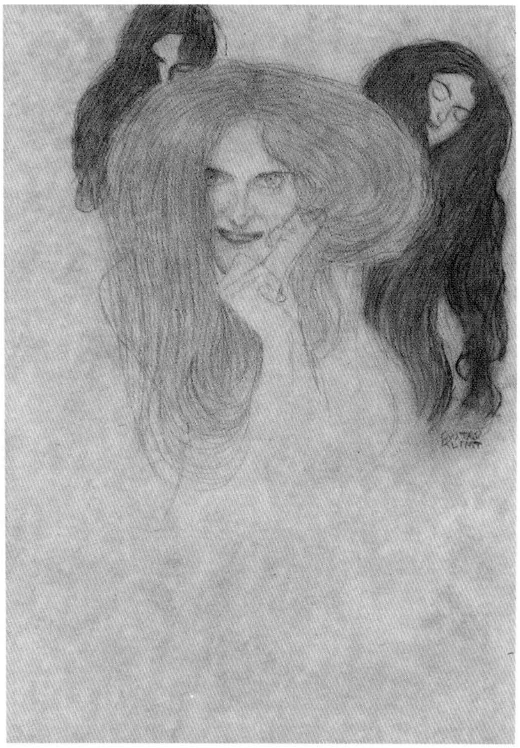

고르곤 세 자매 습작, '적대적인 힘(*Enemy Powers*)'의 일부, 〈베토벤 프리즈〉, 1902년, 종이에 연필과 초크, 43.8×31.4cm, 빈 박물관, 빈

클림트의 드로잉은 그의 작품에서 그랬듯이 심한 변화를 겪었다. 그는 목탄, 검은색과 흰색 초크, 유색 크레용으로 그렸고 때로는 여러 재료를 섞어서 드로잉했다. 펜과 잉크를 쓰는 일은 아주 드물었고, 수채화도 두어 점에 지나지 않는다. 그는 연필로 드로잉하는 걸 좋아했다. 오랜 동안 클림트는 소박한 포장용 종이에 그리는 것을 즐겼지만 나중에는 일본산 고급 종이를 썼다.

클림트가 학생일 때 주의 깊게 음영을 나타내 그린 누드모델 습작은 19세기에 꽤 재능 있고 교육을 잘 받은 학생들이라면 누구라도 그렸을 만한 솜씨다. 그러나 얼마 후 그가 친구들과 형제자매들의 초상화 습작은 훨씬 개성적이며 사랑스럽고 섬세하다. 1870년대 말부터 1880년대 초에 옅은 색종이에 검은색 초크로 그리고 흰색 초크로 하이라이트를 준 습작은 3차원적인 성격이 두드러진다. 클림트는 점점 윤곽선에 의지하면서 형태 내부의 음영은 소홀히 하다가 마침내 음영을 없애버렸다.

부르크 극장과 미술사박물관 계단, 빈 대학 천장화, 〈베토벤 프리즈〉, 스토클레 저택 식당벽화처럼 대형 프로젝트를 진행하게 되면서 습작이 매우 많아졌다. 또한 〈희망 I〉과 〈희망 II〉 같은 알레고리 그림을 위한 습작 드로잉도 훌륭하다. 〈여성의 세 시기〉에서 늙은 여인의 시들어가는 몸을 관찰해서 그린 멋진 습작은 특히 감동적이어서, 클림트의 가장 훌륭한 작품에서 언제나 성욕이 창작의 동기가 되는 건 아니라는 점을 보여준다.

흥미롭게도 클림트는 풍경화를 그리면서 기억을 떠올리는 데 사진과 엽서의 도움을 받았다. 대부분의 풍경화를 스튜디오에서 완성했음에도 그는 습작을 하지 않았다. 하지만 초상화를 그릴 때는 습작을 많이 하면서 끊임없이 모델에게 적합한 포즈를 찾았다. 빈 박물관의 수집품 중에는 소냐 크닙스의 초상화 습작 6점이 있는데, 여기서는 크닙스가 안락의자에 앉아 몸을 틀거나 돌리고 있다. 클림트가 원하던 포즈의 외곽선이 정확하게 포착된 마지막 드로잉에는 캔버스에 옮기기 위해 가로세로로 줄을 그어놓았다. 아델레 블로흐-바우어의 황금빛 초상화를 그릴 땐 대략 100점을 습작했는데, 블로흐-바우어의 가족이 초상화와 함께 구입했다. 습작은 다양한 포즈를 취하는 블로흐-바우어를 보여준다. 습작에서 이용한 포즈 일부는 초상화에서 이용하지 않았지만 그녀를 멋지게 보여준다.

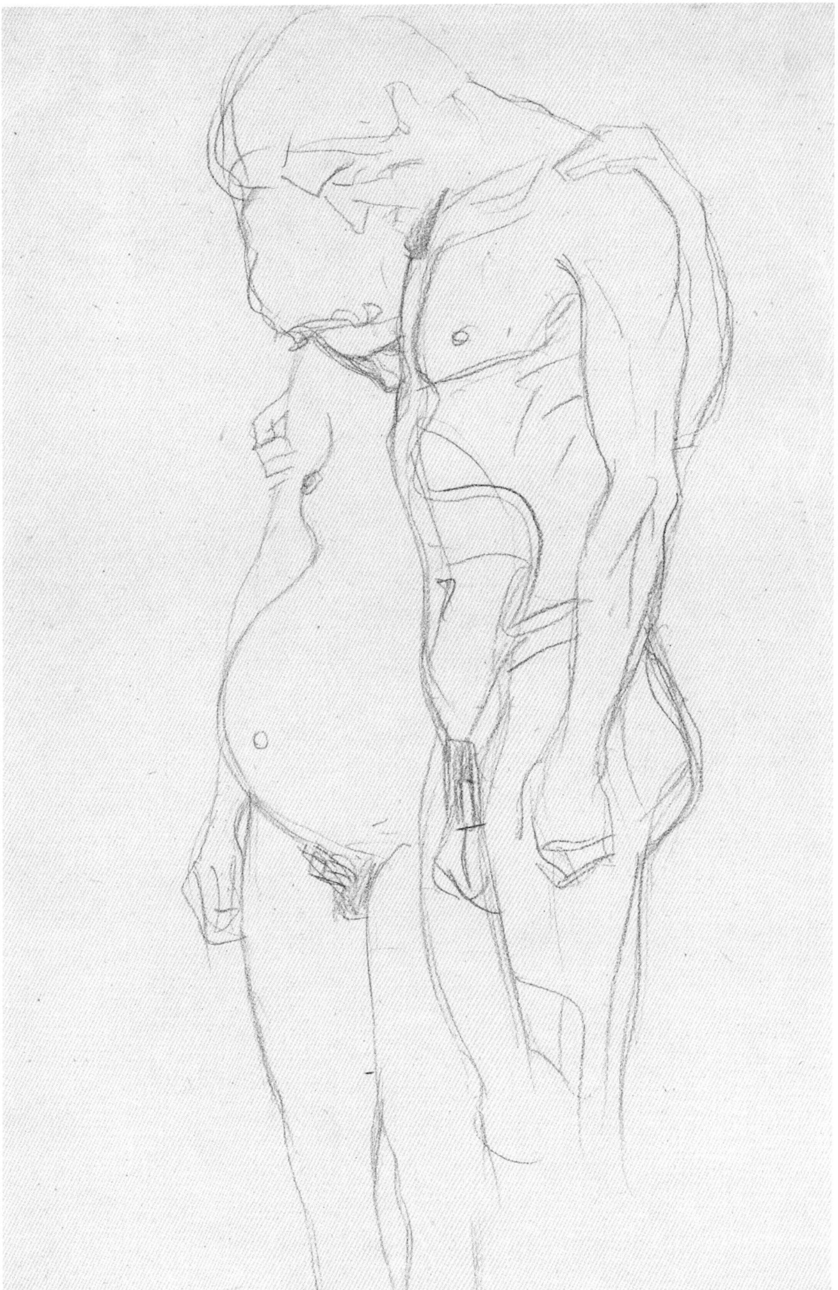

〈'희망 I'을 위한 습작(Study for *Hope I*)〉,
1903~1904년, 종이에 검정 초크,
판화 컬렉션, 알베르티나 미술관, 빈

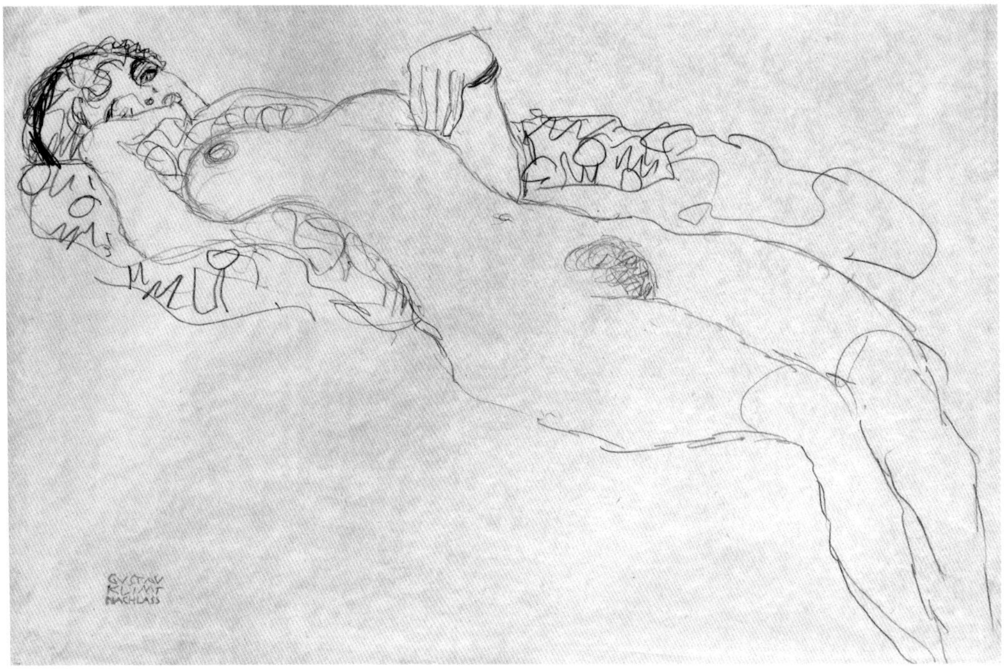

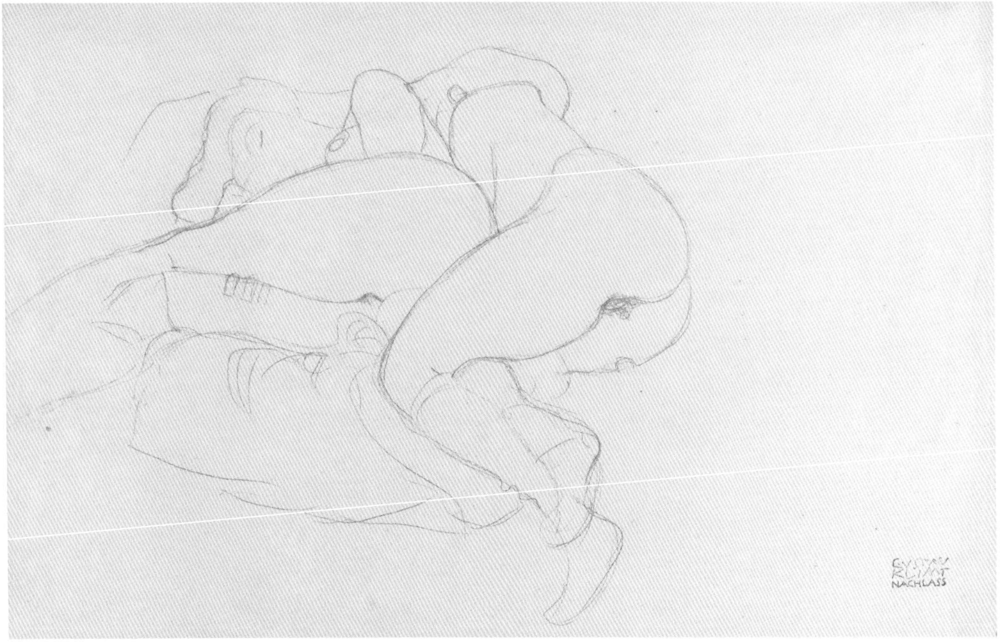

(상단)
〈왼쪽을 향해 누운 반(半) 누드 소녀(*Semi-nude Girl Lying Left*)〉,
1914~1915년, 종이에 연필,
37.4×56.9cm, 개인 소장

(하단)
〈누워 있는 두 여인(*Two Women Friends Reclining*)〉,
종이에 흑연, 34.9×55.2cm,
메트로폴리탄 미술관, 뉴욕

클림트가 후기에 스튜디오에서 연필로 그린 수많은 여성 드로잉은 드로잉에서 (아마도 화가로서 모든 것을 통틀어) 가장 큰 성취를 거두었다. 로댕의 예를 따라 클림트는 한 번에 적어도 한 명 이상 되는 여성들에게 스튜디오 안에서 자유롭게 움직이라고 하고는 그들의 자연스럽고 무의식적인 포즈, 옷을 입든, 벗든, 긴장을 풀든, 자위를 하든 관찰의 대상임을 의식하지 않은 그들이 행동을 빠르게 그렸다.

에곤 실레가 이런 드로잉을 가리켜 클림트의 작품 중에서도 특히 존경한다고 한 건 놀랍지 않다. 심지어 실레는 자신의 드로잉 몇 점을 클림트의 드로잉과 교환하기도 했다. 클림트는 치밀하게 작업했던 유화에서는 언제나 벨 에포크의 화가로, 구세대 화가로 남아 있었다. 그러나 클림트는 이 후기 드로잉을 통해 실레와 코코슈카처럼 제1차 세계대전 이전에 부상한 신세대 화가들의 자유로운 표현에 가까워질 수 있었다.

클림트가 세상을 떠난 후 그의 스튜디오에 남아 있던 드로잉은 그의 동생들과 클림트의 평생 동반자였던 에밀리 플뢰게가 나눠 가졌다. 플뢰게 자매의 소유가 된 드로잉 다수는 제2차 세계대전 때 그들이 살던 아파트가 폭격을 맞아 소실되었다. 구스타프의 남동생 게오르크가 받은 드로잉은 구스타프 클림트의 유산임을 알리는 'Gustav Klimt Nachlass(구스타프 클림트 나흘라스[*])' 라는 인장이 찍혀 있다. 반면 여동생인 헤르미네와 요한나 소유인 드로잉은 여러 가지 인장이나 명문을 지니고 있다.

[*] Nachlass. 독일어로 일반적으로는 학계에서 학자가 사후에 남긴 자필 원고, 메모, 서신 등 일체의 유고를 의미한다.

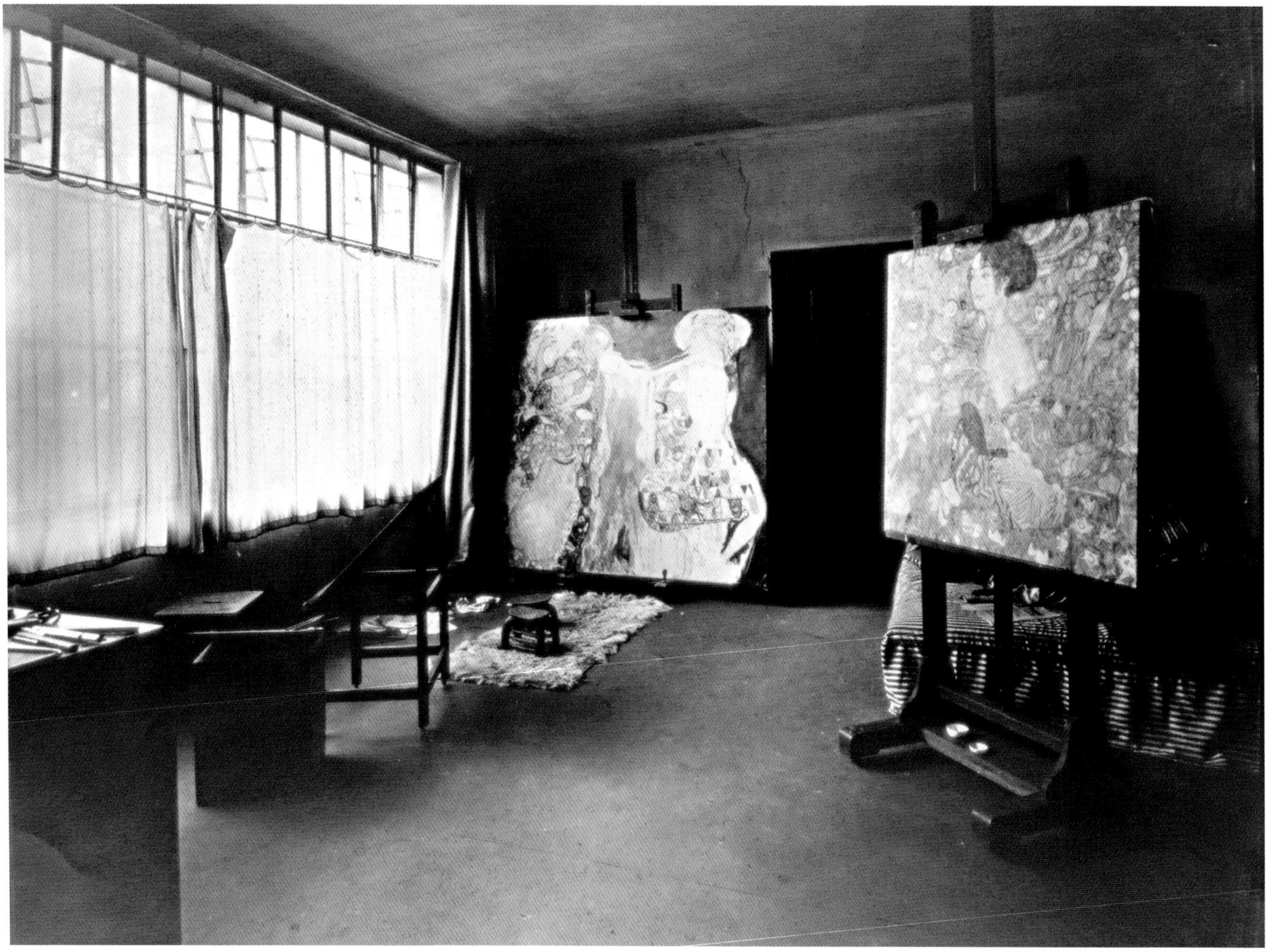

펠트뮐가세 11번지에 있는 클림트의 스튜디오.
미완성 유화 〈부채를 든 여인(*Woman with Fan*)〉과 〈신부〉가 보인다. 1918년

(맞은편) 빈 히칭 묘지에 있는 구스타프 클림트의 묘.
1925년 촬영.

한 시대의 종말

END OF AN ERA

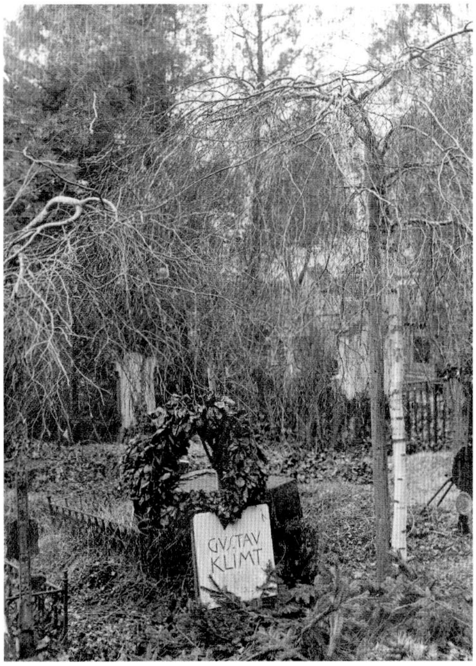

1918년 1월 11일에 클림트는 쉰다섯 나이에 뇌졸중으로 쓰러졌다. 가까스로 입을 뗀 그의 첫 마디는 '에밀리를 불러줘'였다. 에밀리 플뢰게가 그의 인생에서 매우 중요한 역할을 했음을 알려주는 한 마디였다. 쓰러진 지 한 달도 되지 않아 무척 쇠약해진 상태일 때 클림트는 당시 전 유럽에서 유행했던 스페인 독감에 걸렸고 결국 쓰러진 그 해 2월 6일에 세상을 떠나고 말았다. 에곤 실레가 병원으로 와서 임종한 스승 클림트의 초상화를 그렸다. 마지막으로 치료를 받는 동안 수염을 깎았기 때문에 클림트가 임종한 후 실레가 그렸던 초상 드로잉은 마치 클림트가 아닌 것처럼 보인다.

같은 해 10월에 독감이 두 번째로 유행했는데, 이번에는 청년층과 임신부에게 특히 치명적이었다. 에곤 실레의 임신 중이던 아내가 10월 28일에 세상을 떠났고 실레 자신도 인플루엔자에 걸려서 사흘 후인 10월 31일에 28세를 일기로 숨을 거두었다. 클림트와 실레 외에도 빈 황금기를 수놓았던 유명인물들 중에서 이 끔찍한 해에 세상을 떠났던 사람들 중에는 콜로몬 모저, 오토 바그너도 있다. 제1차 세계대전이 종전되면서 빈에는 굶주림과 빈곤이 만연했다. 한때 광대한 다인종 제국의 자부심 넘치는 수도였던 빈은 베르사유 조약의 여파로 육지에 둘러싸인 독일어권 소국의 수도로 축소되었다. 재능 있는 사람들은 이 도시를 떠나 대부분 베를린으로 갔다. 클림트의 빈은 이렇게 끝을 맺었다.

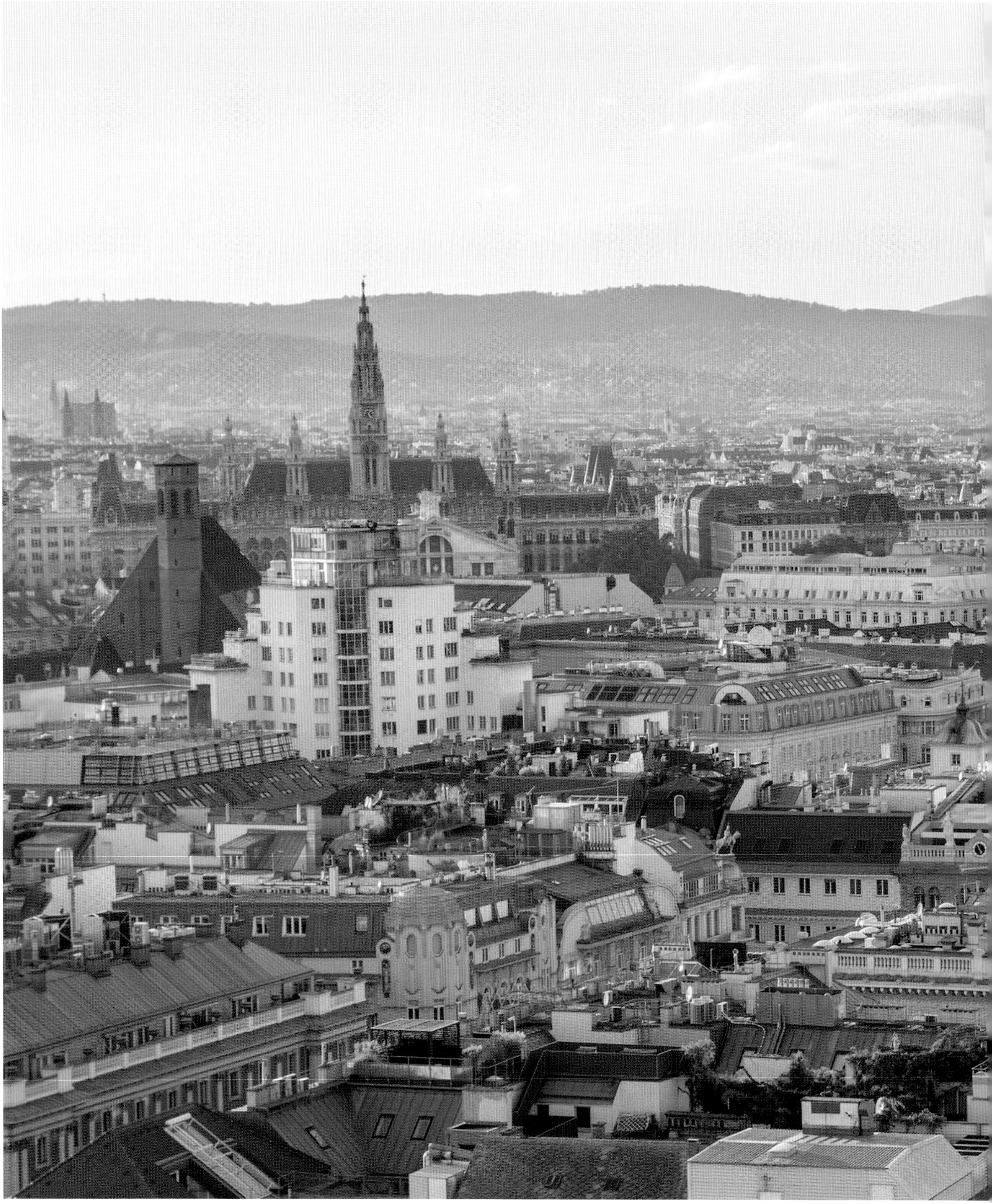

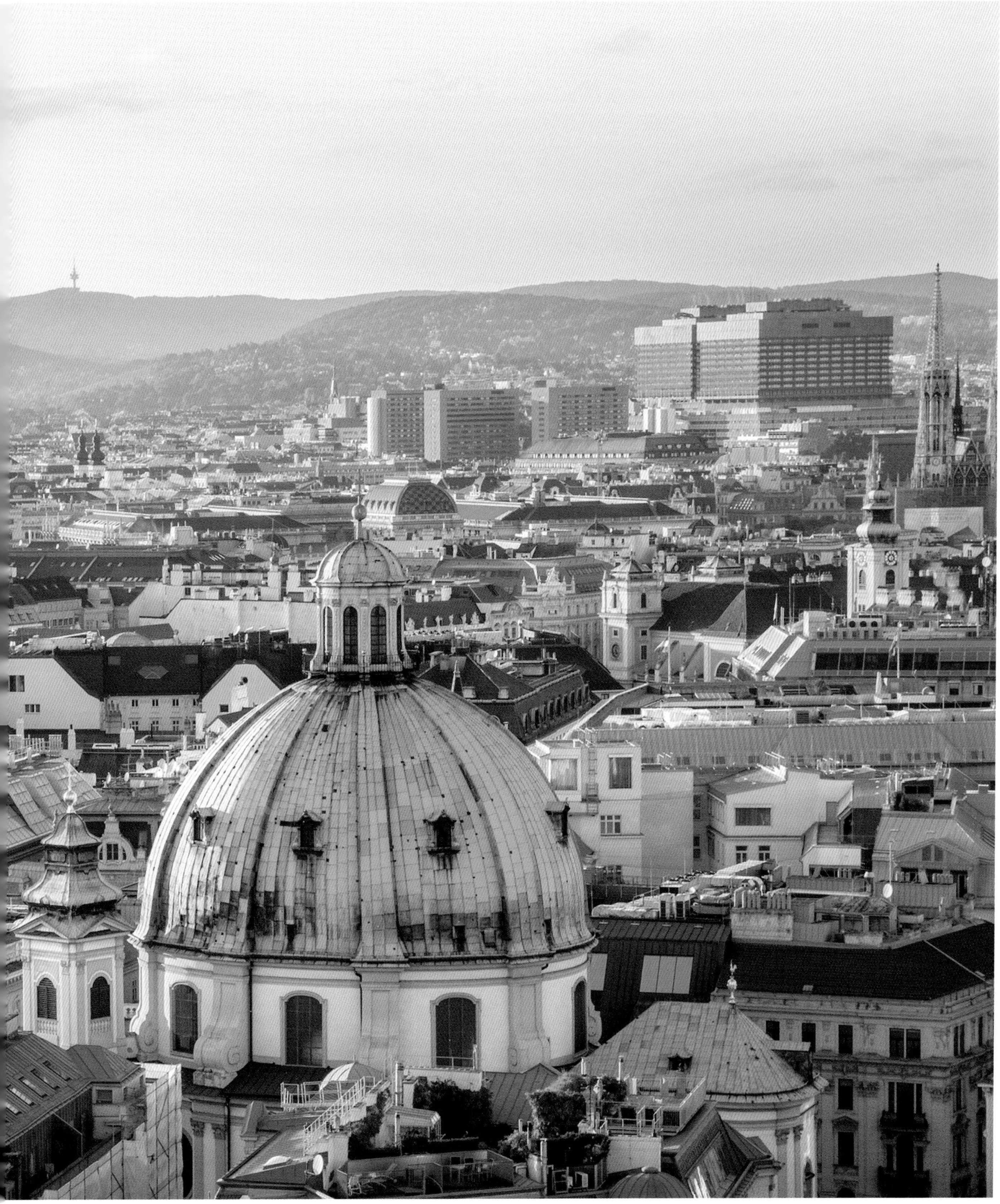

주석

클림트 시대의 빈

1. Zweig, Stefan, *The World of Yesterday(Die Welt Von Gestern)*, London, 2009, p.34
2. Ibid, pp. 35~36
3. Ibid, pp. 61~62
4. Godowsky, Dagmar, *First Person Plural: The Lives of Dagmar Godowsky*, New York, 1958, p.17
5. Zweig, Stefan, p.36
6. Hare, Franz, *Die Moderne in Jahrhundertwende 1900, Untergangsstummung und Fortschrittsglauben*, Stuttgart, 1998, p.190
7. Bahr, Hermann, *Die Uberwindung des Naturalismus(Studien zur Kritik der Moderne, zweite Reihe)*, Dresden, 1891, pp. 3~4
8. Zweig, Stefan, p.80

혁명과 링슈트라세

1. Zweig, Stefan, *The World of Yesterday(Die Welt Von Gestern)*, London, 2009

클림트의 성격과 사생활

1. Partsch, Susanna, *Gustav Klimt Painter of Women*, Munich, 1976년, pp.73~74
2. Husslein-Arco, Agnes and Weidinger, Alfred, *Gustav Klimt und Emilie Flöge*, Munich, 2012, p.47
3. Comini, Alessandra, *Gustav Klimt*, London, 1975, p.11
4. Husslein-Arco, Weidinger, p.79
5. Ibid., p.230
6. Ibid., p.228

빈 분리파

1. Vergo, Peter, *Art in Vienna 1898 – 1918*, London, 1975, p.23
2. Ibid., p.26
3. Ibid., p.27
4. Nebehay, Christian M, *Gustav Klimt*, Munich, 1976, p.102
5. Puvis de Chavannes, Henri, *La Renaissance de l'Art Français et des Industries de Luxe*, February 1926, pp.87~90
6. Vergo, pp.31~32
7. Shapira, Elana, *Style and Seduction: Jewish Patrons, Architecture and Design in Fin de Siècle Vienna*, Brandeis University, 2016, p.70

추문

1. Nebehay, Christian M, *Gustav Klimt*, Munich, 1976, p.145
2. *Deutches Volksblatt*, May 1900
3. Nebehay, pp.159~60

장식미술

1. Vergo, Peter, *Art in Vienna 1898 – 1918*, London, 1975, p.180
2. Ibid., p.132
3. Ibid., p.134

빈의 유대인

1. Gombrich, Ernst, *The Visual Arts in Vienna circa 1900*, London, 1997
2. Ibid.
3. Zweig, Stefan, *The World of Yesterday*, London, 2009, p.41
4. Ibid., p.43
5. Ibid., p.34
6. Magee, Bryan, *Aspects of Wagner*, London, 1972, p.40
7. Shapira, Elana, *Style and Seduction: Jewish Patrons, Architecture and Design in Fin de Siècle Vienna*, Brandeis University, 2016, p.5

클림트의 후원자와 수집가

1. Natter, Tobias, *Die Welt von Klimt, Schiele und Kokoschka, Sammler und Mäzenne*, Cologne, 2003, p.24
2. Natter, p.88
3. Natter, p.126

초상화

1. Excerpt from letter dated 26 August 1872 from Anna Matilda Whistler to Rachel Agnes Alexander, *Correspondence of James MacNeill Whistler*, University of Glasgow
2. Wien Museum, 100 x Vienna, Highlights from the Wien Museum Karlsplatz, 2013, p.178
3. Excerpt from letter quoted in Stanley Olson, *John Singer-Sargent: His Portrait*, London, 1986, p.237

풍경화

1. Vergo, Peter, *Art in Vienna 1898 – 1918*, London, 1975, p.148
2. Partsch, Susanna, *Gustav Klimt Painter of Women*, Munich, 2006, pp.59, 60

알레고리와 상징

1. Huysmans, Joris-Karl, *Against Nature*, London, 1959, pp.65 – 6
2. Harrison, Martin and Waters, Bill, *Burne-Jones*, New York, 1973, p.153
3. Vergo, Peter, *Art in Vienna 1898 – 1918*, London, 1975, pp.55~56
4. Ibid., p.75
5. Salten, Felix, *Gelegentliche Anmerkungen*, Vienna, 1903

클림트, 프로이트, 성

1. Comini, Alessandra, *Gustav Klimt*, London, 1975, p.6
2. Zweig, Stefan, *The World of Yesterday*, London, 2009, p.96
3. Ibid., p.94
4. Mahler-Werfel, Alma, diary entry from 24 September 1901 *in Diaries, 1898 – 1902*, London, 1997
5. Colligan, Colette, *The Traffic in Obscenity from Byron to Beardsley*, 2006, New York, p.128
6. Bade, Patrick, *Aubrey Beardsley*, 2001, University of Virginia, p.57
7. Bade, Patrick, *Femme Fatale, Images of Evil and Fascinating Women*, 1979, Pennsylvania State University, p.17
8. Comini, Alessandra, *Gustav Klimt*, London, 1975, p.6

클림트, 말러, 음악

1. Blaukopf, Kurt and Blaukopf, Herta, *Mahler, His Life,Work and World*, Thames and Hudson, 2012, p.125
2. Ibid., p.190

드로잉

1. Husslein-Arco, Agnes and Weidinger, Alfred, *Gustav Klimt und Emilie Flöge*, Munich, 2012, p.230

참고문헌

Beaumont, *Antony, Zemlinsky*, London, 2000

Blackshaw, Gemma, *Facing the Modern, The Portrait in Vienna 1900*, London, 2013

Comini, Alessandra, *Gustav Klimt*, London, 1975

Blaukopf, Kurt and Blaukopf, Herta, *Mahler, His Life, Work and World*, Thames and Hudson, 2012

Constantino, Maria, *Klimt*, London, 2004

Fahr-Becker, Gabriele, *Wiener Werkstätte*, Cologne, 2015

Friedländer, Otto, *Letzter Glanz der Märchenstadt*, Vienna, 1996

Godowsky, Dagmar, *First Person Plural, The Lives of Dagmar Godowsky*, New York, 1958

Hamburger Kunsthalle, *Experiment Weltuntergang Wien um 1900*, Hamburg, 1981

Hare, Franz, *Jahrhundertwende 1900, Untergangsstummung und Fortschrittsglauben*,

Stuttgart, 1998

Huysmans, Joris-Karl, *Against Nature*, London, 1959

Husslein-Arco, Agnes and Weidinger, Alfred, *Gustav Klimt und Emilie Flöge*, Munich, 2012

Horvat Pintoric, Vera, *Vienna 1900, The Architecture of Otto Wagner*, London, 1989

Kennedy, Michael, *Mahler*, London, 1977

La Grange, Henri-Louis de, *Gustav Mahler, Vienna: Triumph and Disillusion*, Oxford, 1999

Moskovitz, Marc D, Alexander *Zemlinsky, a Lyric Symphony*, Woodbridge, 2010

Mahler, Gustav, *Letters to his Wife*, New York, 1995

Mahler-Werfel, Alma, *Diaries, 1898–1902*, London, 1997

Mahler, Alma, *Gustav Mahler, memories and letters*, New York, 1971

Mahler-Werfel, Alma, *And the Bridge is Love*, New York, 1958

Natter, Tobias, *Die Welt von Klimt, Schiele und Kokoschka, Sammler und Mäzene*, Cologne, 2003

Nebehay, Christian M, *Gustav Klimt*, Munich, 1976

Neue Galarie, *Josef Hoffmann, interiors 1902–1913*, New York, 2006

Partsch, Susanna, *Gustav Klimt, Painter of Women*, Munich, 2006

Rogoyska, Jane and Bade, Patrick, *Gustav Klimt*, New York, 2012

Shapira, Elana, *Style and Seduction: Jewish Patrons, Architects and Design in Fin de Siècle Vienna*, Brandeis University, 2016

Schorske, Carl E, *Fin-de-Siècle Vienna, Politics and Culture*, Cambridge, 1981

Vergo, Peter, *Art in Vienna 1898-1918*, London, 1975

Werner, Alfred, *Klimt, 100 drawings*, New York, 1972

Wien Museum, *Klimt, Collection of the Wien Museum*, Ostfildern, 2012

Zweig, Stefan, *The World of Yesterday*, London, 2009

도판 출처

akg-images: 8~9; 10; 25 좌측, 28, 57 상단 좌측, 57 상단 우측, 110 (Imagno); 30 (INTERFOTO / picturedesk.com / ÖNB); 33 (ullstein bild); 42, 46, 62, 73, 111 좌측, 128~129, 164 상단 (Erich Lessing); 55 우측; 91; 112; 117; 135 (Imagno / Austrian Archives); 143 하단; 151 (Rainer Hackenberg); 153; 160–61 (INTERFOTO / picturedesk.com / ÖNB / Moritz Nähr); 164 하단

Alamy Stock Photo: 44

Courtesy Patrick Bade: 156 상단/하단, 157 상단/하단

Bridgeman Images: 2, 77 우측 (MAK Austrian Museum of Applied Arts, Vienna); 4 (Musee d'Orsay, Paris); 16, 43, 55 좌측 (Wien Museum Karlsplatz, Vienna); 35, 94 (Private Collection / Photo © Christie's Images); 38, 103 좌측 (De Agostini Picture Library / E. Lessing); 67, 96, 111 우측, 120, 131 우측, 137, 158 (Private Collection); 72 (MAK Austrian Museum of Applied Arts, Vienna / Peter Willi); 77 좌측 / 책등 (MAK Austrian Museum of Applied Arts, Vienna / De Agostini Picture Library); 87 (Österreichische Nationalbibliothek, Vienna); 88 (Neue Galerie, New York / De Agostini Picture Library / E. Lessing); 97, 98 (Metropolitan Museum of Art, New York); 100 (Wien Museum Karlsplatz, Vienna / © Luisa Ricciarini / Leemage); 105 (National Gallery, London); 108, 131 좌측, 132, 147 (Österreichische Galerie Belvedere, Vienna); 118 (Österreichische Galerie Belvedere, Vienna / Artothek); 122 (Galleria Nazionale d'Arte Moderna, Rome / De Agostini Picture Library / A. Dagli Orti); 126 (Neue Pinakothek, Munich / De Agostini Picture Library); 134 (Galerie Wurthle, Vienna); 138 (Private Collection / De Agostini Picture Library / E. Lessing); 142 (Victoria & Albert Museum, London); 144 (Museo d'Arte Moderna, Venice / Cameraphoto Arte Venezia); 148 (Österreichische Galerie Belvedere, Vienna / De Agostini Picture Library / E. Lessing)

Getty Images: 앞표지 (adoc–photos / Corbis); 5, 13 above, 13 below, 21 below, 22, 24, 26, 27, 29, 32 상단 좌측, 32 상단 우측, 32 하단, 34, 36 left, 36 우측, 40, 41, 49 상단, 49 하단, 50, 52 상단, 56, 61, 64, 71, 74, 75 상단, 75 하단, 80, 81 좌측, 81 우측, 90, 93 left, 101, 106, 116, 119, 121 상단 좌측, 121 상단 우측, 121 하단, 166, 167 (Imagno); 18, 25 우측 (De Agostini / G. Dagli Orti); 19 (Austrian Archives / Imagno); 21 상단 (Popperfoto); 37 (ÖNB / Imagno); 45, 113 (Gerhard Trumler / Imagno); 82 (The Print Collector / Print Collector); 86 (Universal History Archive); 152 (Bettmann); 154 (Oesterreichsches Volkshochschularchiv / Imagno)

National Gallery of Art, Washington, Images.nga.gov: 136 Gift of Otto and Franciska Kallir with the help of the Carol and Edwin Gaines Fullinwider Fund, 1978.41.1

Scala Florence: 52 하단, 57 하단, 58, 60 좌측, 60 우측, 143 상단, 162, 163 (Austrian Archives); 93 우측(Neue Galerie New York / Art Resource); 103 우측 (Fine Art Images / Heritage Images); 109 (BPK, Bildagentur fuer Kunst, Kultur und Geschichte, Berlin)

Shutterstock: 53 (Alessandro Cristiano); 76 상단 (Claudio Giovanni Colombo); 76 하단 (Roman Sigaev); 78~79 (Michal Szymanski); 114~115 (Sergiy Palamarchuk); 168~169 (Giantrabbit); 뒷표지 (Rob Crandall)

찾아보기

[ㅌ]

[ㅍ]

[ㅎ]

감사의 말

1900년대 세기말 빈에 관심갖게 만들어 준 학자 두 분에게 감사인사를 하고 싶다. 미국의 미술사가이자 큐레이터인 알렉산드라 코미니(Alessandra Comini)의 클림트와 에곤 실레의 초상화에 대한 강의는 학창 시절에 수강했던 강의 중에서 가장 훌륭했다. 페터 베르고(Peter Vergo)는 근현대 독일과 오스트리아 미술 전문가로, 1975년에 내가 두 번째로 빈에 방문했을 때 호의를 베풀며 많은 조언을 해주었다. 이 책을 집필하는 데 두 학자의 도서가 많은 참고가 되었다.

지은이 **패트릭 베이드(Patrick Bade)**

런던의 예술 교육기관 크리스티 에듀케이션(Christie's Education)에서 미술 및 오페라 강의의 선임 강사였으며, 런던국립미술관, 대영박물관, 왕립오페라하우스 및 왕립예술아카데미에서 강연을 하며, BBC 라디오3, 라디오4, 클래식 FM 프로그램에도 공헌했다. 그는 빈을 포함한 다양한 유럽도시로의 문화 여행을 이끌고 있으며, 19세기와 20세기 회화와 음악에 관해 다수의 도서를 집필했다.

옮긴이 **엄미정**

이화여자대학교에서 사회학을, 동대학원에서 서양미술사를 전공한 뒤 지금은 프리랜서 번역가이자 편집자로 일한다. 저서로 『후회 없이 그림 여행』, 역서 『그림을 본다는 것』, 『모던아트–인상주의부터 포스트모더니즘까지의 역사』, 『조지아 오키프』, 『살바도르 달리』 외 다수가 있다.

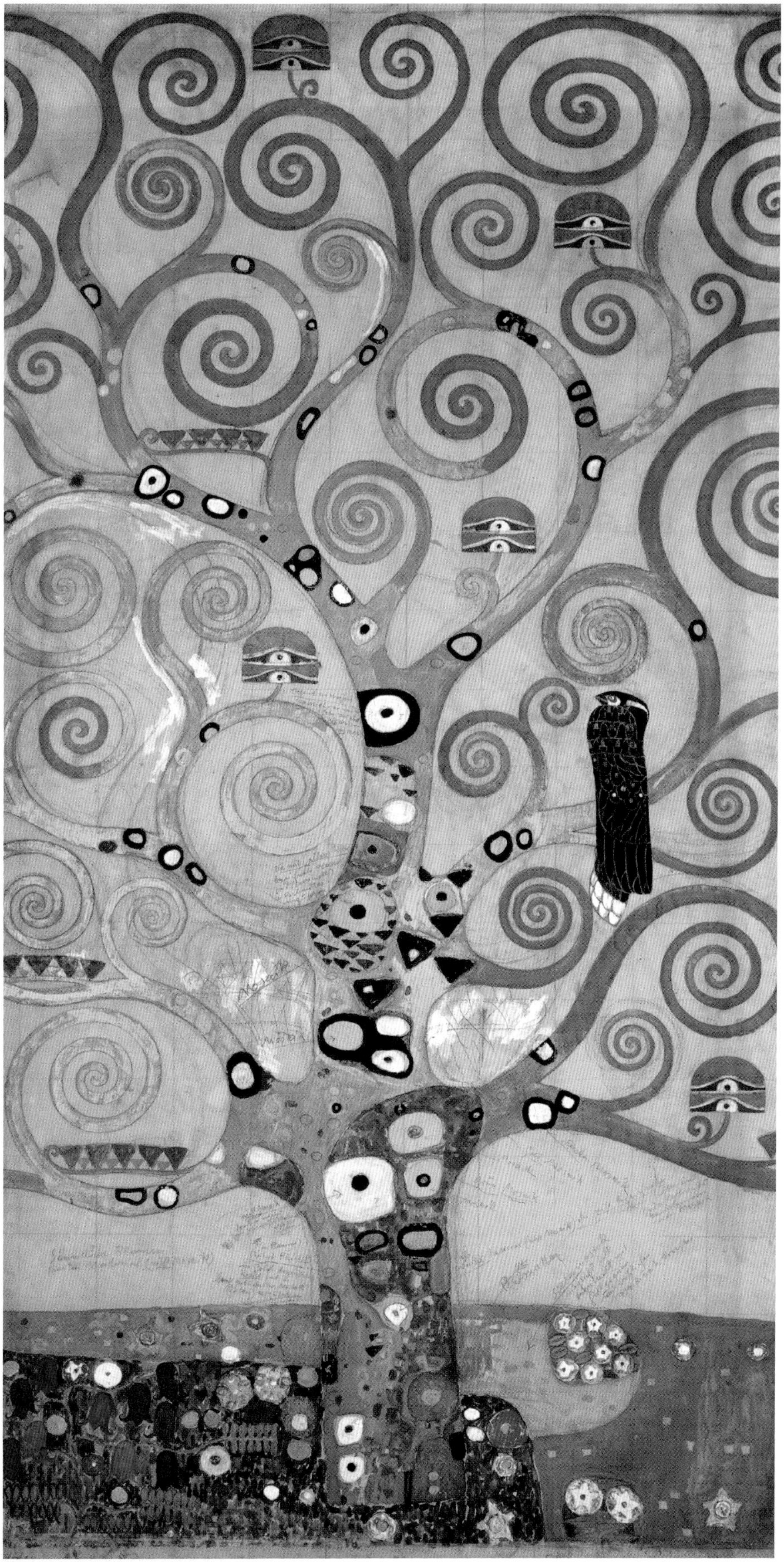

Gustav Klimt at Home

First Pulished in 2017 by Frances Lincoln, an imprint of The Quarto Group
The Old Brewery, 6 Blundell Street, London N7 9BH, United Kingdom

A catalogue record for this book is available from the British Library.

앞표지이미지: 〈키스〉, 1907~1908 (본문, 153쪽)
뒷표지이미지: '빈 분리파 전시관' (본문, 57쪽)

GVSTAV KLIMT

구스타프 클림트

세기말 빈, 에로티시즘으로 물들인 황금빛 화가

초판 1쇄 2021년 6월 25일

지은이 패트릭 베이드
옮긴이 엄미정

편집장 김주현 **편집** 성스레
디자인 안태현 **제작** 김호겸
마케팅 사공성, 강승덕, 한은영

발행처 북커스
발행인 정의선
이사 전수현
출판등록 2018년 5월 16일 제406-2018-000054호
주소 서울시 종로구 평창30길 10
전화 02-394-5981~2(편집) 031-955-6980(영업)

값 32,000원
ISBN 979-11-90118-21-7 (03600)

※ 북커스(BOOKERS)는 (주)음악세계의 임프린트입니다.